FREI CLARÊNCIO NEOTTI, OFM

MINISTÉRIO DA PALAVRA

COMENTÁRIO AOS EVANGELIIOS
DOMINICAIS E FESTIVOS

ANO A

DIREÇÃO EDITORIAL:
Pe. Fábio Evaristo R. Silva, C.Ss.R.

CONSELHO EDITORIAL:
Ferdinando Mancilio, C.Ss.R.
Gilberto Paiva, C.Ss.R.
José Uilson Inácio Soares Júnior, C.Ss.R.
Marcelo da Rosa Magalhães, C.Ss.R.
Mauro Vilela, C.Ss.R.
Victor Hugo Lapenta, C.Ss.R.

COPIDESQUE:
Bruna Vieira da Silva

REVISÃO:
Luana Galvão

DIAGRAMAÇÃO E CAPA:
Bruno Olivoto

COORDENAÇÃO EDITORIAL:
Ana Lúcia de Castro Leite

Dados Internacionais de Catalogação na Publicação (CIP) de acordo com ISBD

N438m   Neotti, Clarêncio

Ministério da Palavra, ano A: comentário aos evangelhos dominicais e festivos / Clarêncio Neotti. - Aparecida, SP : Editora Santuário, 2019.
348 p. ; 14cm x 21cm.

Inclui bibliografia e índice.
ISBN: 978-85-369-0597-6

1. Cristianismo. 2. Ministério da palavra 3. Evangelhos dominicais. 4. Evangelhos festivos. I. Título.

2019-859
CDD 240

CDU 24

Elaborado por Vagner Rodolfo da Silva - CRB-8/9410

Índice para catálogo sistemático:
1. Cristianismo 240
2. Cristianismo 24

1ª impressão

Todos os direitos reservados à **EDITORA SANTUÁRIO** – 2019

Rua Pe. Claro Monteiro, 342 – 12570-000 – Aparecida-SP
Tel.: 12 3104-2000 – Televendas: 0800 - 16 00 04
www.editorasantuario.com.br
vendas@editorasantuario.com.br

ABREVIATURAS E SIGLAS DA BÍBLIA

Ab – Abdias
Ag – Ageu
Am – Amós
Ap – Apocalipse
At – Atos dos Apóstolos
Br – Baruc
Cl – Colossenses
1Cor – 1ª Coríntios
2Cor – 2ª Coríntios
1Cr – 1º Crônicas
2Cr – 2ª Crônicas
Ct – Cântico dos Cânticos
Dn – Daniel
Dt – Deuteronômio
Ecl – Eclesiastes
Eclo – Eclesiástico (Sirácida)
Ef – Efésios
Esd – Esdras
Est – Ester
Êx – Êxodo
Ez – Ezequiel
Fl – Filipenses
Fm – Filêmon
Gl – Gálatas

Gn – Gênesis
Hab – Habacuc
Hb – Hebreus
Is – Isaías
Jd – Judas
Jl – Joel
Jn – Jonas
Jó – Jó
Jo – João
1Jo – 1ª João
2Jo – 2ª João
3Jo – 3ª João
Jr – Jeremias
Js – Josué
Jt – Judite
Jz – Juízes
Lc – Lucas
Lm – Lamentações
Lv – Levítico
Mc – Marcos
1Mc – 1º Macabeus
2Mc – 2º Macabeus
Ml – Malaquias
Mq – Miqueias

Mt – Mateus
Na – Naum
Ne – Neemias
Nm – Números
Os – Oseias
1Pd – 1ª Pedro
2Pd – 2ª Pedro
Pr – Provérbios
Rm – Romanos
1Rs – 1º Reis
2Rs – 2º Reis
Rt – Ruth
Sb – Sabedoria
Sf – Sofonias
Sl – Salmos

1Sm – 1º Samuel
2Sm – 2º Samuel
Tb – Tobias
Tg – Tiago
1Tm – 1ª Timóteo
2Tm – 2ª Timóteo
1Ts – 1ª Tessalonicenses
2Ts – 2ª Tessalonicenses
Tt – Tito
Zc – Zacarias

AT – Antigo Testamento
NT – Novo Testamento
a.C. – Antes de Cristo
d.C.– Depois de Cristo

APRESENTAÇÃO

São Francisco de Assis, em sua *Carta aos Fiéis*, assim se exprime: "Sendo servo de todos, a todos devo servir as odoríferas palavras do meu Senhor. Por isso, considerando que não posso visitar cada um em particular, por causa da enfermidade e debilidade do meu corpo, fiz o propósito de comunicar-vos, por meio das presentes letras, as palavras de Nosso Senhor Jesus Cristo, que é Palavra do Pai, bem como as palavras do Espírito Santo, que são espírito e vida".

Francisco tinha convicção de que o Senhor o chamara para ser seu mensageiro, seu porta-voz no meio do mundo. O Poverello realizou essa incumbência mediante eloquente testemunho de vida pobre, despojada e serviçal e por meio do anúncio do Evangelho. No final de sua vida, não podendo mais deslocar-se, pretendeu ainda se fazer presente na vida de seus seguidores por meio de um escrito. Ali qualificou as palavras da pregação de *odoríferas*, isto é, palavras que exalam perfume. E mais: queria que seus irmãos pregadores usassem de linguagem ponderada e piedosa, que anunciassem os vícios e virtudes "com brevidade, porque o Senhor, na terra, usou de palavra breve" (*Regra Bulada*, 9). Francisco foi um dos mais competentes e persistentes pregadores e anunciadores da Palavra.

É com imensa alegria e muita esperança que assistimos, nos últimos quarenta anos, a uma intensíssima redescoberta da força da Palavra de Deus. O ministério da pregação conheceu profundas transformações. Foram-se multiplicando os círculos bíblicos de leigos. No seio das Comunidades, é dado um destaque todo especial a essa Palavra. Em muitas dioceses, são organizados cursos de preparação para o Ministério da Palavra, animadores de grupos de reflexão e da Liturgia. Dir-se-ia que nossos contemporâneos querem alimentar-se profundamente da Palavra. Nossos tempos querem fazer suas as palavras de Pedro no final do discurso do Pão da Vida em João: "Senhor, a quem iremos? Tu tens palavras de vida eterna. Nós temos fé e sabemos que és o Santo de Deus" (Jo 6,67). O Deus Altíssimo e Belo tem ânsia de comunicação. Torna-se comunicação ardorosa em Jesus Cristo, que é a definitiva Palavra de Deus a todos. Ressuscitado, Cristo continua presente no meio dos seus e nas engrenagens do mundo. Ao longo do tempo da vida, aqueles que são famintos e sedentos da plenitude de Deus querem abeirar-se dos sons que brotam da vida, do testemunho, dos gestos e das palavras proferidas pelo Verbo de Deus, pela Palavra de Deus, que se tornou carne. De modo especial, os que desejam acolher a ternura da Palavra, as *odoríferas* Palavras do Senhor, tornam-se ouvintes atentos do Evangelho.

Na caminhada de nossa vida, vamos tendo incontáveis encontros com Cristo Jesus. O Ressuscitado se faz presente na Comunidade que se reúne, naqueles que se amam, no semblante dos mais desfigurados e aviltados, nos sacramentos-sinais do Senhor. Especial presença do Senhor se dá na celebração da Liturgia. De particular importância para o crescimento espiritual de todos é a vivência do ano litúrgico na Igreja. Ao longo das semanas do ano da vida da Igreja, vamos nos colocando diante dos mistérios de Cristo. Suspiramos por sua vinda no Advento, contemplamos sua chegada no rosto do Menino das Palhas, vamos ao deserto com o Senhor na Quaresma e exultamos de alegria com sua vitória no Tempo Pascal. E, nesse cotidiano dos tempos normais, as palavras de Jesus vão, aos poucos, caindo em nosso interior como as sementes lançadas pelo semeador. Inegavelmente, muito lucram aqueles que vivem em profundidade as riquezas do ano litúrgico. A *Sacrosanctum Concilium* dizia: "No decorrer do ano, a Igreja revela todo o Mistério de Cristo, desde a Encarnação e Natividade até a Ascensão, o dia de Pentecostes e a expectação da feliz esperança e vinda do Senhor" (n. 102).

Apresentação

Com este *Ministério da Palavra*, Frei Clarêncio Neotti oferece-nos um texto que pretende ser ajuda e auxílio para uma maior compreensão da Palavra de Deus. *Ministério da Palavra* é constituído de comentários aos Evangelhos dominicais e festivos. Frei Clarêncio optou por debruçar-se preferencialmente sobre o texto do Evangelho. O Autor é perito na arte da comunicação. Seus esmerados comentários colocam-nos diante da beleza, das exigências e da profundidade da Palavra de Deus. Ao longo do ano, Frei Clarêncio vai dando rica e substanciosa catequese eclesial.

Faço votos de que esta obra tenha ampla divulgação. Recomendo os três volumes (Anos A, B e C) aos sacerdotes, aos diáconos, aos ministros da Palavra, aos animadores da Liturgia. Recomendo-os às comunidades, aos grupos de reflexão, aos círculos bíblicos, aos encontros familiares. E não nos falte a bênção fecunda do Senhor.

Dom Frei Caetano Ferrari, OFM
Bispo emérito de Bauru

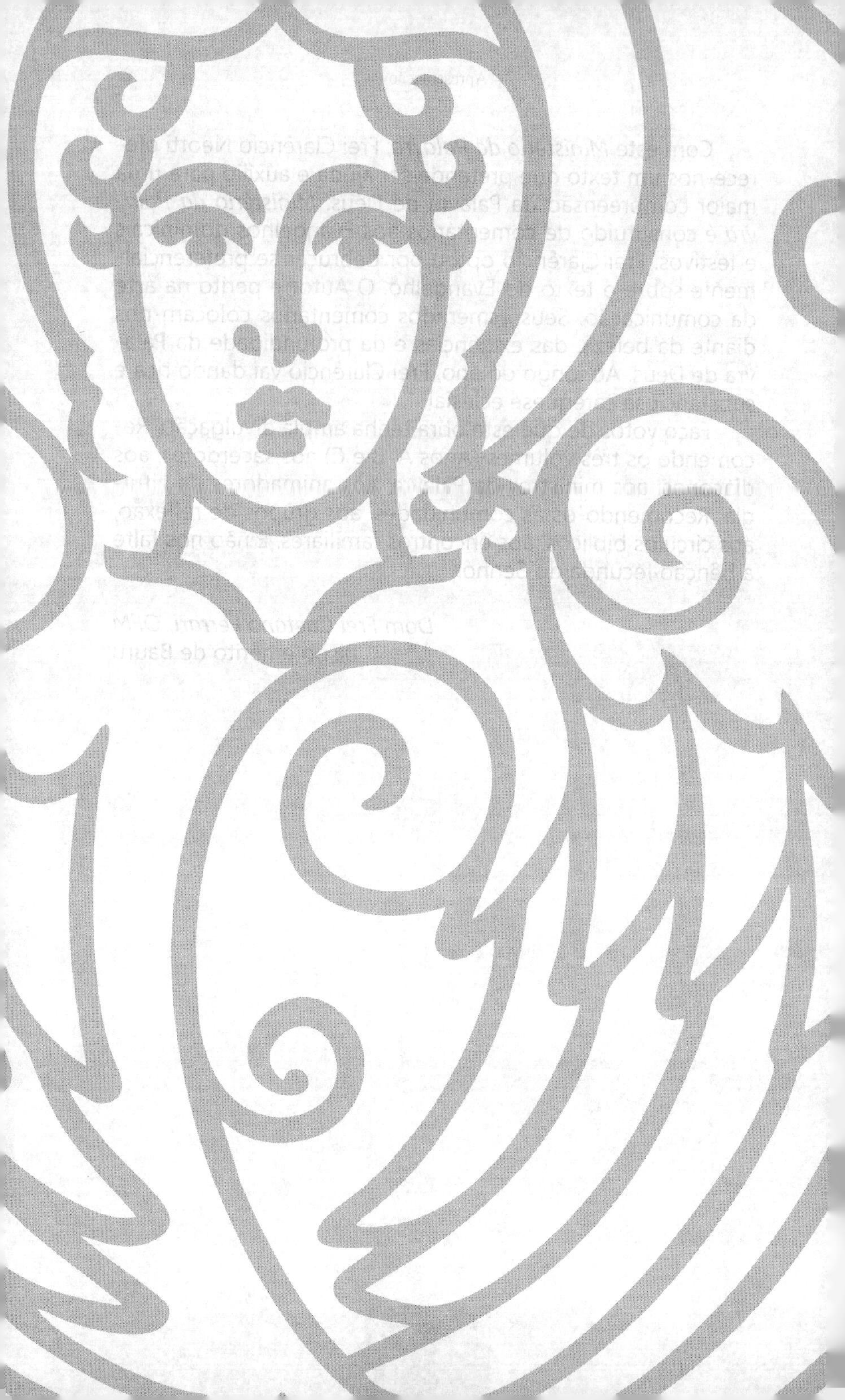

INTRODUÇÃO

Este não é um livro de homilias prontas para serem usadas. São comentários aos Evangelhos dos domingos e dias festivos, que podem ajudar na preparação das homilias. Ao escrevê-los, não tive em mente o sacerdote pregador, mas os grupos de casais, que se reúnem para lerem juntos e comentarem os Evangelhos dominicais. Muitas explicações dadas provêm de perguntas que me faziam os Equipistas de Nossa Senhora (Equipes 8 e 16), de Petrópolis.

Desde minha ordenação, na festa da Epifania de 1961, tenho o costume de escrever todos os sermões e conferências que faço. Quase nunca na íntegra. Quase sempre em forma de fichas-memória. Uma técnica, aliás, aprendida com o meu professor de homilética, mais tarde cardeal Paulo Evaristo Arns, que, por sinal, insistia em que jamais levássemos a mesma ficha para o púlpito. Fui fiel ao conselho. E, para não cair em tentação, costumo queimar todos os esquemas no fim de cada ciclo trienal. Os textos que publico agora querem, com humildade e altruísmo, ajudar a quem tiver necessidade de montar suas próprias fichas, quando tiver de pregar.

Os textos têm todos o mesmo tamanho. Acredito que, se alguém os usar para sermão, poderá inspirar-se em um ou mais trechos subtitulados, segundo o tempo de que dispõe, atualizando-os conforme as circunstâncias locais e de momento. A boa homilia deve ter o gosto do novo; o que não significa da novidade.

Não tive intenção de dar uma explicação de todo o trecho do Evangelho. O espaço que me impus me forçou a escolher expressões, lições e passagens. Raramente relacionei o Evangelho do domingo às outras leituras ou orações. Não porque isso não deva ser feito. Simplesmente porque fiz uma opção. Nem se procure aqui um manual das verdades da fé ou de todas as virtudes cristãs ou de todas as necessidades humanas. Não houve omissão. Provavelmente, outros passos da Escritura e dos artigos de fé virão nos anos B e C. Não sei se consegui, mas quis evitar o moralismo, deturpação das leis morais, que são de tanta ajuda. O perigo do moralismo é tão constante e nocivo no pregador quanto o da improvisação. Outra escolha que evitei foi a instrumentalização política dos textos sacros, não porque a Política não tenha a ver com quem vai à Igreja, mas porque a catequese partidária, arrancada de um texto litúrgico, não ajuda ninguém.

Evitei conscientemente citar autores, inclusive papas. Reconheço sua autoridade e considero o Santo Padre o mestre da fé. Preferi deixar falar os autores sacros, os chamados hagiógrafos. Mesmo porque aprendi na *Sacrosanctum Concilium* que a pregação "deve haurir os seus temas da Sagrada Escritura e da própria Liturgia, porque é a proclamação das maravilhas divinas na história da salvação ou no mistério de Cristo, que está sempre presente em nós e opera" (n. 35). Isso não significa que não haja citações. Volta e meia, por exemplo, busco, em São Francisco de Assis, a confirmação concreta e vívida do que digo em palavras.

Aproveito esta ocasião para transmitir aos pregadores alguns conselhos dados por Santo Antônio, certamente um dos maiores oradores sacros de toda a história: "O pregador deve saber primeiro o que, a quem e quando prega, e depois deve se perguntar se vive segundo aquilo que prega". "O pregador deve ser como a madeira de oliveira: é uma madeira durável, que significa a constância; é uma madeira que distila óleo, que significa a misericórdia." "É inútil o pregador falar, se sua vida não corresponde ao que prega: não sai água de pedra." "É a oração e não a eloquência que leva as palavras ao coração humano." "Perde-se a autoridade de falar, quando a palavra não é precedida pelas obras."

Quando cito o Catecismo, refiro-me sempre ao *Catecismo da Igreja Católica*, edição de 1993.

Introdução

Confesso que tive alguns problemas com os textos bíblicos. As edições brasileiras, inclusive a litúrgica, às vezes, na ânsia catequética de tornar compreensível o texto, simplificam ou já interpretam em determinada linha pastoral, para não dizer ideológica. O tradutor não goza da inspiração do hagiógrafo. E o hagiógrafo, por sua vez, é filho de seu tempo, de sua cultura e de sua visão teológica da criação. Todos sabem, por exemplo, que a simbologia está fartamente presente na Escritura. Ora, o símbolo é sempre multiloquente. Às vezes, mais significativo que a palavra. E, às vezes, maior que o fato histórico. Penso, por exemplo, em Jesus andando sobre as ondas (Mt 14,25). Não condenemos, *a priori*, uma interpretação ou um modo de ler ou a coragem de examinar o que está por trás da letra escrita. Com simplicidade, coração e mente abertos, aproximemo-nos respeitosamente dos textos sagrados. Eles são vivos e falam. Cada um, "que tenha ouvidos para ouvir" (Mt 11,15), escutá-los-á com a capacidade que tem de ouvir as coisas de Deus.

Busquei o título deste livro em Atos 6,4. Os Apóstolos pediram à Comunidade escolher diáconos para atender à mesa e cuidar das viúvas necessitadas, para que eles, Apóstolos, pudessem "atender ao ministério da palavra". Que o Espírito Santo de Deus fecunde e acompanhe esse ministério.

Frei Clarêncio Neotti, OFM

TEMPO DO ADVENTO

1º DOMINGO DO ADVENTO

1ª leitura: Is 2,1-5
Salmo: Sl 121
2ª leitura: Rm 13,11-14a
Evangelho: Mt 24,37-44

Não há decepção para os que esperam em ti! (Sl 25,3)

ESPERA-SE AQUELE QUE ESTÁ PRESENTE

Com o Advento, a Igreja começa um novo ano litúrgico. Advento quer dizer espera das coisas que hão de vir. No centro dessas coisas, está Jesus de Nazaré, Filho de Deus Salvador. Ora se canta sua espera como Messias, na carne humana, nascido na noite do Natal. Ora se canta sua presença no meio dos homens e o esforço do coração humano para encontrá-lo e segui-lo. Ora se canta sua vinda gloriosa no fim dos tempos, como juiz e senhor.

Nem sempre a espera significa esperança. Mas a espera do Advento é pura esperança. Espera-se aquele que já está presente. Procura-se aquele que deseja ser encontrado. Olha-se para o momento da entrada na eternidade em função do que se viveu a vida toda.

Nos quatro domingos deste Advento, lemos trechos do Evangelho de Mateus, o Evangelista que nos guiará ao longo de todo este ano, chamado simplesmente de Ano A. Mateus divide seu Evangelho em cinco grandes discursos: o Sermão da Montanha, o discurso sobre a missão dos Apóstolos, o discurso sobre as parábolas do Reino de Deus, o discurso sobre a instrução dos Apóstolos e o discurso escatológico, isto é, sobre as últimas coisas que acontecerão ao homem. Faz parte deste último discurso o Evangelho de hoje.

Natal de Jesus, Natal do homem

Precisamos ter claras algumas expressões para entender tanto o Evangelho de hoje quanto os outros. Se digo que o Evangelho de hoje é *escatológico*, que significa isso? A *Escatologia* é uma parte da teologia que estuda as últimas coisas que acontecerão ao homem. Costuma-se mencionar a morte, o juízo, o inferno e o paraíso. O Catecismo chama essas coisas de *Novíssimos*. Se olhamos daqui, elas são as últimas; se olhamos de lá, elas são as primeiras. Se olhamos daqui, elas envolvem a vida inteira; se olhamos de lá, as primeiras duas decidem a eternidade. Se olhamos daqui, elas nos fazem medo; se olhamos de lá, bendi-las-emos, porque foram a porta da comunhão plena e definitiva com Deus.

Poderíamos também dizer que o Evangelho de hoje fala da *parusia*. O que significa isso? *Parusia* é uma palavra grega. Em sentido profano, significa a chegada oficial do rei, antecedida de muitos melhoramentos de estradas, pontes e praças. Em sentido religioso, desde São Paulo, significa a vinda de Jesus glorioso (cf. sobretudo a 1ª Carta aos Tessalonicenses, 5,23, que tem como final: "Que todo o vosso espírito, toda a vossa alma e corpo se conservem sem mancha para a vinda de Nosso Senhor Jesus Cristo").

É, então, evidente a coincidência entre os fatos da escatologia e os fatos da parusia. É o encontro pessoal entre o homem e Cristo salvador. É o Natal do homem que entendeu e viveu o Natal de Jesus. É a realização plena de todas as promessas. O Advento tanto olha para o Natal de Jesus quanto para o nosso natal, na hora da nossa morte. A Liturgia celebra os dois fatos. O Natal de Jesus acontece para que aconteça o meu natal.

No tempo se constrói a eternidade

Embora a escatologia seja para todos, acontece aí uma decisão estritamente pessoal. De que valeria para mim a encarnação de Cristo, se eu me perdesse para a eternidade? É no momento de minha decisão eterna que alcanço o sentido pleno do Natal de Jesus. Assim como a salvação é universal, mas se torna um caso pessoal meu, dependente de uma intransferível decisão minha, também o fim dos tempos, se vem para todos, vem para mim pessoalmente na hora de minha morte. Nunca o "minha" terá mais força que na morte: minha morte.

Por isso, o pedido de Jesus de prestar atenção, estar vigilante e preparado para sua segunda e definitiva vinda, vale para todos, afeta a cada um particularmente. Jesus reforça o pedido com o exemplo de um fato que todos os israelitas olhavam com respeito: o dilúvio, que purificou a terra. Noé passou a ser o símbolo do homem que crê em Deus e se orienta por seus conselhos. Assim como o dilúvio veio, a morte virá. Assim como Deus salvou Noé por causa da fé e da fidelidade, também salvará os que crerem em Jesus e forem fiéis aos seus ensinamentos.

O homem foi feito para a eternidade. Dizia Alceu Amoroso Lima que "o homem é um composto de tempo e eternidade". Ele encontra a felicidade no tempo, preparando-se para a eternidade. Ele encontra o equilíbrio na vida presente e efêmera, construindo a futura e eterna. A esse construir na esperança, a Bíblia chama de *vigilância*.

Vigilância: tempo de construção

O tema da vigilância foi ressaltado por Jesus nos Evangelhos. Não se trata de uma atitude passiva ou de, simplesmente, ficar vendo os fatos acontecerem, como o espectador no cinema. É uma atitude envolvente, dinâmica, de compromisso. A parábola das dez jovens (*Mt* 25,1-13), que vem logo em seguida, insiste no mesmo tema e mostra onde está o ponto alto: estar presente, quando chega o esposo, e participar do cortejo. A vigilância tem a ver com o dia a dia da vida presente, com as incessantes lutas em prol do bem, e com o momento supremo de nossa passagem desta para a outra vida. A vigilância de hoje pode ser a minha garantia amanhã. A vigilância tem a ver com a construção do Reino de Deus na terra. Tem a ver com os pecados que devem ser superados e as virtudes que devem ser vividas. Tem a ver com o hoje de Deus que está acontecendo. Tem a ver com a contínua comparação entre os critérios de Deus e os meus critérios, e a prevalência dos critérios divinos dentro da minha história humana.

A vigilância se prende à ideia de estar acordado, atento e pronto para agir, seja para construir uma obra de bem, seja para combater uma obra má. Tem a ver com o esforço pessoal em "caminhar na luz do Senhor", como nos recorda o profeta Isaías na primeira leitura (Is 2,1-5), ou como lembra São Paulo na segunda leitura (Rm 13,11-14), com a nossa coragem de deixar as obras das trevas e praticar as obras de luz. A vigilância tem a ver com o "pôr em prática" (Mt 12,50; Lc 8,21; Mc 3,35) os ensinamentos de Jesus. A vigilância consiste em trazer para dentro da vida de cada momento as razões e as consequências do Natal de Jesus. Em dois momentos, no ano litúrgico, a Igreja chama especial atenção para o tema da vigilância: no Advento e na Quaresma. Porque, se o Advento prepara a primeira vinda de Jesus, a Quaresma prepara a Páscoa, dia em que ficou confirmada a segunda vinda de Jesus, para nos colher na morte, acolher-nos na sua misericórdia como juiz e nos introduzir na feliz eternidade, onde termina a vigilância, superam-se a fé e a esperança e se passa a viver unicamente do amor: Deus.

2º DOMINGO DO ADVENTO

1ª leitura: Is 11,1-10
Salmo: Sl 71
2ª leitura: Rm 15,4-9
Evangelho: Mt 3,1-12

Se te converteres, eu te faço viver na minha presença (Jr 15,19)

REINO DE DEUS: PALAVRA-CHAVE DO EVANGELHO

O tema da vigilância, de que falávamos no domingo passado, aproxima-se muito do tema da conversão de que trata o Evangelho de hoje. Domingo passado, o tema olhava, sobretudo, a segunda vinda de Cristo (no Juízo), mas vimos que os últimos acontecimentos (os Novíssimos) dependem de como se recebeu e se viveu a primeira vinda (no Natal).

Hoje, o tema olha para a chegada de Jesus adulto, de Jesus pregador da Boa-Nova, de Jesus no exercício de sua missão de Messias, e mostra qual deve ser o nosso comportamento diante dele. Na verdade, não é possível separar muito a vinda do Cristo na noite de Natal, sua passagem por nós na hora da graça de sua vinda gloriosa no fim dos tempos. Tempo e espaço são realidades do homem. Deus não as tem. Deus, porém, na pessoa de Jesus de Nazaré, quis entrar no espaço e no tempo do homem. Por isso, celebramos as várias etapas da vida de Jesus, a partir das etapas de nossa vida humana.

Primeira opção pastoral: converter-se

Fala-se muito em mudança de estruturas na sociedade civil e no corpo da Igreja. Mas as estruturas não mudam, se não mudar o coração humano. A mudança do coração do homem (modo

de ser, de pensar e de viver) chama-se *conversão*. Ela é parte essencial do cristianismo. Ela é pressuposição para as mudanças sociopolíticas. Já a Conferência de Medellín (1968) lembrava: "A grande originalidade da mensagem cristã não está na afirmação de uma mudança de estruturas, mas na insistência da conversão do homem, conversão que vai exigir, depois, a mudança".
A conversão é individual e comunitária. Evidentemente, não existe a conversão comunitária sem a conversão pessoal. Facilmente, somos tentados a exigir a conversão dos outros, e fazemos dessa exigência a nossa pastoral. Mas só conseguiremos ver a conversão dos outros se nos convertermos nós mesmos. Para enxergar a beleza do rosto do outro, devemos tirar a trave que cega nossos olhos. Não há nenhuma pastoral válida sem que aconteça primeiro a conversão pessoal. Por isso o Documento de Puebla lembra que "a primeira opção pastoral consiste em a própria comunidade cristã – leigos, pastores, ministros e religiosos – converter-se" (n. 973).

Muitos pensam que converter-se é passar do paganismo ao cristianismo, recebendo o batismo; ou passar de uma religião a outra; ou passar de uma vida pecaminosa a uma vida regrada. De fato, também isso se chama conversão. Mas a conversão pedida no Evangelho de hoje é muito mais. Não é um salto apenas. Não é apenas passar dessa margem para aquela margem do rio, e pronto. Conversão é soma de atos, de atitudes. A conversão, lembra Puebla, "é um processo nunca encerrado, tanto em nível pessoal quanto em nível comunitário" (n. 193). Podemos dizer que o homem cristão é um ser em permanente conversão. Podemos também dizer que é um ser em permanente vigilância.

**Não há Natal
sem conversão**

A conversão olha para a santidade. Somos santos à medida que nossos critérios de ação e nossos atos se igualam aos critérios e atos de Deus. Assim como a santidade tem por limites a santidade de Deus, que é sem limites, a conversão nunca chega ao ponto final durante a vida terrena, que é essencialmente um tempo de conversão, de um voltar-se para Deus, de um encontrar-se sucessivamente com a pessoa de Cristo e seus ensinamentos.

Haverá um encontro definitivo na hora da morte. Dele fala Jesus com o mesmo rigor e pedindo as mesmas precauções de João Batista (*Mt* 24,37-44). A prática de obras boas provará, no encontro definitivo, que Jesus não passou em vão por nós; que o Espírito Santo conseguiu transformar os corações de pedra em corações sensíveis à graça; que o fogo do amor extremado de Cristo conseguiu consumir todos os pecados.

Ao pôr esse Evangelho no 2º Domingo do Advento, a Igreja nos está lembrando a necessária repercussão do Natal de Jesus sobre o homem. Receber Jesus não é apenas aplaudi-lo ou admirar sua vida. É largar todos os interesses pessoais e segui-lo até que não haja mais diferença entre o que eu penso, amo e faço e o que Jesus pensa, ama e faz. Ou o Natal de Jesus me muda e me faz assumir compromissos de bondade, justiça, verdade, santidade e paz, ou o Natal será como as águas de um rio que passam longínquas do terreno da minha história, fecundam outras terras que se abrem para elas, deixando a minha seca, estéril e, talvez, amaldiçoada. O batismo de João, de que fala o Evangelho de hoje, pode bem lembrar essas águas que devem lavar-nos e fecundar-nos; lavar o pecado da infidelidade para com Deus, lavar o pecado do orgulho e da autossuficiência, arraigado no homem desde Adão; e fecundar nosso propósito de vida nova, fecundar nossas ações e nossos trabalhos para que sejam frutos de redenção e não apenas espigas floridas destinadas à chochice.

**Converter-se significa
construir o Reino**

Ocorre hoje, pela primeira vez no Evangelho de Mateus, a expressão "Reino dos Céus", tão querida de Jesus e razão de sua encarnação. Jesus veio ao mundo para que o Reino dos Céus pudesse acontecer na terra. A expressão é idêntica à 'Reino de Deus', empregada no Evangelho de Lucas. É uma expressão nova. Nenhum profeta a empregara antes. O Reino dos Céus tem a ver com a eternidade, porque lá ele alcança a plenitude. Mas também tem a ver com a vida presente, porque é aqui que se constrói.

Sua construção depende da graça trazida por Cristo e do esforço do homem. Só, o homem não o constrói. Só Deus, não tem sentido, porque o Reino diz respeito ao homem em processo de conversão. É um modo de viver aqui e agora na presença de Deus. É um modo de ter o coração sempre voltado para o Senhor. É um modo de se conviver com os irmãos, para que Deus possa estar presente. Jesus ensinou mais vezes que o Reino de Deus é construído com paciência, confiança e persistência. Lembremos a parábola do grão de mostarda (*Mc* 4,30-32).

Cristo usou a mesmíssima frase de João Batista para começar sua pregação: "Convertei-vos, porque o Reino dos Céus está próximo" (*Mt* 4,17). Toda a pregação de Jesus girava em torno da construção, na terra, desse Reino. Jesus acentuou de tal forma o Reino, que tudo o mais é resto, é acréscimo (*Mt* 6,33). Cristo se encarnou para tornar possível o Reino. Por isso, o Reino dos Céus é a palavra-chave do Evangelho. Todos os ensinamentos de Jesus estão em função da construção do Reino. O Reino é para o homem. Para nele entrar, porém, é preciso renascer sempre de novo, isto é, viver em contínua conversão.

3º DOMINGO
DO ADVENTO

1ª leitura: Is 35,1-6a.10
Salmo: Sl 145
2ª leitura: Tg 5,7-10
Evangelho: Mt 11,2-11

Mandou-me levar a boa-nova aos pobres
e proclamar a libertação (*Is* 61,1)

REINO DE DEUS:
RAZÃO DO NASCIMENTO DE JESUS

As três leituras de hoje são bem típicas do Advento. Na primeira, são descritas as coisas bonitas que virão com a chegada do Messias: fecundidade, alegria, flores, presença de Deus, coragem, esperança, salvação, libertação, recompensa.

Na segunda, Tiago, bispo de Jerusalém, ressalta a paciência na espera da vinda gloriosa de Jesus, como juiz. Para a criatura humana, essa segunda vinda está sempre próxima: pode ser a qualquer momento. É preciso carregar com os dois braços as dificuldades da vida presente, na certeza de que Jesus virá.

No Evangelho está escrito o que devemos fazer entre uma vinda e outra: construir o Reino de Deus, com a vontade, retidão e firmeza de João Batista, sem nos esquecermos de que toda a dinâmica do Reino vem envolta de alegria, porque Deus se faz presente e assume conosco a construção. Este domingo se chama o 'Domingo da alegria', não só porque o canto de entrada fala dela, mas também porque o Senhor está próximo de nós, faz-se um de nós para nos ensinar como trabalhar na construção do Reino.

Sinais muito concretos
da chegada do Reino

À primeira vista, é a figura de João Batista que está no centro do Evangelho de hoje. E poderia ser, porque João é a grande personagem, ao lado de Maria, da chegada do Salvador. Na verdade, o sentido principal do Evangelho de hoje é a concretização, por parte de Jesus, do Reino de Deus. Em vez de olhar para o Menino que vai nascer, a Igreja olha para as razões de seu nascimento. Essas razões tanto deviam alegrar João no cárcere quanto a nós hoje.

O Evangelho deste domingo é como que uma pausa de repetição dentro do Evangelho de Mateus. Colocando em cena João (desaparecendo no cárcere) e Jesus (na melhor fase da pregação), Mateus repete, mediante o próprio Jesus, as razões de sua presença, de sua pregação, de seus milagres. Elogiando João Batista, Jesus elogia a todos quantos perceberem os sinais da chegada do Salvador, crerem na boa-nova que ele traz, levarem a sério os seus ensinamentos e facilitarem os seus caminhos. Quem assim fizer participará do Reino dos Céus, como João Batista (a expressão: 'maior do que João Batista' é maneira linguística de reforçar a participação).

Observe-se que os sinais do Reino que os profetas deram, e Jesus repete, são muito concretos: dizem respeito à sensibilidade dos olhos, dos ouvidos, da pele, dos ossos, da própria vida e do estado de pobreza do homem. Entre os sinais há um que Jesus valoriza muito: os pequeninos e os pobres são evangelizados, tornam-se seus discípulos. Não é nas nuvens do céu ou no horizonte longínquo que acontece o Reino. É no homem, apesar de pecador. É aqui, com cada um de nós, apesar de pequenos. O Reino de Deus não está fora da história humana. Nem só acontece na grandiosidade. Acontece dentro da grandeza e da pequenez da história humana, com a força divina de transformá-la e fecundá-la com as sementes da eternidade.

O Reino necessita de gestos concretos

O Natal de Jesus tem a ver com a criatura humana concreta. Há gente que quer ver apenas a parte espiritual de Jesus e as implicações espirituais de sua mensagem. Acontece que nós homens não somos só carne ou só espírito. Cristo nasceu para salvar o homem: seu espírito e sua carne. O Reino dos Céus é para a criatura humana na plenitude de seu ser, do seu viver, ou, como diz o papa João Paulo II, para "cada homem, em toda a sua singular realidade do ser e do agir, da inteligência e da vontade, da consciência e do coração" (Encíclica *Redemptor Hominis*, n. 46).

Parece justo, pois, se desejarmos saber como está o Reino de Deus na terra, perguntar-nos como está a saúde da criatura humana: sua saúde física e espiritual. Pode-se falar em Reino dos Céus, quando tantos milhares morrem de fome? De fome de pão, de fome de paz, de fome de ser compreendido, de fome de viver com dignidade? Todo aquele que melhorar a sorte do homem na terra está construindo o Reino de Deus aqui, está ajudando a acontecer o Natal de Jesus e o natal dos homens (*Mt* 25,31-46).

Porque a criatura humana "é a primeira e fundamental via da Igreja" (*Redemptor Hominis*, n. 46), isto é, o objeto de toda a sua evangelização (razão de seu existir), a Igreja necessariamente vela pela dignidade do homem em todos os seus aspectos e diversos campos da vida: o religioso, o social, o político, o econômico e o cultural. Vela pelo nosso destino eterno e pelos caminhos que nos conduzem para lá. O Reino dos Céus alcança a criatura humana na sua origem, envolve-

-a durante toda a sua peregrinação terrena e a introduz na eternidade. São sobretudo os Sinóticos (Mateus, Marcos e Lucas), que desenvolvem o tema do Reino de Deus ou, com o mesmo significado, do Reino dos Céus. O tema volta forte no Apocalipse.

Uma dúvida que realça a verdade

Poder-se-ia perguntar se o envio dos discípulos de João a Jesus insinua alguma dúvida da parte dele sobre a missão do Cristo. Se assim fosse, não diminuiria a grandeza de João. Primeiro, porque a dúvida honesta está sempre no caminho da verdade. Segundo, porque Jesus, de fato, estava pregando coisas inéditas e inesperadas (em relação aos pecadores e aos inimigos, por exemplo. João esperava, talvez, um Messias juiz, com o machado na mão, pronto para cortar a árvore que não desse bom fruto (*Mt* 3,10); mas Jesus veio com misericórdia, paciência, doçura, infinito perdão).

Podemos também imaginar que João tenha feito um teste pedagógico. Seus discípulos estavam muito apegados a ele. Ora, não era ele o Messias e o sabia com toda a certeza. Era preciso que seus discípulos dessem um passo a mais e se tornassem discípulos de Jesus. Por isso os mandou com uma aparente dúvida, para que eles ouvissem da própria boca de Jesus os sinais da chegada do Reino; para que eles escutassem sua palavra divina e vissem com os próprios olhos a confirmação de suas palavras nas obras que fazia, exatamente aquelas obras preditas pelos profetas como distintivas do Messias.

Literariamente, é uma cena excepcionalmente composta: exaltação de João Batista, já no final de sua tarefa de precursor e anunciador daquele que viria para implantar o Reino dos Céus; confirmação da missão de Jesus e da razão de sua presença na terra; enunciação dos sinais do Reino, previstos pelos profetas e mostrados por Jesus de Nazaré, a não deixar dúvidas em ninguém; descrição do caminho a ser percorrido pelo verdadeiro discípulo, construtor, e corresponsável com Jesus, do Reino dos Céus: ouvir, aplicar critérios, informar-se, testemunhar, participar do Reino. Que alegria saber-se parceiro de Deus na construção do Reino na terra!

4º DOMINGO DO ADVENTO

1ª leitura: Is 7,10-14
Salmo: Sl 23
2ª leitura: Rm 1,1-7
Evangelho: Mt 1,18-24

Darás o nome de Jesus: ele salvará o povo de seus pecados (Mt 1,21)

JESUS DE NAZARÉ, O MESSIAS PROMETIDO

Estamos na Novena do Natal. É o último domingo antes do nascimento de Jesus. O Evangelho nos conta a encarnação do Filho de Deus no seio de Maria de Nazaré, por obra e graça do Espírito Santo. Enquanto o evangelista Lucas se demora em descrever a anunciação, Mateus vai direto à gravidez misteriosa de Maria. E põe na curta leitura deste domingo o resumo de todo o seu Evangelho.

Cada um dos evangelistas (Mateus, Marcos, Lucas e João), ao escrever, tinha uma finalidade pré-marcada. Embora os quatro contem sobre a pessoa e a atividade de Jesus Cristo e quase sempre narrem os mesmos episódios e ensinamentos, por causa da finalidade que têm e da estrutura catequética que tecem, um evangelista acentua mais que outro um fato, um milagre, uma frase de Jesus. No trecho que nos é dado na missa deste domingo, tirado do primeiro capítulo, Mateus aponta a finalidade de seu Evangelho: mostrar que Jesus de Nazaré é o Messias prometido, o Filho de Deus vivo, que libertará o povo dos pecados. É importante saber qual é a meta de cada evangelista para entender melhor os conteúdos e não estranhar as diferenças.

O sentido
de um sonho

Sempre que queremos entender um texto que lemos, precisamos ver qual é a modalidade escolhida. Não é difícil, por exemplo, distinguir entre teatro e romance, entre poesia e novela. Havia na Palestina ainda outras modalidades usadas pelos escritores para transmitir uma mensagem. Duas delas são usadas volta e meia na Sagrada Escritura: o modo apocalíptico e os sonhos.

No Evangelho de hoje, Mateus usa a modalidade literária do sonho. Não quer dizer que José, de fato, tenha sonhado. Nem quer dizer que nossos sonhos possam ter significados especiais. Simplesmente, Mateus usa de um gênero literário para transmitir um ensinamento, que, para ele e para nós, é uma verdade fundamental: Jesus de Nazaré foi concebido no seio de Maria sem a concorrência de um homem, mas por obra e graça do Espírito Santo de Deus, por isso é verdadeiramente homem, porque nasceu de uma mulher, e é verdadeiramente Filho de Deus por um milagre inexplicável.

Quando Maria concebeu Jesus, ainda não estava casada com José. Era apenas noiva. Mas na Galileia, o noivado, que podia durar um ano inteiro, tinha valor, diríamos, jurídico, e ambos se deviam absoluta fidelidade. Se uma noiva aparecesse grávida de outro homem, o noivo podia repudiá-la, isto é, não tinha mais obrigações para com ela. José, não compreendendo ainda o que se passava e não querendo expor Maria a um escândalo público, pensou em abandoná-la. Deus se serviu da dúvida honesta para lhe revelar o fato maravilhoso – mistério para a inteligência humana –: a verdadeira encarnação de Jesus. E Mateus, narrando a dúvida de José, acentuou que o filho de Maria é Filho de Deus.

Jesus Salvador
de cada pessoa humana

Mateus conta que José deu ao filho, nascido de Maria, o nome de Jesus. Desde o início do seu Evangelho, acentua em Jesus a qualidade de *salvador*. Repete o que pouco antes disse: "Ele salvará o povo". Porque *Jesus*, em hebraico, quer dizer: 'Deus é salvação'. O nome Jesus não era novidade. O nome Josué tem o mesmo significado. E tanto um quanto outro eram usados como nomes próprios. A novidade era Jesus de Nazaré vir para salvar o povo de *seus pecados* (1,21). Outros salvaram de inimigos e animais ferozes, de fome e desgraças. Jesus de Nazaré libertou o homem do pecado, para que o homem retornasse à comunhão com Deus.

Pouco mais adiante, no capítulo 9, Mateus observa que fariseus e doutores da lei se escandalizaram, porque Jesus dissera a alguém: "Teus pecados te são perdoados" (9,2). Jesus lhes declarou abertamente: "Tenho na terra o poder de perdoar pecados" (9,6). Quando, portanto, no Evangelho de hoje, Mateus nos diz que José "pôs nele o nome de Jesus", não quer apenas nos dizer o nome pelo qual o Menino seria chamado, mas nos dizer qual seria a missão específica desse Menino, concebido de forma miraculosa: ser o Salvador dos homens.

Pôr o nome no menino tinha ainda um sentido jurídico. José adotava a criança que não nascera dele. E, sendo José da família de Davi, ao adotar o menino, inseriu-o na linhagem de Davi, como haviam predito os profetas. Assim Paulo pôde dizer na segunda leitura (*Rm* 1,3): "Jesus nasceu da estirpe de Davi, segundo a carne". Além do nome Jesus, Mateus ainda nos dá hoje dois outros nomes dele: *filho de Davi*, pelo qual Jesus será chamado inúmeras vezes na vida pública; e *Emanuel*, que exprime a razão de ser da encarnação: ser um Deus-conosco, para que nós sejamos pessoas-com-Deus.

O homem liberto dos pecados

Que pecado é esse que Jesus veio arrancar dos homens? O primeiro e o maior deles é o pecado da descrença, de não crer que ele, Jesus de Nazaré, é o Filho de Deus Salvador. Jesus chega a dizer que esse é o único pecado que não tem perdão. E não tem perdão, porque o descrente não tem condições de recebê-lo. Jesus veio tirar todo e qualquer pecado. O pecado tem muitos nomes e quase sempre anda em bando. Os bispos, em Puebla, lembraram que o pecado é a raiz e a fonte de toda a opressão, injustiça e discriminação (n. 517). Todas as formas de opressão são pecado. Todas as formas de injustiça são pecado. Todas as formas de discriminação são pecado. Todas as formas de desrespeito à vida, à dignidade humana e ao direito de viver feliz são pecados. No n. 238 do Documento de Puebla, os bispos especificaram alguns pecados: egoísmo, orgulho, ambição, inveja, dominação, violência, corrupção. E citaram a carta de Paulo aos Gálatas 5,19-21, em que o Apóstolo dá mais uma lista: prostituição, libertinagem, feitiçaria, ódio, discórdias, brigas, bebedeiras. Desses pecados, Jesus veio libertar-nos, mostrando, com seus ensinamentos e, sobretudo, com sua vida, que é possível viver fraternalmente no amor e na unidade, na sinceridade e na benquerença, na ajuda mútua e no perdão das fraquezas, na pureza de coração e na sobriedade, na piedade filial e na simplicidade. Em outras palavras: é possível viver em plena comunhão com o próximo e com Deus. A teologia chamará isso de 'Comunhão dos Santos', que é quase sinônimo de Igreja. Os batizados participam todos das mesmas coisas santas e há uma interligação de bens entre os batizados que vivem em seus corpos na terra e os que estão com seus corpos glorificados no céu. Repassando essas palavras e imaginando-as possíveis na terra, parece-me ouvir os anjos na noite de Natal, cantando no nascimento de Jesus Salvador a chegada da paz entre os homens, a quem Deus ama com amor tão extremado a ponto de mandar-nos o próprio Filho para ser um Deus-conosco.

TEMPO DO NATAL

SOLENIDADE DO NATAL DO SENHOR
MISSA DA NOITE

1ª leitura: Is 9,1-6
Salmo: Sl 95
2ª leitura: Tt 2,11-14
Evangelho: Lc 2,1-14

Apareceu a graça de Deus (Tt 2,11)

**TORNAMO-NOS PARTICIPANTES
DA NATUREZA DIVINA**

A festa do Natal, no dia 25 de dezembro, começou a ser celebrada em Roma, pouco depois do ano 300, e de lá difundiu-se por todo o mundo. Por que 25 de dezembro? Por razões simbólicas, pensou-se a concepção de Jesus no início da primavera do hemisfério norte, ou seja, 20-21 de março. A Igreja celebra a Anunciação no dia 25 de março. Nove meses depois, celebra o Natal. Ora, no dia 25 de dezembro, comemorava-se, em Roma, a festa pagã do "Sol Invencível". O sol invencível, o sol da justiça, o sol sempre nascente, o sol sem ocaso é Jesus, a luz que apareceu nas trevas para iluminar os povos. Isaías, na primeira leitura, recorda-nos o povo que caminhava nas trevas e viu uma grande luz.

Na linguagem bíblica, as trevas designam a desgraça, a dor, toda espécie de opressão e de escravidão, a própria morte. E a luz indica prosperidade, felicidade, retorno à vida, fecundidade, bem-estar, presença de Deus. No meio da noite de Natal, Deus se faz presente na carne humana. Troca-se o próprio destino do homem, que caminhava pela estrada da morte; a partir de hoje caminhará, com Jesus, pela estrada da vida. A partir de hoje, na terra do pecado e da morte, derramam-se a graça e a vida.

Maria e José representam a humanidade

A grandeza desta noite, no entanto, não aparece com pompa e barulho. Não acontece em palácio de luxo. Prefere a pobreza, a singeleza, a rusticidade de uma gruta. Observe-se, no entanto, que Deus soube escolher um lugar digno para o nascimento na terra de seu Filho divino. Bem no meio da natureza, no meio das criaturas saídas de suas mãos criadoras: pedra, plantas, animais, pessoas humanas. O mundo racional e o mundo irracional, o mundo sensitivo e o mundo mineral cercam o Menino Deus.

José e Maria ali estão em nome de toda a humanidade. José, que o evangelista Mateus chama de Homem Justo, isto é, inteiramente do agrado de Deus, descendente da casa real de Davi, tornado pai adotivo de Jesus, por vontade de Deus, dá ao Menino o estado legal de descendente davídico, como previam os profetas e como esperava o povo. Jesus é chamado muitas vezes no Evangelho de "Filho de Davi". Embora o Menino seja filho só de Maria, por obra e graça do Espírito Santo, José planta as raízes legais de Jesus no filho de Jessé, Davi, como profetizaram Isaías e Jeremias (*Is* 11,1.10; *Jr* 23,5 e 33,15). Jesus se torna o 'rebento do tronco de Jessé, cheio do Espírito Santo do Senhor'. Maria é a concebida sem pecado, a 'cheia de graça', a bendita entre todas as mulheres. Fiquemos felizes, porque estamos muito bem representados. Assumindo carne humana em Maria, Jesus assumiu nossa condição, para que entrássemos na condição dele. Foi na carne de Maria que nós, na expressão de São Pedro, "tornamo-nos participantes da natureza divina" (*2Pd* 1,4). E isso aconteceu nesta noite de Natal.

O Menino será chamado Príncipe da Paz

O boi e o burrinho representam no presépio todos os animais. Os evangelhos não os citam. Foi a piedade popular que os pôs ao lado da manjedoura, talvez por causa da frase do profeta Isaías: "O boi conhece o seu dono, e o jumento a manjedoura do seu patrão" (*Is* 1,3). Em muitos presépios, em lugar do boi, está uma vaquinha. Então, o burrinho seria o de José, burrinho no qual Maria viera montada desde Nazaré. O burrinho que carregara o Menino ainda no seio da mãe, favor que nenhum outro animal prestou, devia estar na gruta. E a vaquinha estava aí pronta para dar o leite. O burrinho vai voltar outra vez, e dessa vez o Evangelho o destaca, na entrada triunfal de Jesus em Jerusalém (*Mc* 11,1-10), quando o povo aclama Jesus de Nazaré como o bendito Filho de Davi, que vem em nome do Senhor.

Vejo no jumento um grande símbolo. Ele era e é um animal de trabalho duro, era e é um animal de montaria segura em lugares difíceis. E não servia para a guerra. O Menino que nasce nesta noite de Natal vem para fazer a maior de todas as revoluções. Mas sem as violências dos combates guerreiros. O caminho de violência atravanca os caminhos da paz. O Antigo Testamento mais vezes andou pelo caminho da violência. Jesus vem pelo caminho da paz. Ele vem como 'Príncipe da Paz', lembra Isaías na primeira leitura (*Is* 9,5). Seu reino se construirá com muito trabalho e empenho, no meio de muitas dificuldades e perigos, mas ele "se estabelecerá, firmado no direito e na justiça, para sempre" (*Is* 9,6). A partir desta noite, a paz é possível, porque o Filho de Deus passa a morar entre nós, como o fermento na massa.

Fundamento do destino humano

E temos a gruta de pedra. Ela representa o mundo mineral, inanimado, mas atrás da qual todo mundo corre, porque a pedra no presépio hoje representa todas as pedras preciosas e todas as pedras de construção. Vejo na presença da pedra no presépio dois símbolos. Primeiro o da firmeza, da solidez, do eterno. Firme, sólido e eterno será o Reino de Deus, que o Menino vem estabelecer na terra. Nem o furacão mais violento nem as portas do inferno prevalecerão sobre ele. Segundo, a imagem do próprio Jesus. Ele mesmo se chama de pedra angular (*Mc* 12,10), isto é, tanto a pedra fundamento de todo o edifício, quanto a pedra que fecha e dá equilíbrio à abóbada. O Menino que nasce nesta noite do Natal é a pedra fundamental da nova família de Deus. Sobre ele se construirá o novo destino da humanidade. São Paulo, na Carta aos Coríntios (*1Cor* 10,4), chama Jesus Cristo de Pedra, da qual jorram as águas da espiritualidade, isto é, a água que pode saciar a sede de Deus. Aliás, o próprio Jesus diz: "Se alguém tiver sede, venha a mim e beba!" (*Jo* 7,37). O Menino, nascido nesta noite, é a única ligação existente entre o céu e a terra, entre Deus e o homem. E é o único que pode dar ao homem toda a divindade e a eterna juventude, sempre desejada pelo homem. Davi, ao se sentir livre dos inimigos, compôs um longo canto de agradecimento a Deus, no qual chama o Senhor de "minha pedra, meu rochedo salvador" (*2Sm* 22,2-3). Cristo é agora nossa segurança e refúgio, nossa libertação e garantia.

O Menino, que nasce nesta noite santa do Natal, no meio das criaturas animadas e inanimadas, é o "primogênito de todas elas, porque nele foram criadas todas as coisas, nos céus e na terra, as visíveis e as invisíveis" (*Cl* 1,15-16). O nascimento de Jesus refaz a fraternidade universal de toda a criação, sendo Ele a mais perfeita e o elo com o Criador. Com Ele nos vem a adoção divina, com Ele nos vêm a pacificação e a graça, com Ele e por Ele formamos uma definitiva comunhão com Deus. Com ele, por ele e por causa dele, todas as criaturas, animadas e inanimadas, assumem uma nova condição, porque também elas são alcançadas pela redenção do Senhor.

SOLENIDADE DO NATAL DO SENHOR MISSA DO DIA

1ª leitura: Is 52,7-10
Salmo: Sl 97
2ª leitura: Hb 1,1-6
Evangelho: Jo 1,1-18 ou
Jo 1,1-5.9-14

A todos que o receberam, deu-lhes o poder de se tornarem filhos de Deus (Jo 1,12)

NASCEMOS PARA A VIDA DIVINA NA VIDA HUMANA DE DEUS

Hoje, a Igreja se reúne para celebrar um fato acontecido dentro da história humana, mas que se prende à eternidade de Deus: o nascimento de Jesus em Belém; o nascimento daquele que devia vir, como anunciaram os profetas ao longo do Advento; o nascimento da Luz do Mundo, como se autodefiniu o próprio Jesus; o nascimento daquele que se afirmou caminho único, garantido e definitivo para a criatura humana; o nascimento do purificador de todos os pecados; o nascimento do Filho bendito do Pai eterno e de Maria de Nazaré, por obra e graça do Espírito Santo.

Não apenas recordamos o fato do nascimento de Jesus Cristo, mas o celebramos, isto é, tornamo-lo presente, fazemo-lo perto de nós e o fazemos fato nosso, hoje, dia de Natal, que é tanto de Deus quanto nosso, porque nascemos para a vida divina na vida humana de Deus. Deus nasce na carne humana para que nós tenhamos a vida de Deus e desabrochemos, em plenitude, as sementes de eternidade que todos trazemos dentro de nós.

No Natal se encontram tempo e eternidade, terra e céu, Deus e criatura humana. O tempo de Jesus homem na eternidade de Cristo Deus. Por isso os anjos cantam a felicidade das criaturas que tiveram a benevolência do Senhor. A glória divina se une para sempre à esperança humana.

Natal:
festa do sim

O profeta, sobre as colinas de Jerusalém, anuncia a chegada da paz (Is 52,7). A paz é a plenitude de todos os bens. Hoje nasceu para nós, na gruta de Belém, o Sumo Bem, o Bem universal, que traz para nós a salvação, que é a realização plena da paz sempre desejada, procurada e sonhada. Ela nos vem como um dom gratuito de Deus. "Nasceu para nós, um menino, um filho nos foi dado" (Is 9,5), canta a Liturgia da missa de hoje. No entanto, a salvação, que Deus nos oferece, não dispensa a criatura humana de escolher entre a graça e a danação. O nascimento no Natal, ao mesmo tempo que nos replena de alegria pela certeza da salvação, enche-nos de responsabilidade pelo nosso destino. O Natal tem tanto a ver com Jesus-Deus, que nasce homem, quanto com o homem, que recebe a chance da vida divina. Deus deixou a cada um de nós a opção de dar uma resposta afirmativa ou negativa.

À vida, que o Cristo trouxe, podemos responder com a vida – e seremos filhos de Deus – ou com a morte – e seremos filhos da desgraça. À santidade, que o Cristo trouxe, podemos responder com a santidade – e seremos glorificados pelo Pai – ou com o pecado – e seremos malditos. À paz, que o Cristo trouxe, podemos responder com a pacificação – e viveremos o equilíbrio da tríplice dimensão, ou seja, com o coração voltado para o alto (Deus), para fora (o próximo), para dentro (as coisas pessoais) – ou responderemos com a guerra, mergulhando as mãos no sangue fraterno.

De novo, sempre de novo, far-se-á Natal para que o sorriso pacífico do Menino amanse o homem violento; sempre de novo se fará Natal, para que a santidade do Menino envergonhe nossos pecados; sempre de novo se fará Natal, para que a vida divina, as sementes da imortalidade renasçam no coração da criatura humana, marcada pela morte. Natal: festa do nascimento da Vida. Natal: festa do nascimento do Amor. Natal: festa do nascimento da Paz, plenitude de todos os bens. Natal: seja a festa do nosso Sim!

Natal:
festa do *amor*

"Um menino nasceu para nós." Essa frase do profeta Isaías, dita 700 anos antes do Natal, repercute em toda a liturgia de hoje e vê-se realizada na narração do evangelista Lucas: na noite de Belém, Maria deu à luz um Menino, a quem impôs o nome de Jesus. Não havendo lugar nas hospedarias públicas, recolheu-se a uma gruta e reclinou o filho em uma manjedoura de animais. A gruta lembra mistério. E o que aconteceu hoje, dentro da história, é o imenso mistério do nascimento em carne humana do Filho eterno de Deus. Inefável é aquilo que não se pode descrever com palavras. O mistério do Natal é o mistério inefável por excelência, também porque revestido da ternura de Deus, acalentado por uma mãe-virgem, assistido por um homem, que acredita que para Deus nada é impossível (*Lc* 1,37).

Esse menino, nascido na pobreza de uma gruta, é o Filho de Deus, da mesma substância do Pai, Deus de Deus, Luz da Luz, Deus verdadeiro, como rezamos no Credo. Hoje ele nasceu no tempo. Entrou na história humana. Mas ele existia antes do tempo. O Evangelho de João o expressa com palavras teológicas: "Ele é o Verbo que já existia no princípio, o Verbo que estava com Deus, o Verbo que era Deus. Tudo o que foi criado, foi criado por meio dele" (*Jo* 1,1-3). E foi esse Verbo eterno de Deus "que se fez carne e veio morar entre nós" (*Jo* 1,14). Para nosso benefício. As criaturas são fruto do amor de Deus. A plenitude do amor é Jesus, o "primogênito de todas as criaturas" (*Cl* 1,15). Ele nos foi dado hoje e "de sua plenitude todos nós recebemos graça sobre graça" (*Jo* 1,16).

Natal: festa do amor! "Deus amou de tal modo o mundo que deu seu Filho unigênito" (*Jo* 3,16). Foi-nos dado pelo Pai. Ele foi gerado no tempo por Maria para que "todos os que o receberem e nele crerem se tornem filhos de Deus" (*Jo* 1,12). Em uma festa do Natal, dizia o papa São João Paulo II: "O nascimento do Filho de Deus é o dom sublime, a maior graça feita à criatura humana que a mente jamais teria podido imaginar. Ao recordarmos neste dia santo o nascimento de Cristo, vivemos, juntamente com esse acontecimento, o mistério da adoção divina do homem, por meio do Cristo, que vem ao mundo cheio de misericórdia e de bondade".

Natal:
festa do acolhimento

Mas há um diabo atravessado nessa história de amor e de ternura, de salvação e vida. Lembra o Evangelho de João: "Ele veio para o que era seu, mas os seus não o acolheram" (Jo 1,11). Lucas confirma essa triste verdade no meio da alegria terrena e celestial de Belém: "Não havia lugar para eles na hospedaria" (Lc 2,7). Nós pertencemos ao Senhor, porque somos criaturas dele, ele nos fez e só existimos porque ele quer. Apesar de propriedade de Deus, somos capazes de não acolhê-lo. Somos capazes de preferir as trevas à luz divina. Este é o diabo atravessado na história da encarnação e nascimento do Senhor. Não precisamos de muita teologia para compreender essa verdade. A nossa experiência de cada dia no-lo ensina.

A hospedaria que ele procurou e não encontrou é a humanidade, é o coração humano. O menino, nascido na gruta de Belém, é a encarnação da misericórdia divina. E só é misericordioso quem tem o coração aberto para dar e receber. Deus entregou-se inteiramente a nós. E nós temos a possibilidade de não o acolher, de termos o coração fechado para as coisas de Deus e para o amor gratuito. O diabo do egoísmo e do orgulho pessoal, o diabo da autossuficiência e da soberba, o diabo do secularismo e da indiferença fecham as portas ao Menino, que vem a nós na mansidão da humildade e só pode ser acolhido pelo coração humilde e voltado para o Senhor. Natal é a festa do acolhimento. Sem acolhimento não pode haver comunicação. Sem comunicação não há comunhão. E o Natal é a festa da comunhão com Deus, que se faz criatura e se doa a ela para que a criatura realize o sonho de assentar-se ao lado de Deus.

FESTA DA SAGRADA FAMÍLIA

1ª leitura: Eclo 3,3-7.14-17a
Salmo: Sl 127
2ª leitura: Cl 3,12-21
Evangelho: Mt 2,13-15.19-23

Que poderão me fazer os homens? (Sl 118,6)

JESUS DE NAZARÉ: ESPERANÇA SALVADORA

Com facilidade, podem-se descobrir, no Evangelho de hoje, algumas das grandes dificuldades familiares: a insegurança, a morte, que ronda e nem sempre conduzida só pela mão da natureza; a necessidade de coragem para enfrentar as situações difíceis e a prepotência dos que detêm o poder; a confiança em Deus; a prudência em tomar decisões. A Santa Família se apresenta como uma das muitas famílias, que devem enfrentar e vencer todo tipo de dificuldades.

Mas há lições ainda maiores: Jesus é o novo Moisés, libertador e fundador de um novo povo de Deus; Jesus, escondido e perseguido, é o Filho do Eterno Pai, a plenitude das promessas de Deus e a esperança salvadora das criaturas humanas.

Pai e filho ambos sanguinários

Nenhum historiador profano faz referência à matança das crianças na região de Belém, decretada por Herodes. Mas o fato condiz com o caráter violento de Herodes. Provinha de família não judaica. Por isso, apesar de inúmeros favores aos judeus (por exemplo: a construção de um novo templo), nunca teve a simpatia do povo nem dos líderes religiosos. Tornou-se famoso como construtor de cidades, fortalezas e monumentos. Essa qualidade até lhe mereceu o título de 'Magno' ou 'Grande'. Casado com 10 mulheres, tinha problemas de entendimento familiar. Na mesma época da matança dos meninos de Belém, mandou matar três de seus filhos e, não houvesse ele mesmo morrido, teria executado um decreto seu, eliminando os principais chefes judeus, por razão de segurança.

Depois da morte de Herodes Magno, a Palestina foi dividida entre três de seus filhos: Arquelau ficou com a Judeia, a Samaria e a Indumeia; Felipe ficou com a parte oriental e norte da Galileia; Antipas ficou com a Galileia e a Pereia. Os três conservaram o título de Herodes acrescido ao seu nome. Herodes Antipas é que vai mandar matar João Batista (Mc 6,17-29) e terá parte na Paixão de Jesus (Lc 23,6-12). Era muito astucioso, a ponto de Jesus chamá-lo de 'raposa' (Lc 13,32). O mais violento dos três, porém, foi Arquelau. Tão cruel e autoritário, que o imperador romano Augusto se viu forçado a depô-lo e exilá-lo. E no seu lugar nomeou um 'Procurador' romano, cargo ocupado durante 10 anos por Pôncio Pilatos, conhecido na condenação de Jesus.

Compreende-se, então, que a Sagrada Família teve de fugir para o Egito por falta de segurança, não podia fixar-se em Belém ou em qualquer lugar da Judeia, porque Arquelau não era melhor que seu pai Herodes, o Grande. Dentro de uma lógica familiar e de prudência, foram morar na terra natal de Maria, um vilarejo mal-afamado, chamado Nazaré, na Galileia. Lá Jesus viveu a juventude e os primeiros anos de adulto, a ponto de ser, mais tarde, chamado 'o profeta de Nazaré' (Mt 21,11; At 10,38); ou simplesmente 'o Nazareno' (Mc 16,6; Lc 4,34); ou até como sobrenome: Jesus Nazareno, como apareceu na inscrição no alto da Cruz (Jo 19,19).

Jesus: novo Moisés e maior do que ele

Há ainda, no episódio da fuga para o Egito, outros sentidos que o evangelista esconde atrás da história e que, talvez, tenham um significado maior que o próprio fato. Ao longo de todo o seu Evangelho, Mateus procura mostrar que Jesus é o novo Moisés. Moisés, nascido no Egito de pais israelitas, salvo das águas (Êx 1,22; 2,1-10), salvo da fúria do Faraó (Êx 2,15), libertou o povo de

Israel (*Êx* 12,37), atravessou o mar (*Êx* 14,15-23) e o deserto (*Êx* 15,22), promulgou leis até hoje vigentes (*Êx* 20), unificou o povo e sua história, conversou com Deus (*Êx* 19,20). É, enfim, a figura principal da história da salvação no Antigo Testamento. É chamado, ao mesmo tempo, de *sacerdote* (*Sl* 99,6), *profeta* (*Os* 12,14), *legislador* (*Br* 2,28), *homem de Deus* (*Sl* 90,1), *amado de Deus* (*Sl* 106,23). Tudo isso, e muito mais, era Jesus de Nazaré. Porque era Filho de Deus, era o sacerdote do altar da aliança nova e eterna (*Mt* 26,28; *Hb* 9,15), era o amor de Deus encarnado entre os homens (*Mt* 3,17; *1Jo* 4,9), era aquele que, da perseguição e da morte, arrancaria a plenitude da vida (*Jo* 10,10; *Hb* 9,28), era aquele que, não só falaria de presença de Deus, mas seria Deus presente entre os homens (*Mt* 1,23; 28,20).

Entre os judeus, sobretudo entre o povo, comentava-se que, quando chegasse o Messias, ele renovaria tudo como no tempo de Moisés. Moisés devolvera ao povo a confiança; devolvera ao povo a liberdade; fê-lo caminhar na busca da Terra Prometida; e, sobretudo, refizera o relacionamento com Deus. As citações dos profetas, que Mateus recorda na fuga e no retorno, prendem-se ao carinho de Deus com Israel "meu filho primogênito" (*Êx* 4,22), ao amor permanente e fiel de Deus ao povo, enquanto o povo se tornava sempre de novo infiel e desregrado (*Os* 11,1-4). A frase "do Egito chamei meu filho" se refere ao povo e está dentro de um contexto de fé *versus* apostasia, de amor *versus* abandono. Mateus aplica o 'meu filho' a Jesus. Ele vem para tirar o pecado do mundo (*Jo* 1,29) e fazer do povo infiel e ingrato um "povo escolhido, uma nação santa... revestida de luz... um povo de Deus" (*1Pd* 2,9-10).

**Um Herodes cruel
vive dentro de nós**

Esse episódio do Evangelho, lido na festa da Sagrada Família, tem também o sentido de mostrar uma família do povo, sujeita a toda espécie de sacrifícios e tribulações. Uma família que permanece unida nas dificuldades e nas desgraças. Uma família que, apesar de santa e agradável a Deus, padece, angustia-se, sofre. É visível a lição de que o sofrimento não é, por si, castigo de pecado. Desde a infância, Jesus passa pelo sofrimento, sobretudo pelo sofrimento causado pela estupidez e cobiça dos outros. Se olharmos para as nossas angústias, grande parte delas tem sua nascente na maldade alheia. Se respondermos com nossa maldade, estupidez e ganância, tornamo-nos fonte de sofrimento para os outros. Enquanto não compreendermos isso, não construiremos o mundo da paz. Herodes e Arquelau temos também hoje. Precisamos é de Josés e Marias, que não respondam com violência à violência no meio da qual vivemos.

Isso vale também para o dia a dia dentro de casa. Todos temos a experiência de que nem sempre a convivência é festiva. Nem sempre o conflito normal das gerações é fácil. Nem sempre a autoridade dos pais e o aprendizado dos filhos convergem. Se olharmos com sinceridade para nós mesmos, encontraremos um Herodes cruel, morando em nosso coração, e bem ativo. A criatura humana tem dificuldade de compreender que não criam espírito fraterno e espírito familiar, impondo-os pela força ou moldando-os segundo nosso modo de pensar, crer e fazer. Como gosta de repetir o papa Francisco, caminhar juntos exige amor.

SOLENIDADE DE SANTA MARIA, MÃE DE DEUS

1ª leitura: Nm 6,22-27
Salmo: Sl 66
2ª leitura: Gl 4,4-7
Evangelho: Lc 2,16-21

Nós te louvamos e te bendizemos na maternidade divina da Virgem Maria (Pref.)

MARIA, BENDITA
ENTRE TODAS AS MULHERES

No dia 1º de janeiro, festa do Ano-novo, a Liturgia celebra Santa Maria, Mãe de Deus. Se no Natal olhávamos sobretudo para o Menino, hoje, para encerrar os oito dias do Natal, olhamos de modo especial para a Mãe. E fica bem sua festa no Ano-novo, porque com sua maternidade começou um novo período na história da terra, carregado de esperanças como um ano-novo. Maria revelou-nos a grande novidade: ela fora o instrumento de Deus para dar ao mundo o Salvador. Os pastores, que acorrem apressados à gruta, são símbolo de todas as criaturas humanas pecadoras, pobres e necessitadas, por quem, em primeiro lugar, veio Jesus. Que vão ver na gruta? O Filho de Maria. Maria sem o Filho seria apenas mais uma das mil Marias. Com o Filho, é a bendita entre todas as mulheres. A mulher que mais agradou os olhos do Pai do Céu e a quem o Pai, na sua imensa bondade, mais enriqueceu de qualidades. Ela é a soma de todas as virtudes humanas e mais prendada do que os próprios anjos. A Escritura exprime isso na frase do anjo Gabriel: "Ave, Maria, cheia de graça, o Senhor está contigo" (*Lc* 1,28).

Ouvir e praticar:
Palavra e Aliança

Lucas nos diz que 'Maria conservava no seu coração' tudo quanto de maravilhoso se dizia do Menino. E nós podemos acrescentar: tudo quanto de maravilhoso ela sabia do Menino. Conservar, aqui, não significa 'guardar', como guardamos uma coisa na estante, no arquivo, na geladeira, mas sim transformar o que se ouviu em comportamento da gente, em vida da gente, em fé prática. A língua portuguesa tem um verbo bonito para expressar isso: *vivenciar*. Essa passagem tem o mesmo sentido de Lucas 8,21, quando Jesus dá um grande elogio à sua mãe, dizendo: "Minha mãe é aquela que ouve a palavra de Deus e a põe em prática". De fato, Maria assimilou tudo de tal maneira que caminhou até a cruz com o Filho, em total sintonia com a vontade do Pai.

A circuncisão, de que fala o Evangelho de hoje, a qual consistia no corte do prepúcio, é um rito existente em muitos povos primitivos, tanto do Oriente quanto da África e da América Latina. Ainda hoje, há povos, como o hebreu, que pratica a circuncisão, como norma e símbolo religioso. Muitos faziam esse ritual no momento em que o menino entrava na adolescência e tinha como sentido a introdução na comunidade dos adultos. Abraão assumiu o rito como sinal de aliança do homem com Deus (*Gn* 17,9-14 e *Rm* 4,10-12). A primeira aliança estava simbolizada pelo arco-íris (*Gn* 9,12-17), também chamado em muitas línguas, que conhecem a Bíblia, 'Arco da Aliança', um símbolo distante do homem e que aparecia e desaparecia. Era o símbolo da aliança entre Deus e as criaturas, depois da destruição do dilúvio. A segunda aliança foi marcada pela circuncisão, na carne do homem, em uma parte do corpo pela qual vinha a vida nova. Há uma terceira aliança: as táboas da lei no Monte Sinai. O homem foi marcadamente infiel a essas alianças. A aliança definitiva e eterna já não é mais na natureza, já não é mais na carne humana, mas na pessoa humana e divina de Jesus de Nazaré.

**Mãe de Deus
e Mãe da Igreja**

Se Lucas anota a circuncisão, de um lado é para acentuar que o Menino era como todos os meninos. A circuncisão tinha para Jesus o mesmo sentido da que haviam recebido centenas de outros meninos: pertença a um povo, que tinha uma aliança especial com Deus. De outro lado, a mesma circuncisão dizia que esse Menino era mais que um aliado de Deus, porque se chamava Jesus, que quer dizer 'Deus é salvação'. E, sendo ele o Filho de Deus, nele e por ele se faria a aliança para sempre entre Deus e a humanidade. 'Uma nova e eterna aliança', como lembra a liturgia da missa. Coisas divinas que acontecem sem perturbar o dia a dia, sem tirar do ritmo a realidade de uma família hebreia, escolhida por Deus. No entanto, apesar da normalidade da cena, estamos diante da mais excepcional família de todos os tempos.

Se partirmos de Maria como mulher-mãe, iremos até onde a inteligência, o coração e a fantasia humana podem chegar na contemplação de uma mulher privilegiada. Se partirmos de Jesus, seu Filho e Filho de Deus, Maria toma uma dimensão tão grande quanto a história da redenção. Ela não foi apenas a mãe geradora de Jesus, ela se tornou, no ensinamento do Concílio, a predestinada desde a eternidade, Mãe do próprio Deus, Mãe do Redentor, a generosa companheira, a humilde serva do Senhor, e mãe – na ordem da graça – de todos os homens (*Lumen Gentium*, 61). Ou, na feliz expressão que se tornou corrente depois do Concílio, ela é a Mãe de Deus e a Mãe da Igreja.

O título 'Mãe de Deus' ela o recebeu no Concílio de Éfeso, em 431, de forma dogmática, isto é, como uma verdade de fé. O título de 'Mãe da Igreja', ela o recebeu durante o Concílio Vaticano II, do papa Paulo VI, no dia 21 de novembro de 1964.

Dia mundial da Paz
Dia mundial da Fraternidade

A festa de Santa Maria, Mãe de Deus, coincide com o Dia Mundial da Paz, instituído pelo papa Paulo VI, logo depois de terminado o Concílio Vaticano II, para criar uma pedagogia, uma cultura da paz. Podia-se pensar em superposição de festas e temas. Na famosa exortação apostólica sobre o verdadeiro culto mariano (1974), o Papa diz que foi proposital a coincidência das duas solenidades, porque a festa de Santa Maria nos leva 'à adoração do Príncipe da Paz', faz-nos 'ouvir de novo o mais alegre anúncio dos anjos'; e, 'tendo como medianeira a Rainha da Paz', podemos implorar com mais confiança 'o dom supremo da paz' (n. 5). Desde Paulo VI, os papas têm enviado ao mundo, a cada ano, uma mensagem de incentivo à paz, mensagens longas, que envolvem profundas reflexões sobre as condições da paz, as vantagens da paz, a necessidade da paz. Para o cristão a paz é possível.

A verdade de que ela é a mãe de todos os redimidos nos recorda nossa condição de irmãos. Dia 1º de janeiro é também o Dia da Fraternidade Universal, celebrado por cristãos e não cristãos. Não é difícil aplaudir as grandezas de Maria. Mas o aplauso não basta. É preciso encarnar as consequências dessa maternidade, como ela o fez. E criar, por nosso comportamento prático, condições de fraternidade, para que haja condições de paz. Tanto a fraternidade quanto a paz fazem parte dos desejos mais enraizados e fortes do ser humano. No entanto, ambas são dinâmicas. Ambas exigem o esforço de todos nós. Ambas exigem gestos concretos. É a prática da fraternidade e da paz que levam à paz e à fraternidade. Estamos lidando com palavras muito vizinhas da razão da encarnação do Filho de Deus, muito queridas ao coração humano. Jesus, de fato, encarnou-se para que nos tornássemos filhos de Deus, isto é, para que nos tornássemos irmãos entre nós (Mt 23,8-9). Fraternidade e paz andam juntas e uma produz a outra.

SOLENIDADE DA EPIFANIA DO SENHOR

*1ª leitura: Is 60,1-6
Salmo: Sl 71
2ª leitura: Ef 3,2-3a.5-6
Evangelho: Mt 2,1-12*

Todos os reis e povos se prostrem diante dele (Sl 72,11)

O UNIVERSO SE INCLINA PARA ADORAR O SALVADOR

Hoje, é a festa da Epifania que, antes da reforma litúrgica, introduzida pelo Concílio Vaticano II, celebrava-se sempre no dia 6 de janeiro e era dia santo. Muitos países conservam ainda a festa no dia 6 de janeiro. No Brasil, desde 1984, por decisão da Conferência dos Bispos, ela passou para o domingo. O povo conhece a festa mais com o nome de 'Santos Reis' e a cercou de belas tradições, cantos e orações. Sobressaíam sempre visitas alegres a casas da vila, dentro da noite, para lembrar a visita dos Magos ao presépio de Jesus. Mas também para lembrar que ninguém é sozinho. Disse-o bem papa Francisco em uma de suas catequeses: "Quando eu saio de mim mesmo, encontro Deus e os outros". As festas populares dos reisados simbolizam bem o que o mesmo Papa chamou de 'Igreja em saída'

A festa lembra o dia em que os Magos, representando a humanidade inteira, reconheceram, no Menino de Belém, o

Filho de Deus Salvador. Por isso celebramos hoje, de modo especial, a virtude da fé. O homem, mesmo cheio de ciência e inteligência, dobra o joelho em adoração diante do 'Menino, que nos foi dado', da parte de Deus, e reconhece nele a divindade em carne humana. Nesse Menino, que não mostra mais que aparência de criança comum, está o Deus e Senhor do Universo, que vem humilde para reatar a amizade entre a terra e o céu.

A humanidade aos pés de Jesus

Vamos a algumas explicações. 'Nos dias do Rei Herodes': trata-se de Herodes, o Grande, um esperto e inescrupuloso político de origem não judaica, que conseguira comprar dos romanos o título de rei da Judeia, depois de lhes prestar muitos favores. O título de 'o Grande' ele o teve não por ter sido brilhante como pessoa humana, mas por ter vivido na maior suntuosidade e por ter construído os mais ricos palácios do tempo dentro e fora da Palestina (à custa de trabalho escravo dos hebreus). Não confundir esse Herodes com o Herodes que mandou cortar a cabeça de João Batista (*Mt* 14,1-12) e esteve envolvido na morte de Jesus (*Lc* 23,6-12). Este último era Herodes Antipas, filho de Herodes, o Grande.

'Chegaram uns magos': a Escritura não diz quantos eram. Há lendas antiquíssimas que mencionam 12. Desde o século VIII, falava-se em três, como representantes das três raças: branca, negra e amarela, como para dizer que a humanidade inteira se pôs a caminho para ver, adorar e servir Jesus. Foi também só a partir do século VIII que a piedade popular deu nome a eles: Melquior, Baltasar e Gaspar (o negro). Os magos não ocorrem em nenhum outro lugar do Evangelho. Observem que Mateus não diz que eles eram reis foi a lenda que os chamou de reis, para valorizá-los diante do orgulhoso Herodes, que comprara o título de rei. E para acentuar a realeza do Menino recém-nascido. Eles podiam ser sábios do Oriente. Os presentes são simbólicos: ouro (para significar a realeza de Jesus); incenso (para significar a divindade) e mirra (uma resina cheirosa, em pó ou líquido, usada para perfumar e compor óleos sagrados), porque Cristo quer dizer 'ungido'.

O universo inteiro aos pés de Jesus

Houve cientistas que saíram à procura da estrela que orientou os magos. Fizeram cálculos para mostrar o aparecimento no céu, de determinado cometa nessa época. Não há necessidade. Assim como os magos simbolizam a humanidade toda, a estrela simboliza o firmamento que desce das alturas para reverenciar seu Criador, agora na gruta de Belém. Trata-se de linguagem poética, facilmente compreensível. Afinal, Jesus não veio apenas salvar o homem, mas redimir a natureza inteira, incluídos os animais e os astros. Além do mais, esse texto foi escrito por Mateus, que procura mostrar a realização das profecias. E há uma no livro dos Números (24,17) que diz assim: "Eis que vejo, mas não agora, percebo-o, mas não de perto: de Jacó desponta uma estrela, de Israel se ergue um cetro".

A ideia de os animais (representados pelo boi [vaca] e pelo burro), os astros (a estrela caminhante), as pedras (a gruta), as plantas (o feno) e, sobretudo, os homens de todas as raças e de todas as classes sociais (os pastores são os pobres e marginalizados; os reis magos, a classe alta) se achegarem ao Menino para adorá-lo é um quadro lindo e necessário: o universo, criado por amor, inclina-se humilde e reverente diante do Criador que, por amor, fez-se criatura semelhante a todas as criaturas, sem deixar sua condição divina. Santo Agostinho viu nos pastores os homens de perto e nos magos viu os homens de longe: o perto e o longe se encontram hoje aos pés de Jesus, porque, a partir de agora, não existem distâncias possíveis para separar Deus e a humanidade, o Criador e as criaturas. E muito menos razão de separação entre os homens. "Todos são membros de um mesmo corpo, coparticipantes em Cristo Jesus" (*Ef* 3,6), como lemos na segunda leitura. É o mesmo São Paulo a nos lembrar (*Ef* 1,10) que esse Menino, deitado na manjedoura, "é a cabeça de todas as criaturas, tanto as que estão no céu quanto as que estão na terra", por isso descem as estrelas, movimentam-se as criaturas racionais e irracionais e se encontram na gruta de Belém, para reconhecer o Senhor. A primeira leitura (*Is* 60,1-6) parece até a crônica desse encontro, em que as trevas e a luz se abraçam para desenhar a aurora da missão salvadora de Jesus e tudo e todos "proclamam as obras do Senhor".

Uma revelação reservada aos humildes

E aqui entra o sentido da Epifania. A palavra é grega e significa 'revelação', 'manifestação'. Hoje o Menino mostra-se, revela-se a todos, e todos, conhecendo sua origem divina e sabendo seu destino de redentor das criaturas, prostram-se cheios de fé. Para que Jesus se revele ao homem, é preciso que o homem dobre o joelho, isto é, reconheça sua condição de criatura e veja nele, em Jesus, o Senhor. Assim como ele se manifestou na humildade, na noite de Natal, só aos humildes se revela hoje como Filho de Deus. Não pede ciência nem cor de rosto. Pede a atitude humilde dos magos, que, "prostrando-se, adoraram-no". A humildade fundamenta todas as virtudes cristãs. Deus escolheu a humildade como caminho entre o céu e a terra. O caminho da humildade é o único que pode ligar a terra ao céu. Por isso nenhuma virtude, em santo nenhum, subsiste sem a humildade. Só o coração humilde pode compreender a cena do Natal e a Epifania do Senhor.

A humildade cheia de fé, que leva aos pés do filho de Deus, gera a alegria do encontro. Todo o Antigo Testamento está cheio da angústia da procura de Deus. Rezava o profeta Daniel: "Queremos procurar a tua face: não nos frustres, Senhor" (*Dn* 3,41). Hoje, ele está aí, visível, na manjedoura, nos braços de Maria, no colo de José. Encontrá-lo, como o encontraram os magos, é a felicidade maior de um coração humano. Daí o povo transbordar, hoje, de alegria e ir de casa em casa, cantando, confraternizando, porque é a festa da fé, a festa da alegria de ter encontrado o Senhor.

FESTA DO BATISMO DO SENHOR

1ª leitura: Is 42,1-4.6-7
Salmo: Sl 28
2ª leitura: At 10,34-38
Evangelho: Mt 3,13-17

Eis o meu servo, a quem apoio, o meu eleito, a quem quero bem (Is 42,1)

UM NOVO RELACIONAMENTO ENTRE O CÉU E A TERRA

Com a festa do Batismo do Senhor, a Igreja encerra o tempo do Natal e abre o que ela chama de Tempo Comum, interrompido pela Quaresma e Páscoa e reiniciado depois da festa de Pentecostes. O Batismo de Jesus marca o início de sua vida pública, de sua missão redentora no mundo. Também o nosso Batismo marca nossa entrada na comunidade cristã e o início de nossa caminhada de fé na companhia de Cristo.

Pelo Batismo, formamos um só corpo com o Senhor Jesus e somos chamados à mesma missão salvadora e ao mesmo destino eterno. Com todo o poder divino (*Mt 28,18-20*), Jesus ressuscitado mandou que todos, depois de se instruírem nas coisas do Reino de Deus, batizassem-se. E foi o que os Apóstolos fizeram (*At 2,37-41; 8,12-17. 36-38; 9,10-18; 10,44-48*). E é o que a Igreja faz até hoje. Ninguém é cristão, se não passa pela água do Batismo. Criatura batizada é sinônimo de criatura cristã. E criatura cristã deveria ser sinônimo de criatura santa.

O batismo é o primeiro dos sacramentos, isto é, condição para se receber os outros. Por isso é chamado de fundamento de toda a vida cristã, ou, em outra figura, a porta de entrada da comunidade cristã. Celebrar hoje o Batismo de Jesus e vê-lo partir cheio do Espírito Santo a pregar o Reino dos Céus é celebrar também o nosso batismo e refazer nosso compromisso de companheiros de Jesus e corresponsáveis pela salvação de toda a humanidade.

Batismo: rito velho com sentido novo

O Batismo de Jesus é contado pelos quatro evangelistas. Isso significa que os primeiros cristãos davam uma importância muito grande ao fato. A palavra 'batizar', 'batismo' vem do grego e era usada na linguagem de todo dia, significando 'mergulhar', 'imergir'. Mas o costume de lavar-se ou de mergulhar podia ter também um sentido religioso, tanto no Antigo Testamento quanto em regiões da Grécia, do Egito e da Índia.

Três sentidos aparecem sempre, ora acentuando mais um, ora acentuando mais outro: a purificação externa e interna da pessoa (o *Catecismo* nos ensina que ele nos liberta do pecado original e tem força de perdoar outros pecados); a procura de um acréscimo de forças vitais e o dom da imortalidade (o *Catecismo* nos ensina que o mergulho na água do batismo significa o mergulho na morte de Cristo para poder com ele ressuscitar e levar uma vida nova); e um rito de iniciação, de introdução na comunidade, de assunção das obrigações e vantagens religiosas.

João Batista não inventou, portanto, o batismo. Sem omitir os três sentidos tradicionais (que a Igreja adotou), João acentua um quarto: a conversão. E nisso coincide com a pregação de Jesus (*Mt* 4,17; *Mc* 1,15). João prepara o sentido profundo da doutrina de Jesus sobre a pertença ao Reino de Deus, cuja primeira condição é a conversão do coração. Os evangelhos mostram que João tinha consciência de estar apenas preparando o caminho de Jesus (*Mt* 3,11; *Mc* 1,7; *Lc* 3,15-16; *Jo* 1,19-27).

Batismo de Jesus: consagração e início do ministério

Podemos discutir por que Jesus, não tendo pecado, não precisando de purificação nem de conversão, e sendo eterno, teria procurado o batismo. O próprio João se admira do gesto de Jesus, mas se submete diante do motivo que ele dá:

"Devemos cumprir toda a justiça", isto é, tudo aquilo que foi ordenado por Deus. Na verdade, Jesus não dá nenhuma explicação. Simplesmente declara que quer cumprir a vontade do Pai, como o fará em várias outras ocasiões durante a vida pública (Jo 4,34; 5,30; 6,38; Mt 26,42; Lc 22,42).
Mas o que segue ao batismo dá um sentido totalmente novo ao gesto de Jesus. Há como que uma consagração, uma confirmação da missão de Jesus sobre a terra. A partir desse momento, Jesus começa a vida pública, ou seja, um ministério profético, que exercerá com a força e o poder de Deus (significados na descida do Espírito Santo em forma de pomba) e em nome de Deus (significado na voz do Pai, afirmando que está plenamente de acordo com ele, em total solidariedade com sua pessoa e seus atos). A obra salvadora não é exclusiva de Jesus, é uma obra amorosa da Santíssima Trindade, que sempre age em conjunto.
Quando o evangelista diz que 'o céu se abriu', está usando uma figura. Quando nós dizemos 'a porta se abriu', podemos estar dizendo que aquela parte da casa chamada porta está aberta. Mas podemos também estar falando em sentido figurado: há uma nova possibilidade, há chances, não há mais empecilhos. Ao dizer que 'o céu se abriu', Mateus quer dizer que começou uma nova etapa na história da salvação, começou a era messiânica, há um novo relacionamento entre o céu e a terra, tudo o que é do céu pode passar à terra, e tudo o que é da terra pode entrar nos céus. É a nova aliança entre Deus e o homem, por meio da pessoa divina e humana de Jesus de Nazaré.

Batismo cristão:
nossa incorporação em Cristo

O batismo, que a Igreja católica recebeu de Jesus e ministra, conserva todos os significados do batismo antigo e expressa vários outros. É um rito de purificação do pecado original; se o batizando for adulto, terá o perdão de todos os pecados cometidos antes. É um rito de iniciação: pelo batismo entramos na comunidade cristã. É um rito que exprime desejo de vida, tanto que se fala em um "novo nascimento". São Paulo fala em "vida nova" (Rm 6,4), em "criatura nova" (Gl 6,15).

Pelo batismo, como Jesus, somos consagrados por Deus para uma missão. A Igreja ensina que o Batismo imprime em cada batizando um sinal indelével, uma "marca" de pertença à comunidade redimida (que a teologia chama de "comunhão dos santos"), que nos faz participar do sacerdócio e da missão de Jesus Cristo. Cada um recebe, em sementes, dons e graças que deve, com seu esforço e trabalho, desenvolvê-los ao longo da vida, em benefício de toda a comunidade. A primeira e melhor maneira de beneficiar os outros é viver cada um os compromissos do Batismo e pautar o comportamento pessoal diário, em privado e na vida pública, nos valores trazidos, apresentados ou acentuados por Jesus. Ou, como dizia Jesus a João Batista: cumprir cada um toda a justiça, isto é, tudo aquilo que foi ordenado por Deus.

Mais ainda: o batismo nos incorpora a Cristo, isto é, faz--nos um só corpo com ele. Por isso, São Paulo podia dizer: "Nós somos o corpo do Senhor" (1Cor 12,27). Mais ainda: o batismo, em Cristo, faz-nos filhos de Deus, como nos ensina o Concílio: "Pelo Batismo nos tornamos verdadeiros filhos de Deus e participantes da natureza divina, e, por isso, santos" (Lumen Gentium, n. 40). Por tudo isso, ao pensar em nosso batismo, devemos nos encher de alegria, gratidão e coragem.

TEMPO DA QUARESMA

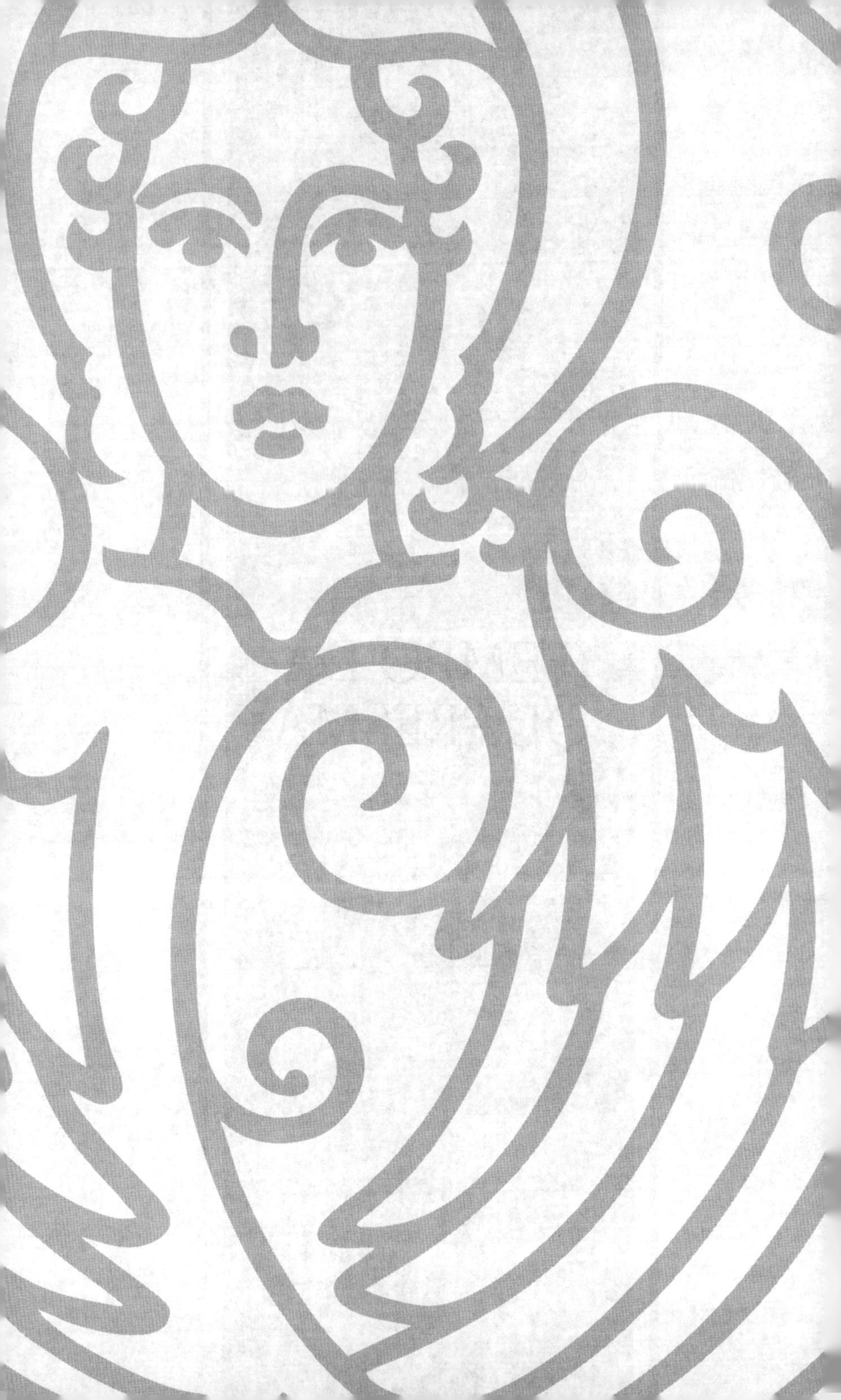

QUARTA-FEIRA DE CINZAS

1ª leitura: Jl 2,12-18
Salmo: Sl 50
2ª leitura: 2Cor 5,20-6,2
Evangelho Mt 6,1-6.16-18

Falarei ao meu Senhor, apesar de ser eu pó e cinza (Gn 18,27)

**NO NADA DAS CINZAS
VIVEM SEMENTES DE IMORTALIDADE**

A Quarta-feira de Cinzas introduz a Quaresma, tempo de preparação para a Páscoa. Já no século II, havia o costume de longa preparação para a morte do Senhor e sua Ressurreição. A tradição de que a preparação tivesse quarenta dias começou no início do século IV. O número 40 recorda os 40 dias que Jesus jejuou e rezou no deserto (*Mt* 4,3) antes de começar a vida pública. Lembra também os 40 dias que Moisés permaneceu no monte em conversa com Deus (*Êx* 24,18), antes de receber a tábua da Lei, que significava a aliança de Deus com o povo. E lembra também os 40 anos que o povo perambulou pelo deserto rumo à Terra Prometida (*At* 7,36) e os 40 dias em que os ninivitas fizeram penitência de seus pecados (*Jn* 3,4), sem esquecer o sentido purificador dos 40 dias que durou o dilúvio (*Gn* 7,4).

Já nessas lembranças estão presentes os grandes temas da Quaresma: oração e jejum, saudades do céu, fidelidade à aliança com Deus, preparação para uma missão, purificação dos pecados e a consequente penitência, em uma palavra: conversão, isto é, retorno a Deus, que implica um voltar-se também para as necessidades do próximo.

Nos primeiros séculos, a Quaresma começava no domingo. Aos poucos, o jejum foi tomando o centro de todas as penitências quaresmais. Ora, em dia de domingo, a Igreja não jejua, porque o domingo é uma pequena páscoa. Compensaram-se então os quatro domingos, recuando o começo da Quaresma para a quarta-feira anterior. Já no século VII se implantara esse costume. Durante alguns séculos, havia o hábito da penitência pública, para o perdão de pecados graves públicos. Esses penitentes se cobriam de cinzas. Quando a Igreja retirou esse tipo de penitência (século X), passou a impor as cinzas a todos os fiéis no início da Quaresma.

Morte corporal, destino eterno

À primeira vista, as cinzas podem parecer coisa banal. Mas elas são ponto de partida para vários temas de reflexão. Comecemos com a frase que o celebrante pronuncia ao impor a cinza: *Lembra-te que és pó e ao pó tornarás!* A frase nos liga ao início da Bíblia, quando se diz que Deus fez o homem de barro e lembra muito concretamente o que sobra do corpo humano. Viemos do barro e voltamos ao pó. Mas sobre o barro que somos, Deus soprou sua vida divina (*Gn* 2,7) e nele plantou sementes incorruptíveis (*1Pd* 1,23). Nosso destino não é o pó, mas a vida eterna. A ressurreição de Jesus é a garantia da sobrevivência. As cinzas recordam nossa origem e morte corporal e destino eterno.

Não é só na Bíblia que as cinzas têm significado de morte/ressurreição. Os gregos têm a belíssima figura da fênix, pássaro do tamanho da águia. Segundo a lenda, quando se aproxima a morte, ela recolhe ervas perfumadas, com elas faz um ninho e nele se queima, como se fosse um altar. Três dias depois, renasce das próprias cinzas. O tempo da Quaresma tem exatamente o significado de morrer para a velha vida e renascer. Ou, como diz São Paulo, de "nos despojar do homem velho e corrompido para nos revestir do homem novo, criado em justiça e verdadeira santidade" (*Ef* 4,22-24).

Cinza e morte, cinza e purificação

As cinzas, purificadas pelo fogo, recordam o morto, purificado na morte de todas as paixões, ambições e veleidades. Em muitas culturas, como a hebreia, a grega, a egípcia, a árabe, as cinzas entram nas abluções e ritos fúnebres. Para alguns povos, sentar-se sobre a cinza e derramar cinzas sobre a cabeça significa chorar o morto com grande dor e, ao mesmo tempo, desejar-lhe a purificação de todos os pecados e todas as culpas. A Bíblia acrescenta a essa dor e esse luto a esperança. Assim Isaías, no famoso texto, que é usado em parte por Jesus na Sinagoga de Nazaré (*Lc* 4,16-20) e que começa com as palavras: "O Espírito de Deus está sobre mim", proclama que o Messias dará aos enlutados uma coroa de festa em vez de cinza, alegria no lugar do luto (*Is* 61,3). De fato, Jesus vencerá a morte e repartirá com as criaturas humanas sua ressurreição.

São Francisco costumava dizer que a "cinza é casta e pura". O fogo, que purifica os metais, purifica também as cinzas. Assim, quando o homem queima no fogo da penitência seus apetites mundanos e seus ídolos, o que sobra são cinzas castas, um coração puro, inteiramente pronto para, da morte, passar à vida eterna. São Francisco quis morrer deitado sobre cinza e coberto de cinza. Ele havia entendido a caducidade das coisas terrenas, havia queimado suas paixões desordenadas e penitenciado seu corpo. Agora, agonizante, compreendia o mistério divino da morte e estava pronto, apesar de, na expressão de Abraão (*Gn* 18,27), ser "pó e cinza", a apresentar-se ao Juiz dos vivos e mortos.

Nas cinzas da dor a certeza da vitória

A cinza que os antigos espargiam sobre a cabeça em forma de penitência tem a ver com morte e ressurreição. Morte a um passado errado e vida nova para o dia de amanhã. A cinza também significava o extremo da dor e do sofrimento, como se ela tivesse sofrido horrores ao ser queimada. O Salmo 102, que é a oração do homem infeliz, expressa esse símbolo: "Em vez de pão, alimento-me de cinza e bebo lágrimas como sendo bebida" (102,10). Quando os irmãos Macabeus chegaram ao Monte Sião e viram o templo profanado, semiqueimado e abandonado, sentiram tanta dor que espalharam cinzas sobre a própria cabeça (1Mc 4,39). Mardoqueu, ao saber que seu povo estava condenado a morrer pela espada, cobriu-se de cinza (Est 4,4); e a história diz que "a cinza se tornou o leito de muitos" (Est 4,3). Muitas vezes no Antigo Testamento, as cinzas derramadas sobre a cabeça eram uma purificação pessoal para enfrentar uma grande missão. Assim aconteceu Judite, antes de enfrentar Holofernes (Jd 9,1).

As cinzas, na Escritura e na cultura de muitos povos, é símbolo de tudo o que é perecível (Jó 13.12) e de tudo o que é sem valor (Eclo 40,3). Ora, a Quaresma quer ser um retorno aos valores duradouros. É um tempo de reflexão sobre a transitoriedade das coisas, por mais ricas, preciosas e caras que sejam. As coisas deste mundo, lembra o salmista, "são como a erva: de manhã floresce e viceja, de tarde murcha e seca" (Sl 90,6). Também a palavra e as promessas humanas passam. Viva e eterna é a palavra salvadora do Senhor (1Pd 1,23).

As cinzas que a Igreja derrama sobre a testa dos fiéis no início da Quaresma provêm da queima das palmas e dos galhos de oliveira, bentos no Domingo dos Ramos do ano anterior. Naquele domingo, os ramos simbolizavam a messianidade de Jesus. Sua entrada triunfal em Jerusalém marcava o início da paixão e morte, momentos de extrema dor, mas passagem necessária para sua vitória pascal. As cinzas desses ramos são derramadas sobre nossa cabeça para nos lembrar que devemos crer no Senhor Jesus, acompanhá-lo à morte, porque é morrendo que se vive para a vida eterna.

1º DOMINGO DA QUARESMA

1ª leitura: Gn 2,7-9;3,1-7
Salmo: Sl 50
2ª leitura: Rm 5,12-19 ou
Rm 5,12.17-19
Evangelho: Mt 4,1-11

Ao vencedor darei de comer da árvore da vida (Ap 2,7)

**PELAS TENTAÇÕES
VEM A DECISÃO**

Começamos o tempo litúrgico da Quaresma, que culminará com a paixão, morte e ressurreição de Jesus. O tempo se abre com as tentações no deserto. Jesus tem de tomar uma decisão: ou os bens do mundo, ou os bens do Reino. Depois de ser batizado, Jesus, antes de começar a vida pública, vive no deserto em jejum e oração durante 40 dias. Jesus vem ao mundo para recriá-lo, isto é, para levar as criaturas a sua origem primitiva com um destino divino e eterno. A cena de hoje lembra a cena do paraíso terrestre. Lá Adão e Eva começavam a grande missão de povoar a terra, de criarem uma Família de Deus, um povo que fosse a alegria e o prolongamento da Santíssima Trindade. Lá nossos primeiros pais, tentados pelo demônio, sucumbiram. Em termos humanos, fracassou o plano amoroso de Deus. Agora, o novo Adão (*1Cor* 15,45), ao começar a nova criação, passa pelas mesmas tentações, vence o demônio e ganha, por assim dizer, o direito de reabrir as portas do paraíso.

As tentações de Adão e as de Jesus são tentações nossas. O episódio contado hoje é típico da condição humana. Na verdade, trata-se de tentações que nos exigem uma decisão: ou optamos pelos valores divinos e retornamos ao paraíso, fazendo o caminho chamado Jesus, ou nos contentamos com os valores do mundo, curtindo o angustiado desejo de ser deus (*Gn* 3,5), em permanente conflito com o Senhor. A única ponte é Cristo. Para fazê-la, ele "viveu em tudo a condição humana, menos o pecado" (*Hb* 4,15 e 4ª Oração Eucarística). E para passá-la temos de nos identificar com Jesus.

As tentações de Jesus são as tentações do homem

No paraíso, o demônio tentou Adão e Eva pela gula (*Gn* 5,1-3), irmã gêmea da cobiça. Hoje, o demônio, com um pé no paraíso de Adão e com o outro na missão de Jesus, tenta-o a transformar pedras em pão. Será menos a tentação de matar a fome e mais a tentação do ter. Essa tentação é quase tão forte quanto o instinto de sobrevivência. Jesus viera transformar os corações de pedra em corações-moradas do Espírito Santo (*Gl* 4,6), exatamente para que o coração humano procurasse as coisas de Deus e não as coisas do mundo. O demônio repropõe a cobiça, que é a mãe de todos os vícios (*1Tm* 6,10).

A segunda tentação foi a do poder, irmão da soberba e do orgulho. Poder absoluto. Ser Deus. Adão, em frontal desobediência a Deus, desejou até mesmo o poder sobre a morte. A Jesus é proposto o poder sobre as leis da natureza, o poder sobre os anjos. Sempre em figuras extremadas, para acentuar o núcleo central, que é o grande desejo da criatura humana: ter tudo em suas mãos e nada dividir com ninguém. Jesus viera para divinizar o homem e dar-lhe poderes excepcionais, mas sempre em comunhão com Deus e o próximo. O demônio repropõe a soberba, inimiga declarada da fraternidade.

A terceira tentação foi a de dominar, expressa no paraíso pela frase "conhecer o bem e o mal". E nas tentações de hoje, pelos reinos da terra. Jesus viera como Senhor do mundo. Todas as criaturas lhe estavam sujeitas. Mas viera para servir (*Mt* 20,28), como se fora o menor de todos, e servir gratuitamente. Viera como Rei do Universo, mas para lavar-nos os pés (*Jo* 13,14).

Tentações em toda a parte: confronto permanente com o demônio

Podemos ler as tentações de Jesus de outro modo e chegar à mesma conclusão. O profeta Isaías falava de uma estrada luminosa que seria aberta no deserto (43,19). Cristo será este caminho, de verdade e vida, que passa por nós pecadores. No deserto, no Monte Sinai, Deus dera a Moisés os dez mandamentos (*Êx* 19 e 20). Agora, de dentro do deserto, passando pelas mesmas tentações do povo, vem o Cristo, maior que Moisés (que pereceu em uma das tentações; cf. *Nm* 27,14), como novo legislador e mestre, capaz de introduzir na Terra Prometida (= Reino de Deus) os peregrinos do deserto, isto é, os homens pecadores, duramente tentados pelas forças do mal na intimidade da casa (1ª tentação, simbolizada no pão, o mais caseiro dos alimentos), na intimidade com Deus (2ª tentação, simbolizada no templo), nos trabalhos diários (3ª tentação, simbolizada pelo reino geográfico). Aqui estão as três grandes dimensões do homem: para dentro, para seu coração; para o alto, para Deus; para fora, para o próximo e o mundo do trabalho e da sociedade. No equilíbrio e desempenho dessas três dimensões, está a santidade. Por isso, o demônio se faz presente como perturbador.

Todos temos experiência dessa luta. O confronto entre o homem e o demônio, "homicida e mentiroso desde o início", (*Jo* 8,44) é inevitável. Aqui temos mais que um símbolo, uma imagem. Fosse apenas uma imagem, o homem já a teria eliminado, tão incômoda que é. Mas passarão todas as gerações de psicólogos e psiquiatras, e o homem continuará a se defrontar com as tentações do deserto do Evangelho de hoje, independentemente da religião que tiver.

Vence quem crer em Jesus, Filho de Deus

Embora para nós, brasileiros, a palavra 'deserto' pouco nos diga, porque dele não temos nenhuma experiência, na Bíblia, tanto no Antigo quanto no Novo Testamento, chega a ser mais que uma região geográfica calcinada e árida. O deserto vira símbolo. Hoje, olhemos apenas seu lado improdutivo e inabitável, que recorda a maldição de Deus; lugar ideal para a moradia do diabo. Jesus começa sua vida pública no deserto. No meio da humanidade, incapaz de produzir frutos dignos de Deus, aparece Jesus Cristo, a encarnação da bênção divina. Aparece para transformar, na expressão do profeta Isaías

(41,18-19), o deserto em um jardim regado e florido. No entanto, a salvação, que Jesus trouxe, não tira o sofrimento humano, não dispensa o homem de lutar contra as forças do mal e, sobretudo, não o dispensa de uma decisão pessoal. O homem já foi chamado de filho da desgraça. Em forma figurada, diríamos: filho do deserto. Mas pode tornar-se filho da graça, se superar as propostas do Maligno, que lhe são apresentadas tão atraentemente. Às tentações do ter, do poder e do dominar, que estão em nosso sangue, desde a desgraça de Adão, Jesus veio propor o desapego, a fraternidade e o serviço.

"Se és o Filho de Deus..." Duas vezes hoje o diabo inicia a interpelação de Jesus com essa frase condicional, carregada de ironia. Todo o Evangelho de Mateus foi escrito para mostrar que Jesus de Nazaré era e é o Filho de Deus. Estando Jesus agonizante, volta a frase: "Se és o Filho de Deus, desce da Cruz!" (*Mt* 27,40). Hoje, Jesus sai da cruz das tentações e sobre essa vitória constrói o Reino, a maneira humano-divina de viver na terra, que Adão não soube fazer. Jesus hoje é vitorioso sem o alarde do milagre. Na Sexta-feira Santa, ele não desce da Cruz, porque nela estava a vitória definitiva do desapego, do serviço, da fraternidade, que geram vida e paz, verdade e salvação. A frase duvidosa do diabo, repetida ironicamente pelos que o injuriavam ao pé da Cruz, precisa transformar-se em afirmativa: "Verdadeiramente, tu és o Filho de Deus!" (*Mt* 14,33 e 27,54). A fé tem muito a ver com uma decisão pessoal, intransferível. Exatamente a decisão frisada no Evangelho de hoje.

2º DOMINGO DA QUARESMA

1ª leitura: Gn 12,1-4a
Salmo: Sl 32
2ª leitura: 2Tm 1,8b-10
Evangelho: Mt 17,1-9

Por Ele, em virtude da fé, chegamos à esperançosa graça da glória (Rm 5,2)

TRANSFIGURAÇÃO: EPIFANIA DE DEUS, META DA CRIATURA HUMANA

No II domingo da Quaresma, lemos o Evangelho da Transfiguração, um ano na versão de Mateus, outro ano na versão de Marcos e outro, na de Lucas. Como primeira leitura, lemos sempre um trecho da história de Abraão. Lemos a Transfiguração, porque o episódio está ligado à paixão, morte e ressurreição do Senhor. Mateus o coloca entre dois anúncios da paixão. Lembra-o também o prefácio da missa de hoje: "Tendo predito aos discípulos a própria morte, Jesus lhes mostra, na montanha sagrada, todo o seu esplendor. E com o testemunho da Lei e dos Profetas, simbolizados em Moisés e Elias, ensina-nos que, pela paixão e cruz, chegará à glória da ressurreição".

Lemos Abraão por ser figura de Jesus em sua vida de fé e em fazer a vontade do Pai do Céu até o extremo possível. Em ambos, Abraão e Jesus, o que parecia um fim se tornou um começo, o que parecia uma renúncia irrecuperável tornou-se uma nascente de bênçãos. Na Liturgia de hoje, há uma linha histórica e mística: Abraão, pai de todo um povo escolhido, no qual Deus coloca sua afeição e sua paternidade. Moisés e Elias, representantes da Lei e da Profecia, as duas fontes que o Antigo Testamento tinha para encontrar e seguir as pegadas de Deus na história universal e na história de cada um. Jesus, que veio refazer em definitivo e ampliar ao máximo a aliança de Deus com o povo. Pedro, Tiago e João, que poderíamos chamar de pais do Novo Testamento.

Paixão e morte:
caminho obrigatório da ressurreição

Não sabemos qual tenha sido o monte em que Jesus se transfigurou. Como o Evangelho fala em 'alto monte', a tradição o identificou com o Monte Tabor, o único monte alto da região, com 588 metros de altura, e já tido, havia muito tempo, como montanha sagrada. Na verdade, não interessa a Mateus o problema geográfico, mas o simbólico. A grande aliança de Deus com o povo no deserto acontecera no alto do Sinai, e as tábuas da Lei eram o sinal concreto, visível e viável, do pacto entre Deus e o povo eleito: "Eu serei o vosso Deus e vós sereis o meu povo" (*Lv* 26,12). Jesus está agora caminhando para o momento decisivo da recriação da aliança entre Deus e o povo, está para fazer a "nova e eterna aliança", como dizem as palavras da Consagração na missa, já não mais gravada em pedra, mas escrita com seu sangue no coração de cada criatura humana.

No Sinai, o povo traiu a aliança e preferiu um bezerro de ouro (*Êx* 32). Agora, pouco antes do episódio da Transfiguração, o povo se divide: a maioria se nega a aceitar a pregação de Jesus; e a minoria torna-se a dividir: uns esperam para logo um reino terreno de liberdade política, liderado por Jesus; outros estão perplexos, apesar da declaração de Pedro, que professara em nome dos doze: "Tu és o Cristo, Filho do Deus vivo" (*Mt* 16,16). Tanto a incredulidade da maioria quanto o comportamento dúbio da minoria vêm anotados por Mateus no contexto da Transfiguração. Jesus seleciona três entre os que ainda podiam crer, e que se tornariam "as colunas da Igreja", (*Gl* 2,9) e os leva para o monte, confirma-lhes o caminho da paixão como passagem obrigatória para a ressurreição.

Na história de cada um
há sempre um chamado divino

Voltemos à primeira leitura, à história de Abraão. Vivia em Ur dos Caldeus (hoje no território do Iraque) mais ou menos em 1800 anos antes de Cristo. Deus o chama, e ele obedece. Observe-se que é Deus quem chama. Na história da humanidade e na história de cada um, há sempre um chamado de Deus, que sempre precede aos nossos pensamentos e às decisões. Entretanto, o chamado gracioso de Deus se perde, se não houver a colaboração como resposta. Deus deu à criatura humana a inteligência, a vontade e os sentimentos suficientes para perceber o chamado divino e decidir aceitar ou não. O chamado de Deus – e está tão claro na história de Abraão – nem sempre vem com explicações ou com promessa de recompensas; pode até ser muito exigente, como o foi no caso de Abraão: teve de deixar sua terra, sua tribo, sua família; teve de partir para uma terra desconhecida. Teve de "morrer" para um passado e recomeçar tudo do nada, até mesmo sem saber o que significava esse recomeçar. Simplesmente, confiou plena e completamente em Deus.

Abraão confiou em Deus até o absurdo e tornou-se um modelo de fé, alcançando a expressão mais alta e dramática no momento em que esteve para sacrificar o filho Isaac (*Gn* 21,1-19). Por causa de sua fé radical, Deus o fez pai de um povo abençoado. No pequeno trecho que lemos hoje, por cinco vezes se fala em bênção. De fato, da fé de Abraão, de sua descendência, brotam inumeráveis bênçãos, das quais a maior de todas é Jesus de Nazaré, o Filho de Deus, que se encarnou no seio de uma mulher abraâmica. E como de Abraão, que foi ao extremo da fé, confiante na promessa de Deus, nasceu "um povo numeroso como os grãos de poeira" (*Gn* 13,16), assim, de Jesus de Nazaré, "obediente ao Pai até à morte, e morte de Cruz" (*Fl* 2,8), nascerá a nova família de Deus, aquela que "no céu, na terra, debaixo da terra e no mar" (*Ap* 5,13) cantará ao Cordeiro imolado: "Bênção, honra, glória e império pelos séculos dos séculos" (*Ap* 5,13).

**Na obediência
todas as bênçãos**

Os apóstolos estavam na situação de Abraão em Ur dos Caldeus. Deus os convocava para testemunhas e protagonistas da nova criação, da nova Terra prometida, que Jesus chamou de 'Reino de Deus'. Mas era preciso que saíssemos de si mesmos, que deixassem de pensar pequeno como a inteligência humana. Era preciso que ultrapassassem sua visão humana do projeto divino. Era preciso que acreditassem 'no escuro' e partissem para o desconhecido. Era preciso abraçar a vontade de Deus e não procurar carreira própria, como queriam Tiago e João (Mt 20,20-23). Era preciso não 'arrancar da espada', para defender os próprios interesses, como fará Pedro no Jardim das Oliveiras (Mt 26,51-52), mas "carregar a cruz com Jesus" (Mt 16,24) e com ele morrer no Calvário. Abraão creu no Senhor, mesmo quando lhe pedia a morte do filho único. Os apóstolos deviam crer em Jesus, mesmo o vendo pregado e morto na Cruz. Na obediência de Abraão, foram "abençoadas todas as famílias da terra" (Gn 12,4). Na obediência de Jesus, vir nos são todas as bênçãos e toda a afiliação por parte de Deus (Ef 1,3-5).

A história de Abraão e o caminho do Calvário nos acompanham dentro de nossa vida. Não sei se há coisa mais difícil do que obedecer à vontade de Deus, mesmo sem compreendê-la, ou saber distinguir a vontade de Deus dos nossos planos pessoais. A cena da Transfiguração, além de tudo, é um momento altamente didático. A glória passa pelo pedágio da cruz, sem alternativa. Mais tarde dirá São Paulo aos romanos: "Os sofrimentos da vida presente não têm comparação alguma com a glória futura que se manifestará em nós" (Rm 8,18). Se morrermos para o nosso triunfo pessoal e nos colocarmos, como Maria, em pé, ao lado da cruz, seremos transfigurados.

3º DOMINGO DA QUARESMA

1ª leitura: Êx 17,3-7
Salmo: Sl 94
2ª leitura: Rm 5,1-2.5-8
Evangelho: Jo 4,5-42 ou
Jo 4,5-15.19b-26.39a.40-42

Contigo está a fonte da vida (Sl 36,19)

CRISTO: ÁGUA QUE PURIFICA, SANTIFICA E DÁ VIDA

O episódio da samaritana nos é posto hoje à meditação, sobretudo por duas razões: primeira, tempo de Quaresma é tempo de conversão; de conversão à doutrina e à pessoa de Jesus; à doutrina, porque ela nos ensina a adorar verdadeiramente a Deus e com isso nos diz como manter vivo e intenso o contato entre nós e Deus; à pessoa, que é divina e humana ao mesmo tempo e que, por ser divina, nos dá todas as garantias e, por ser humana, torna-se acessível a todos. Segunda razão: a conversão é reavivamento do nosso batismo, em que a água, pela força divina, lavou-nos dos pecados e nos abriu as portas do céu. Não a água em si, mas quem ela significa: o Cristo Salvador. O batismo não é apenas um rito: é um compromisso com a vida neste mundo e com o Cristo, que é a fonte da vida eterna.

Assim como Jesus quis nascer de uma mulher que, por isso mesmo, se põe na origem de todo o Novo Testamento, quis, por meio de uma mulher, afirmar a chegada da plenitude dos tempos para todos os povos do mundo, a chegada do novo templo de Deus na terra. Por doze vezes se usa o vocábulo 'mulher' no Evangelho de hoje. Há várias semelhanças entre o chamado dos Apóstolos e o episódio de hoje, como, por exemplo, quando Felipe convidou Natanael: "Vem e vê"

(Jo 1,46). A samaritana convidou seus conterrâneos com as mesmas palavras: "Vinde e vereis" (v. 29). A samaritana se tornou o modelo da verdadeira discípula de Jesus: ouviu, abriu o coração e a mente à verdade, creu, deu testemunho.

Jesus quebra costumes para buscar pecadores

O caminho que levava da Judeia à Galileia e vice-versa passava pela Samaria. Para os judeus era passagem penosa. Judeus e samaritanos se evitavam, odiavam-se. A Samaria já fora terra de hebreus. Lá estava o túmulo de José do Egito (Js 24,33). Lá estava o famoso poço, que Jacó dera de presente ao filho predileto José. Agora, sentado ao lado do poço, estava o Filho predileto do Pai do Céu, capaz de dar não apenas um poço de água corrente, mas água viva, que jorra para a vida eterna.

Em torno do ano 720 antes de Cristo, a Samaria foi invadida pelos persas, e, ao menos, 30 mil habitantes foram deportados. Em seu lugar trouxeram colonos assírios (2Rs 17,24). Com o tempo, esses colonos acabaram adotando a lei de Moisés e o monoteísmo judaico, conservando, porém, os costumes e as devoções próprias (2Rs 17,27-34). Construíam seus templos no alto dos montes, como o Ebal (938 m), onde a tradição dizia que Josué oferecera o primeiro sacrifício ao entrar na Terra Prometida (Dt 27,4-8) e o Garizim (868 m), defronte ao Ebal, até hoje sagrado para os habitantes.

Compreende-se, então, o duplo espanto da samaritana no Evangelho de hoje. Primeiro: nenhum homem decente abordava uma mulher em público, conforme o costume tanto judeu quanto samaritano. Segundo: um judeu que se prezasse não pedia jamais um favor a um samaritano. Jesus, portanto, quebrou dois preconceitos ao mesmo tempo, coisa que escandalizou os próprios discípulos (v. 27). E, pela narração do Evangelho, ficamos ainda sabendo que era uma mulher de vida irregular (v. 18), que vivia com homem que não era seu marido.

No encontro com a samaritana os ensinamentos centrais

A história de Jesus com a samaritana é um exemplo claro da afirmação do próprio Cristo: "Eu vim chamar os pecadores

à conversão". Essa frase ou Jesus a pronunciou, muitas vezes, ou ela chocou muito os Apóstolos, já que três evangelistas a transcreveram (*Mt* 9,13; *Mc* 2,17; *Lc* 5,32). E por que teria chocado? Porque os hebreus evitavam os pecadores. No caso da samaritana, além de ser 'pagã' e de vida desregrada, era mulher. E nenhum rabino perdia tempo em passar ensinamentos a mulheres. Jesus hoje dá um exemplo da verdadeira misericórdia: abriu o coração a uma pessoa necessitada de ajuda.
Ao tema da misericórdia se entrelaçam outros temas: um Jesus que tem fome e sede (vv. 7 e 8): é verdadeiro homem. Ao mesmo tempo, mostra-se como Deus, capaz de dar a vida eterna (v.14), declara-se o Messias (v. 26), diz que vive para fazer a vontade do Pai (v. 34), e todos (os pecadores) o reconhecem como salvador (v. 42). O tema do pão: os discípulos vão comprá-lo (vv. 8 e 31). Jesus acentua que a criatura humana deve cuidar também de outra vida, maior que a vida biológica, que se alimenta do pão: a vida com Deus, que se alimenta do contato com Deus (vv. 32 e 34). O ensinamento é o mesmo de Cafarnaum: "Esforçai-vos não pelo alimento que perece, mas pelo alimento capaz de dar a vida eterna" (*Jo* 6,27). São muitos os temas que entremeiam o encontro de Jesus com a samaritana, temas que serão desenvolvidos e explicados ao longo do Evangelho de João, como, por exemplo, o tema da verdade (vv. 18 e 23) e o tema da procura de Deus (vv. 23 e 27); o tema do conhecimento (vv. 10 e 22); o tema do envio (vv. 34 e 38), ligado ao tema do testemunho (v. 39); o tema do ir ao encontro e permanecer com Jesus (v. 40), acentuado pelo Mestre no discurso da Última Ceia (*Jo* 15,3-7 e 27).

A água batismal abre as portas da vida

O Evangelho de hoje era leitura obrigatória para os catecúmenos, aqueles que se preparavam para receber o batismo na Páscoa. Não só a leitura, mas a catequese contida no episódio. O tema da água leva imediatamente a pensar no batismo. Hoje, Jesus promete uma água "que se tornará fonte para a vida eterna" (v. 14). Para os cristãos, a água batismal abre as portas da eternidade porque, além de apagar os pecados, torna-nos herdeiros do céu. No batismo nós nos tornamos morada da Santíssima Trindade. E, nessa condição, podemos "adorar a Deus em espírito e verdade" (v. 24), no espírito, isto é, com o sopro divino (*Gn* 2,7), que está em nós e que chamamos de alma, e no Espírito Santo, que, morando em nós, diviniza nossa oração, porque ele mesmo reza ao Pai por meio de nós (*Rm* 8,26).

Aparecem, no episódio de hoje, as condições para que o batizado tenha todo esse sentido: conhecer (= viver) o dom de Deus (vv. 10 e 22); reconhecer o Cristo como Messias e Salvador (vv. 41, 42, 25 e 26); sair do pecado e de si mesmo e ir ao encontro de Jesus (v. 30); fazer a vontade do Pai (v. 34); realizar no mundo as obras que o Pai quer (v. 34); continuar a missão de Jesus na terra (v. 38) e dar sempre testemunho da pessoa divino-humana de Jesus (vv. 39 e 42).

O tema da água, da água viva, é mais vasto que o batismo. Não é por acaso que se menciona o patriarca Jacó. Todo o Antigo Testamento teve sede do Deus vivo. Ao lado do poço, onde a humanidade vem buscar a água que mata a sede e purifica o corpo, Jesus se apresenta como a água viva, capaz de satisfazer por inteiro a sede espiritual da humanidade. Ela não se encontra na profundeza do poço do conhecimento ou da ciência humana. A humanidade produziu e produz grandes sábios, místicos e mestres de espiritualidade, que bem podem se comparar à água do poço de Jacó. Mas só Jesus, Filho de Deus, é capaz de dar à criatura humana "uma água, fonte de vida eterna".

4º DOMINGO DA QUARESMA

1ª leitura: 1Sm 16,1b.6-7.10-13a
Salmo: Sl 22
2ª leitura: Ef 5,8-14
Evangelho: Jo 9,1-41 ou
Jo 9,1.6-9.13-17.34-38

Éreis trevas, mas agora sois luz no Senhor (Ef 5,8)

**EU TE FIZ LUZ DAS NAÇÕES
PARA SERES SALVAÇÃO**

O tema luz/trevas é bastante acentuado no Evangelho de João. Vai, nesse mesmo sentido, a cura do cego de nascença, ou seja, a contraposição entre cegueira e visão. João parte de um sentido experimental. Todos sabem o que são trevas (noite, escuridão) e o que é luz (dia, claridade), o que é ser cego e o que é enxergar. Mas salta depressa para o sentido figurado: a luz é o Cristo em sua pessoa divina e humana; e como tal se torna salvação para o homem. A treva é o não reconhecimento da pessoa salvadora de Jesus Cristo, e nisso consiste o maior de todos os pecados.

No Evangelho do domingo passado, a samaritana fez exatamente o mesmo trajeto de fé do cego de hoje. Ambos, cada um à sua maneira, abriram-se para a novidade de Deus. Os habitantes de Sicar, domingo passado, creram em Jesus e o chamaram "Salvador do mundo". Puderam crer, porque, apesar de semipagãos, abriram o coração para a notícia da chegada do Messias. Tinham um coração como o botão de rosa: à medida que o sol o aquece, abre-se por inteiro. Mas os fariseus de hoje não conseguiram crer, porque estavam cheios de autossuficiência, tinham o coração fechado em forma de repolho, que, quanto mais velho fica, mais se endurece no fechamento.

Domingo passado, Jesus se comparou a uma fonte de água viva, capaz de satisfazer a sede de Deus inata na criatura humana. Hoje, compara-se à luz, à luz do sol, que é capaz de fazer brotar e crescer a vida; à luz da razão e do coração, que é capaz de fazer ver o rosto de Deus, reconhecê-lo, proclamá-lo e nele encontrar repouso. A cegueira curada hoje ilumina "as obras de Deus" (v. 3), sobretudo a maior delas: a encarnação de seu Filho. Felizes os olhos que podem ver em Jesus de Nazaré o Senhor (v. 38), o Messias, como o viu o cego curado. Ele mesmo se tornou luz (= salvação) para os outros (*Mt* 5,14).

Os cegos tornarão a ver

A cegueira era frequente na Palestina. Talvez por causa do clima. A cura era rara. Embora não sofressem a desgraça dos leprosos, também os cegos eram tidos como 'pecadores', por duas razões. Primeira, porque, se fossem pessoas boas, Deus não os teria castigado com a cegueira; segunda, porque, como cegos, não tinham possibilidade de cumprir todos os mandamentos e, consequentemente, se não eram, tornavam-se pecadores. Essa mentalidade aparece clara ao longo do Evangelho de hoje. Até nos sacrifícios era proibido oferecer um animal que fosse cego (*Lv* 22,22; *Dt* 15,21).

A cura da cegueira, naquele tempo praticamente impossível, só era esperada por meio de uma intervenção divina, um milagre. Por isso, dizia-se que, quando chegasse o Messias, ele haveria de restituir a vista aos cegos *(Is* 29,18 e 35,5). Jesus faz referência a essa esperança (*Lc* 4,18) e confirma sua messianidade pela cura da cegueira (*Mt* 11,5; *Lc* 7,22) e hoje até curando um cego de nascença. Os evangelistas anotaram vários milagres de cura de cegos feitos por Jesus, sempre como sinal da chegada do Messias (por exemplo: *Mt* 9,27-31; 12,22; 15,30; 20,29-34; 21,14).

Andem como filhos da luz

A cegueira tinha também um sentido figurado, ou 'espiritual', se quisermos. Lembrava a atitude orgulhosa daqueles que se julgavam autossuficientes (*Mt* 15,14; 23,16-22); ou lembrava a atitude dos que ignoravam as virtudes (*2Pd* 1,9) e as verdades (*2Cor* 4,4); ou mesmo a atitude daqueles que, conhecendo a Deus, eram mornos em seu coração (*Ap* 3,17). João, na sua primeira carta, chamou de cegos também aqueles que odeiam seus irmãos (*1Jo* 2,11).

A cura da cegueira tinha, então, também um sentido simbólico: recolocar a humildade e a simplicidade como virtudes condutoras dos discípulos (*Lc* 1,48; *Mt* 11,29), *1Pd* 5,5). Dizer que o conhecimento (= vivência) de Deus era possível a todos (*Jo* 14,7; 17,6-8; 17,25-26; *1Jo* 5,20). Reaquecer, reavivar a piedade a ponto de cada um poder considerar-se outro Cristo na continuação de sua missão salvadora (*Mt* 28,19-20; *Mc* 16,15; *Lc* 24,48; *At* 1,8). E reimplantar o amor fraterno como o primeiro dos mandamentos, de tal maneira que o amor a Deus se condicionasse ao amor ao próximo (*Mt* 5,43; *Mc* 12,31; *Jo* 13,34; 15,12; 15,17; *1Jo* 4,20-21).

O cego passa a enxergar no momento em que se lava na piscina de Siloé. Não é difícil ver nessa piscina a pia batismal. Quem cura, quem perdoa o pecado, quem implanta as sementes da fé é Jesus. Os sacramentos são sinais visíveis da graça dada por Jesus. De nada nos curam as águas do batismo, se o Cristo não conseguir nos tocar primeiro. O Prefácio próprio da missa de hoje também liga a cura do cego ao Batismo, lembrando que a encarnação de Jesus significou luz nas trevas e trouxe a dignidade de filhos de Deus a quem se revestisse de luz. Este é também o significado da vela acesa que o padre, pais e padrinhos colocam na mão do neobatizado. Para reforçar esse simbolismo, onde é possível, a vela é acesa na chama do Círio Pascal.

**Lenta como uma semente
que vira árvore**

Os dois sentidos da cegueira (o físico e o espiritual) estão bem acentuados no Evangelho de hoje. Assim como, para curar a cegueira física, Jesus usa de um ritual visível (cuspir no chão, fazer lodo, pôr no olho, mandar lavar-se), também a cura espiritual tem seu tempo e seus sinais. É fácil ver a estrada que o cego percorre para conhecer sempre mais Jesus.

Primeiro, o cego obedece (v. 11), o que significa uma atitude de humildade, confiança e esperança, sem as quais não há caminho de acesso ao Senhor; em seguida, pensa que Jesus deve ser um profeta (v. 17, isto é, alguém que prega a santidade na terra para que Deus possa fazer milagres aos homens; depois, pensa que Jesus deve ser santo aos olhos de Deus (v. 31); que deve ter poderes especiais dados por Deus (v. 33); e, diante da pessoa de Jesus (vv. 35 e 36), reconhece-o como aquele que Deus enviaria à terra para reimplantar a santidade. Finalmente, chama-o de 'Senhor' e o adora (ajoelha-se diante dele). Os fariseus, diante do mesmo milagre, fecham-se sobre si mesmos e se julgam autossuficientes. Parece claro que o nosso caminho devera ser o do cego. Mas cada um de nós tem um fariseu domiciliado no coração. E assim experimentamos continuamente um desencontro entre um coração que crê e um coração que não crê.

Tanto o milagre da cura física quanto o milagre do reconhecimento da divindade de Jesus exigem tempo e caminho, exigem uma atitude de Jesus (Deus) e uma atitude do homem. A história de nossa fé começa com a graça de Deus (é bom lembrar que é sempre Deus quem toma a iniciativa), mas se realiza e completa com o nosso esforço, com o nosso caminhar lento (às vezes penoso) nas coisas da salvação. A luz da fé não acontece como o acender de uma lâmpada elétrica: de repente. É lenta igual a uma semente que vira árvore.

5º DOMINGO DA QUARESMA

1ª leitura: Ez 37,12-14
Salmo: Sl 129
2ª leitura: Rm 8,8-11
Evangelho: Jo 11,1-45 ou
Jo 11,3-7.17.20-27.33b-45

A graça de Deus é a vida eterna em Jesus Cristo (Rm 6,23)

EU SOU A RESSURREIÇÃO E A VIDA. CRÊS NISSO?

Jesus está a caminho de Jerusalém. É sua última viagem. Em Betânia, pertinho de Jerusalém, faz o seu maior milagre, ligado à razão principal de sua vinda ao mundo: a doação da plenitude da vida (Jo 10,10). Do interior do grande milagre, ressalta a afirmação: "Eu sou a ressurreição e a vida", frase que tem o mesmo sentido e a mesma consequência da do domingo passado: "Eu sou a luz do mundo" (Jo 9,5). Há uma ligação estreita entre os evangelhos que lemos nesses últimos três domingos. No episódio da Samaritana, fala-se em água viva (Jo 4,10), em água que jorra para a vida eterna (Jo 4,14), e o Cristo se apresenta como quem é capaz de dar de beber essa água salvadora. Domingo passado, Jesus se apresenta como luz do mundo (Jo 9,5). A água e a luz fazem crescer os seres vivos. Sem luz e água, teríamos morte. Jesus, tomando esses dois elementos como imagens suas, afirma seu poder de dar a vida. E isso ele o faz no Evangelho de hoje, ressuscitando Lázaro, morto há quatro dias.

Assim, alguns dias antes da morte na Cruz, João acentua sobremaneira a vida, o milagre da vida. Que não haja dúvidas. Que não haja desespero. Da morte nascerá a vida. Os mortos ouvirão a voz do Cristo (Jo 5,28) e brotarão ressuscitados, porque "todo aquele que crê em mim não ficará morto para sempre" (v. 26). Mesmo porque Deus não é um Deus de mortos, mas de vivos (Mc 12,27).

Creio que tu és o Cristo, o Filho de Deus

Betânia era um lugarejo na encosta do Monte das Oliveiras, oposta ao jardim, onde Jesus passou a noite de Quinta-feira Santa. Ficava à beira da estrada que vinha da Galileia, da Samaria e de toda a região do vale do rio Jordão. Não distava mais de três quilômetros de Jerusalém (v. 18). Subindo de Betânia, passa-se por Betfagé e logo, do alto do Monte das Oliveiras, vê-se a cidade na colina de Sion, no outro lado do vale do Cédron. Os peregrinos costumavam parar em Betânia, tomar banho, recompor-se, para entrar dignamente na Cidade Santa. Jesus e os Apóstolos faziam a mesma coisa. E costumavam parar na casa de Lázaro, Marta e Maria, uma família remediada, que se tornara amiga íntima de Jesus.

Nesse episódio, encontramos de novo o esquema de João Evangelista: contar um milagre para dar uma grande lição teológica. E, na narração, ir abrindo um leque de ensinamentos entrelaçados. A grande lição de hoje está no verso 35: "Eu sou a ressurreição e a vida". A pergunta de Jesus a Marta: "Crês isso?" continua válida e fundamental. A resposta de Marta é a única resposta possível em todos os tempos: "Creio que tu és o Cristo, o Filho de Deus!" Em torno do túmulo de Lázaro, enquanto estavam apenas criaturas humanas, havia choro e lamentos de morte. Toda a amizade que tinham por Lázaro não lhe restituía a vida. O ser humano é impotente diante da morte. Quando chegou Jesus, homem-Deus, bastou uma ordem sua e Lázaro reviveu. A morte não foi obstáculo para Jesus. Ele veio trazer à humanidade a plenitude da vida (Jo 10,10), veio para que aqueles que nele crerem, ainda que estivessem mortos, viessem a vida sem ocaso (vv. 25-26).

Os filhos da luz não têm a morte por destino

O tema da ressurreição está evidentemente ligado ao tema da luz, se considerarmos que a luz é sinônimo de salvação. João aponta a aproximação dos dois temas, na frase de Jesus: "Se alguém caminha de dia, não tropeça; mas tropeçará, se andar de noite" (v. 10), o que significa: quem estiver na graça de Deus viverá, por isso não deverá ter medo; mas deverá ter medo quem estiver em pecado. O tema da luz volta no v. 37, quando os judeus ironizam, referindo-se à cura do cego de nascença, que lemos no domingo passado. Jesus, que restitui os olhos ao cego, por ser o Filho de Deus salvador, restitui a vida a Lázaro, porque tem poder de dar e tirar a vida (Jo 5,21; 10,18), porque nele está a vida (Jo 1,4), porque ele mesmo é a vida (Jo 11,25; 14,6), porque assume a carne humana, marcada pela morte, para vencer a morte e garantir, com a ressurreição, a vida imortal.

Estamos diante de um tema central do Evangelho: o tema da vida. Ele vem envolto em panos da morte física (v. 44), nas ameaças de morte à inocência (vv. 8 e 16). Mas vem envolto também na amizade (vv. 3 e 5), no amor fraterno (v. 36), na compaixão (vv. 35 e 38), na glorificação a Deus (vv. 4 e 40), na fé em Jesus Cristo (vv. 15, 27 e 45). A vida verdadeira, que o Cristo traz, tem face humana e face divina, que se misturam.

Para que, em crendo, tenhais a vida

A ressurreição de Lázaro – depois de sua própria ressurreição na madrugada de Páscoa – é o maior de todos os 'sinais' de Jesus. Quando ele muda a água em vinho, no início de sua vida pública, o evangelista diz: "Este foi o primeiro sinal de Jesus" (Jo 2,12). Por esses sinais (milagres), Jesus manifesta sua filiação divina, seu poder messiânico, sua missão salvadora e provoca a admiração, a fé, o testemunho. No final de seu Evangelho, João escreve uma frase-resumo: "Muitos outros sinais fez Jesus. Estes foram escritos para que creiais que Jesus é o Cristo, o Filho de Deus, e para que, em crendo, tenhais a vida" (Jo 20,30-31). A razão dos milagres é, portanto, a fé na pessoa e doutrina de Jesus e, por essa fé, encontrar a vida. Os samaritanos, que reconhecem em Jesus o "verdadeiro salvador do mundo" (Jo 4,42), o cego, que se prostra, exclamando: "Creio, Senhor!" (Jo 9,37), Marta, que professa em voz alta: "Creio que és o Cristo, o Filho de Deus, que veio a este mundo!" (Jo 11,27) são exemplos de pessoas que creem em Jesus e são modelos dos "adoradores que o Pai deseja" (Jo 4,23).

Podemos dizer que todos os milagres e ensinamentos de Jesus giram em torno da vida, a ponto de o Cristo poder afirmar: "Eu sou a vida" (Jo 14,6), "Eu sou o pão da vida" (Jo 6,35 e 48), "Eu sou a luz da vida" (Jo 8,12). A ressurreição de Lázaro acontece na viagem de Jesus a Jerusalém, para celebrar a festa da consagração do templo. Na liturgia dessa festa, era proclamado o Salmo 30, que, em seu verso 10, diz: "De que te servirá meu sangue, quando eu descer à sepultura? Pode acaso o pó louvar-te ou proclamar a tua fidelidade?" O povo, que rezava esse salmo, estava consciente de que a morte não poderia ser uma separação permanente de Deus. Jesus, usando linguagem humana, compara a morte ao sono (v. 11) e afirma que viera ao mundo para despertar a criatura humana desse sono. Lázaro, então, torna-se o símbolo dos que morrem na amizade de Deus, sempre que o elo dessa amizade seja Jesus, porque só ele é capaz de "fazer-nos passar da morte à vida". A ressurreição de Lázaro é o grande 'sinal' para os discípulos e para o povo de que a maior desgraça do ser humano, a morte, ainda que trave um duelo com o Senhor (hino da Missa de Páscoa), está vencida por Jesus e, em sua vitória, o espírito da vida passa a habitar em nós, como nos lembra a segunda leitura, e "dará vida a nossos corpos mortais" (Rm 8,11).

DOMINGO DE RAMOS E DA PAIXÃO DO SENHOR

Evangelho da Procissão: Mt 21,1-11
1ª leitura: Is 50,4-7
Salmo: Sl 21
2ª leitura: Fl 2,6-11
Evangelho: Mt 26,14-27,66 ou Mt 27,11-54

Por haver padecido a morte, vemos Jesus coroado de glória e honra (Hb 2,9)

MORRENDO, DESTRUIU A MORTE E DEU COMEÇO A UM NOVO TEMPO

No domingo de Ramos, lemos dois evangelhos: um antes de começar a procissão e outro na hora costumeira. Aparentemente, o primeiro é festivo e aclama Cristo Senhor e Rei. E o segundo tem o gosto da morte. Na verdade, também o relato da Paixão, sobretudo na visão de Mateus, aponta para um Cristo vitorioso a quem foi dado – e nunca tirado – todo o poder no céu e na terra.

Em nossa reflexão, destacamos apenas algumas linhas e tópicos. Fique sempre lembrado que a Paixão do Senhor, sem deixar de ser um texto histórico e literário, é uma página para ser rezada, meditada no coração. As palmas bentas que carregamos hoje ajudem a lembrar o Cristo mártir, vitorioso sobre a morte.

Uma morte prevista pelos profetas

Cada um dos quatro evangelistas, ao contar a Paixão do Senhor, acentua alguns aspectos. Esses aspectos não se contradizem, mas se completam. Mateus, que lemos neste ano, procura mostrar sempre que Jesus realiza o plano divino da salvação, expresso clara ou veladamente em todo o Antigo Testamento. Ao contar os últimos dias de Jesus, aponta sempre para as profecias que se atualizam. Um dos panos de fundo de Mateus certamente é o Salmo 22, que começa com angustiada pergunta: "Meu Deus, meu Deus, por que me abandonaste?" O salmo inteiro, cheio de símbolos fortes, fala dos que rodeiam o Servo de Deus como um bando de malfeitores, que "repartem entre si as vestes do justo e lançam a sorte sobre a túnica" (v. 19). Mateus coloca o verso 9 na boca dos sumos sacerdotes ao pé da cruz: "Pôs sua confiança em Deus, que Deus o livre agora!" A angústia vai dando lugar à confiança em Deus, ao convite para louvar e glorificar (v. 24) o Senhor, que não abandona o atribulado, e passa a falar da realeza do Senhor, diante de quem se prostrarão todos os poderosos da terra (v. 30), e do novo povo que há de nascer (v. 32). Outro pano de fundo é o capítulo 53 de Isaías, a condenação do Servo de Javé, que é "castigado e humilhado por Deus" (v. 4), traspassado e esmagado por causa de nossos crimes (v. 5), embora não tivesse praticado nenhuma violência nem houvesse falsidade em seus lábios" (v. 9). Apesar de tudo, "graças a ele, a causa do Senhor triunfará; depois dos profundos sofrimentos, ele verá a luz, sentir-se-á satisfeito e justificará a muitos" (vv. 10 e 11).

As trinta moedas de prata, que Judas recebe, Mateus as vê preditas pelo profeta Zacarias (Zc 11,12), em que também já vê escrito o destino de Judas. Unindo um texto de Zacarias a outro do profeta Jeremias (Jr 32,6-9), Mateus dá novo sentido à morte de Judas. Para Mateus, Judas é símbolo da pessoa que recebe o Messias, mas o rejeita por interesses mesquinhos, por isso será duramente julgada e condenada, mesmo percebendo seu erro (27,4). Jesus aparece como alguém que tem consciência da missão e aceita cumpri-la, apesar de todo o sofrimento e da própria morte (6,42). Alguém que se sente, apesar de tudo, protegido pelo Pai (26,53), ligado ao Pai (26,39), sabe-se Filho de Deus (26,64) e tem certeza da vitória (26,64). E enfrenta a morte como passagem necessária de sua missão (26,42 e 54).

A morte na Cruz
revela um homem-Deus

O verso 64 do capítulo 26 "vereis o Filho do Homem sentado à direita do Todo-poderoso e vindo sobre as nuvens do céu" dá uma visão nova à Paixão. A morte não está sendo vista como uma vergonha, mas como caminho de glória, uma 'teofania', isto é, uma manifestação de Deus. Várias vezes Jesus aplica a si a expressão do profeta Daniel 'Filho do Homem'. Também nesse momento em que é julgado e condenado, ele aproxima a expressão à glória divina. Por um lado, a expressão 'filho do homem', na linguagem poética do tempo, tinha um sentido adjetivo de "criatura pequena, frágil, insignificante" – que cabia bem a Jesus amarrado, açoitado, sem defesa. Por outro lado, 'Filho do Homem', desde o profeta Daniel, significava "um ser misterioso, conduzido por Deus sobre as nuvens do céu para receber a realeza divina" (*Dn* 7,13ss.).

Ao chamar-se com esse apelido, talvez Jesus quisesse afastar a ideia de um messias terreno, com força militar e estratégia humana, e acentuar sua origem, seu poder e destino divinos. A um messias apenas humano, os inteligentes poderiam compreender, adaptar-se a ele sem deixar os interesses pessoais. Mas a um messias divino quem quisesse compreender e seguir deveria renunciar-se primeiro. Jesus mesmo prevenira: "Se alguém quiser me seguir, renuncie primeiro a si mesmo" (*Mc* 8,34). O momento da Paixão era decisivo. Decisivo para Jesus, Filho de Deus Salvador. Decisivo para os discípulos a quem Jesus pedia: "Crede em mim!" (*Jo* 14,1).

Da morte nasce
um novo tempo

Mateus vê a Paixão como o começo de um novo mundo. O livro do Gênesis dizia que, na origem do mundo, as trevas cobriam o universo (*Gn* 1,2). Também na morte de Jesus "desde o meio-dia até às três horas da tarde houve escuridão sobre toda a terra" (v. 45). No início do mundo, Deus cria a luz. Agora aquele que é a luz do mundo "entrega o espírito" para que uma nova luz, a luz da vida (*Jo* 8,12), brilhe para toda a humanidade. Isso vem também figurado nos sepulcros que se abrem e nos mortos que ressuscitam. A figura é forte: na morte e da morte nasce a vida. A morte de Jesus não é um fim, é uma recriação, um novo começo. Ressuscitam mortos em torno do Calvário, e, dentro de três dias, o próprio Jesus, morto e sepultado, ressurgirá vitorioso.

Símbolo do fim de um tempo antigo e começo de um tempo novo é o rasgo "de alto a baixo" (v. 51) do véu do templo. Essa cortina separava o povo do lugar santo, da morada de Deus. No novo tempo ela não tem sentido, porque o Cristo assumiu o povo, que passou a ser "o Corpo do Senhor" (1Cor 12,27). Por outro lado, no novo tempo, o novo templo de Deus ou é o próprio Cristo ou somos nós (1Cor 3,16; 2Cor 6,16), em fase de crescimento (Ef 2,21). O 'santo dos santos', que marcava a presença de Deus, deixa de ser um lugar para ser uma comunidade: "Onde dois ou três estiverem reunidos em meu nome, eu estarei no meio deles" (Mt 18,20). Nada mais separa Deus do povo.

Poderíamos dizer que a história da Paixão, segundo Mateus, atravessa a ressurreição e alcança o auge na entronização de Jesus como Senhor do universo (Mt 28,18). Diz São Paulo na carta aos Filipenses: "Humilhou-se, feito obediente até à morte e morte de Cruz; por isso Deus o exaltou e lhe deu um Nome que está acima de todo nome, para que ao Nome de Jesus se dobre todo joelho de quantos há na terra, no céu e nos abismos" (Fl 2,8-10). Na pessoa de Jesus, morto e ressuscitado, aconteceu em plenitude o que ele prometera: "Quem se humilha será exaltado" (Mt 23,12). Temos hoje delineado o caminho e a missão do cristão: primeiro, crer e aclamar Jesus de Nazaré como o Messias, o Salvador do mundo. Depois, tomar a cruz de cada dia e caminhar atrás dele.

TRÍDUO PASCAL E TEMPO PASCAL

QUINTA-FEIRA SANTA
CEIA DO SENHOR

1ª leitura: Êx 12,1-8.11-14
Salmo: Sl 115
2ª leitura: 1Cor 11,23-26
Evangelho: Jo 13,1-15

Cristo é o mediador da nova e perfeita aliança (Hb 8,6)

TESTAMENTO DE JESUS:
EUCARISTIA, SACERDÓCIO, AMOR FRATERNO

Estamos celebrando a Ceia do Senhor, a chamada Última Ceia de Jesus. Última, porque nessa noite ele foi preso no Jardim das Oliveiras; nessa noite foi levado, amarrado, à casa de Caifás e acusado de se fazer Filho de Deus. Aquele que assumira a condição humana por amor sofreu o ódio e a perseguição. Aquele que passou pelo mundo fazendo o bem foi preso como criminoso. Essa é a noite da traição. Essa é noite do beijo de Judas. Noite do NÃO da parte da criatura humana à verdade de Deus.

Mas, se lembramos que essa é a noite da maldade, não é a traição nem a maldade que queremos celebrar. E sim o contrário da maldade e da traição, que é o *amor e a fidelidade*. Hoje, nesta Quinta-feira Santa, queremos celebrar o amor e a fidelidade de Deus encarnados na pessoa de Jesus de Nazaré, manifestados em três grandes gestos de Jesus Cristo nessa noite da Última Ceia, três gestos feitos no interior do Cenáculo – uma casa particular. Três gestos que tomaram dimensões públicas, universais, eternas. Três gestos que passaram a ser os sinais da nova aliança de Deus com a humanidade, aliança feita uma vez com Abraão e quebrada pelo homem, aliança renovada com Moisés no Monte Sinai e esquecida pelo homem, aliança que agora, a partir desta noite santa, tem como fiador de nossa parte o próprio Filho de Deus. Três gestos que tiveram a força de transformar esta noite, de noite da traição e da maldade, em noite do amor e da amizade, noite da aliança perfeita, noite da santidade e da graça.

Tomai e comei:
isto é o meu Corpo

O primeiro gesto de Cristo foi deixar-se ficar entre os homens de uma forma compreensível a todos: na forma de alimento, de comida, na forma de pão, em torno de uma mesa familiar. Terminada a Ceia pascal, que todas as famílias hebreias faziam para comemorar a saída de 200 anos da escravidão, cumpridos todos os ritos, Jesus tomou o pão, partiu-o e o deu aos Apóstolos, afirmando: "Tomai todos e comei. Isto é meu Corpo". Em Cafarnaum, depois da multiplicação dos pães, Jesus dissera ao povo faminto e admirado: "Eu sou o Pão da vida" (Jo 6,35 e 48). "Eu sou o Pão vivo, que desci do céu. Quem comer deste pão viverá eternamente. O pão que eu hei de dar é minha carne para a salvação do mundo" (Jo 6,51). Agora, na Última Ceia, Jesus cumpriu a promessa de dar seu Corpo como alimento e salvação. Na forma visível, do pão, uma presença, real e verdadeira, mas misteriosa.

Compreendemos a forma de pão, jamais, porém, a inteligência humana compreenderá como um pedaço de pão de trigo possa tornar-se Corpo do Senhor. É o mistério sacrossanto da Eucaristia. A Igreja o chama de "mistério inefável", isto é, que não pode ser expresso por palavras. Desde a Última Ceia até hoje, os sábios da Igreja estudaram o mistério eucarístico, porque, em torno dele, gira toda a vida da Igreja, tanto que o Concílio Vaticano II o chama de "fundamento, centro e ponto mais alto da vida cristã". E, apesar de tantos estudos, de teólogos perspicazes, de pessoas de profunda fé e oração, de místicos e ascetas, o mistério eucarístico, que o Cristo instituiu nesta noite de Quinta-feira Santa, permanece mistério, isto é, acima do alcance da compreensão humana.

Eucaristia: razão de ser do Sacerdócio

Se no início foi dito que esta é a noite da traição humana, agora pode-se dizer que esta é a noite da maior expressão do amor divino. E nós estamos celebrando esse amor, chamado Eucaristia, o Sacramento da presença de Deus, o Sacramento da comunhão. Para poder anunciar-nos esse milagre, para poder fazer entre nós esse Sacramento, para poder repartir entre todos o Pão Eucarístico da vida divina, Cristo, nesta noite de Quinta-feira Santa, fez um segundo gesto, grandioso como sua divindade, misterioso como a Eucaristia, mas cem por cento humano: instituiu o sacerdócio, fez o padre e o ligou para sempre à origem e à finalidade da Eucaristia. A partir da Última Ceia, é o padre – e exclusivamente o padre – que faz a Eucaristia, que é a principal e central razão de ser do sacerdócio. A palavra "sacerdote" significa "dom sagrado", um presente divino, que o Cristo, Sumo Sacerdote do Pai, quis repartir com o homem; e significa também "aquele que faz coisas sagradas": é ele quem faz a Eucaristia, a coisa mais sagrada que existe na face da terra.

O sacerdócio e a eucaristia foram instituídos em torno de uma mesa e até hoje os dois se realizam em torno da mesa do altar. Quando o papa João Paulo II esteve em Fortaleza para abrir o Congresso Eucarístico Nacional, em julho de 1980, lembrou que não foi por acaso que Cristo fez a Eucaristia e o Sacerdócio em torno de uma mesa familiar: "O encontro ao redor de uma mesa – dizia o Papa – diz relacionamento interpessoal e possibilidade de conhecimento recíproco, de trocas mútuas, de diálogo enriquecedor. A Eucaristia se torna assim um *sinal* expressivo de comunhão, de perdão e de amor"; de comunhão com a Santíssima Trindade e com a comunidade cristã; de amor, que nasce da mesma Trindade Santa e se derrama sobre nós, penetra-nos, cristifica-nos, faz-nos filhos de Deus.

Assim como fiz, fazei vós também

Para marcar bem fundo e para sempre o perdão fraterno, o amor recíproco, Cristo teve um terceiro gesto, muito concreto, muito didático, extremamente afetivo e inédito: levantou-se da mesa, cingiu-se com uma toalha. Pôs água em uma bacia e lavou os pés dos apóstolos, um por um. Para os hebreus, lavar os pés era tão humilhante que nem aos escravos se dava esse trabalho. Não foi à toa que Pedro se escandalizou e protestou. Tendo terminado de lavar os pés, veio a grande lição do Mestre: "Assim como eu fiz, fazei vós também". Fazer o quê? Lavar os pés, amar o irmão, perdoar-lhe, servi-lo, fazer-lhe todos os gestos de justiça, de misericórdia, de amizade. E nesses gestos, na prática da vida, celebrar a Eucaristia. Nossa misericórdia, nosso amor, nossa justiça, nosso perdão são exigências e consequências de nossa vida de união com o Cristo. A Eucaristia só se torna verdadeira comunhão, verdadeira comum/união, se aprendermos a viver a lição do Lava-Pés: a lição do amor, a lição do perdão, a lição da amizade, que não nos permite seguir o nosso egoísmo, mas ensina a servir a todos; que não nos permite a exploração de ninguém, mas nos ensina a conviver em volta da mesma mesa.

Celebramos a Última Ceia. Tornamos presentes os três gestos de Cristo nesta noite: o Sacerdócio, a Eucaristia, o Amor fraterno. "O alimento eucarístico – lembrava ainda o papa João Paulo II em Fortaleza – fazendo-nos *consanguíneos* de Cristo, faz-nos irmãos e irmãs entre nós." É a Eucaristia a pedir o Lava-Pés. Como padre, como consagrado pelo Cristo Senhor e posto à frente desta Comunidade para fazer a Eucaristia e pregar o Amor fraterno, com alegria e gratidão, celebro esta Ceia santa, e refaço o milagre da transubstanciação do pão e do vinho no Corpo e no Sangue do Senhor, e refaço o gesto simbólico do Amor fraterno, lavando agora os pés desses doze cristãos, representantes de cada um de vocês, que creem na Eucaristia, no Sacerdócio e que querem o Amor fraterno.

SEXTA-FEIRA SANTA PAIXÃO DO SENHOR

1ª leitura: Is 52,13-53,12
Salmo: Sl 30
2ª leitura: Hb 4,14-16;5,7-9
Evangelho: Jo 18,1-19,42

Mudarás meu choro de morte em canto de alegria (Sl 29,12)

NO LENHO DA CRUZ
A SEMENTE DA RESSURREIÇÃO

Acabamos de ler a Paixão do Senhor, narrada pelo evangelista João. Um texto denso e solene. Começamos em um jardim e terminamos em outro jardim. Começamos no Jardim das Oliveiras, onde o Cristo se colocou inteiro nas mãos do Pai, disposto a fazer sua vontade até o extremo. E terminamos no Jardim em que foi sepultado pela pequena meia dúzia de pessoas que lhe ficaram fiéis até o fim. Até o fim: o corpo morto do crucificado foi posto e lacrado em sepultura de pedra e, de fato, parecia o fim. Dois jardins que lembram o primeiro jardim da história humana, o jardim do paraíso, de onde Adão e Eva foram expulsos e onde a criatura humana foi condenada a morrer. Mas o enterro de Jesus não foi o fracasso de uma missão. A árvore da vida do paraíso terrestre (*Gn* 2,9), que matara nossos primeiros pais, transformou-se na cruz de Cristo, e seus frutos já não matam, mas são garantia de ressurreição e de vida eterna. O Rebento de Jessé, que cantamos com tanta ternura na noite de Natal, quando ele nasceu de Maria, brotará de dentro da sepultura de pedra, porque o morto que ali está é a Vida.

Celebramos a morte, olhando para a ressurreição

Estamos celebrando o momento mais comovente da história da Igreja. O momento da morte de Cristo. Desse momento, dessa morte nasceram todas as bênçãos e os sacramentos. Se vivemos, vivemos por causa dessa morte. Se morrermos, por causa dessa morte ressuscitaremos. Enquanto contemplamos Jesus de Nazaré, pregado na cruz, e ouvimos a voz profética de Jeremias, que bem poderia ser a voz do Cristo agonizante: "Ó vós todos que passais por aqui, levantai os olhos e vede se há uma dor maior que a minha dor" (Lm 1,12), enquanto celebramos a morte, vemos os clarões da aurora da Páscoa.

Nem os evangelhos, nem São Paulo, em suas cartas, nem a liturgia católica separam a morte de Cristo de sua ressurreição. Escrevendo aos Coríntios, São Paulo ensinava: "Irmãos, eu lhes transmiti o que eu mesmo recebi, isto é, que Cristo morreu pelos nossos pecados, foi posto em uma sepultura e ressuscitou ao terceiro dia" (1Cor 15,3-4). Jesus morreu. Jesus ressuscitou. São dois fatos históricos, verdadeiros. Se isso não fosse verdade – acrescenta São Paulo (1Cor 15,14) – a nossa fé seria vazia e sem sentido. Hoje, celebramos sua morte, olhando a ressurreição. Amanhã de noite celebraremos a ressurreição, cantando vitória sobre a morte.

Na Páscoa de 1984, o papa João Paulo II entregava aos jovens uma grande cruz, a mesma que tem acompanhado todos os encontros mundiais da juventude, e lhes dizia: "Entrego-vos a Cruz de Cristo. Levai-a pelo mundo como sinal do amor do Cristo Senhor pelas criaturas humanas. Anunciai a todos que somente no Cristo, morto e ressuscitado, está a salvação e a redenção". Morte e ressurreição: sempre juntas. Celebramos, sim a morte de Jesus, e até nos deveríamos envergonhar, porque foram os nossos pecados a matá-lo. Mas ele assumiu os nossos pecados, lavou-nos em seu sangue. Fomos crucificados com ele, fomos sepultados com ele e "se morrermos com Cristo – ensina-nos São Paulo – também viveremos com ele" (Rm 6,8).

**Tenho a vida em mim mesmo:
a dou e a retomo quando quero**

A morte de Jesus foi dolorosa. Dolorosa no corpo, com tantos açoites, bofetadas, a coroa de espinhos, a cruz pesada, arrastada ladeira acima, os pregos a lhe atravessar os pulsos. Dolorosa no espírito, com tanta maldade, traição, calúnia, abandono dos amigos mais íntimos, a sentença de morte injusta e interesseira por parte de Pilatos, a tristeza de uma mãe chorando, a decepção de ver que toda a bondade, que havia semeado, resultara no ódio dos que tramaram a condenação. Ele, que se dissera a luz do mundo (Jo 8,12), tinha os olhos cegados pelo inchaço e pelo sangue que lhe escorria da coroa de espinhos. Ele, que se dissera o caminho do homem (Jo 14,6), foi arrastado com cordas para fora da cidade, para fora da comunidade, para fora da convivência. Ele, que se declarara a verdade dos homens (Jo 14,6), não tinha ninguém para defendê-lo no julgamento, e a mentira, a hipocrisia e os interesses dos que tinham o poder político e religioso venceram: primeiro o expulsaram do templo, depois o expulsaram da cidade e, na madrugada de hoje, sumariamente, com falsas testemunhas, condenaram-no.

Condenaram a quem? A Jesus de Nazaré, Filho de Deus, que dissera: "Eu sou a vida e vim a esta terra para que todos tenham a vida em plenitude" (Jo 10,10). Jesus de Nazaré, que dissera: "Quem crê em mim jamais morrerá" (Jo 11,26), carregou para o Calvário a cruz da morte, nela foi pregado com duros pregos, nela – acabado de dor no corpo e na alma – morreu o Senhor da vida, assassinado por homens interessados em manter sua posição. Os homens não se lembraram de que eles eram passageiros de vida curta, enquanto o Cristo era eterno, de vida sem-fim. Não perceberam os homens que seus interesses tinham, no máximo, o tamanho de sua curta vida, e os interesses do Cristo abarcavam a vida presente e a vida na eternidade. Esqueceram os homens que Jesus havia dito: "Eu tenho a vida em mim mesmo. Posso dá-la e retomá-la, quando eu quiser" (Jo 10,18).

**Você, que fez a cruz,
prepare a plenitude da páscoa**

E Jesus retomará sua vida, na madrugada de Páscoa. Hoje é Sexta-feira Santa, dia em que a nossa falsidade matou Cristo. Mas começa a ser Páscoa, se você percebe que há falsidade dentro de você e substitui a falsidade pela verdade. Será Páscoa plena, quando você, em palavras e atos, for límpido como uma manhã de sol.

Hoje é Sexta-feira Santa, dia em que a nossa injustiça matou o Cristo. Mas começa a ser Páscoa, se você perceber que há injustiça dentro de e em torno de você e substituir a injustiça pela justiça. Será Páscoa plena, quando desaparecer toda a injustiça na família humana.

Hoje é Sexta-feira Santa, dia em que a nossa traição matou o Cristo. Mas começa a ser Páscoa, quando você perceber que o amor que Deus tem por você precisa de uma resposta de amor e substituir a indiferença pelo amor. Será Páscoa plena, quando todos os seus atos, pessoais e sociais, nascerem do amor e frutificarem amor.

Hoje é Sexta-feira Santa, dia de tristeza e de luto. Mas começa a ser Páscoa, quando você perceber que manchas de tristeza se aninharam na casa de tanta gente. Será Páscoa plena, quando você tiver substituído toda espécie de tristeza pela alegria, como o sol troca a noite pelo dia.

Hoje é Sexta-feira Santa, dia em que todos os caminhos se estreitaram em um único: o caminho do Calvário. Mas começa a ser Páscoa, quando você perceber que é preciso abrir e multiplicar os caminhos entre você e seus irmãos. Será Páscoa plena, quando todos os caminhos estiverem abertos e Jesus Cristo for tudo para todos, e o mundo voltar a ser o jardim plantado por Deus no paraíso e recriado pela morte e ressurreição do Senhor Jesus.

SÁBADO SANTO
VIGÍLIA PASCAL

1ª Leitura: Gn 1,1-2,2 ou Gn 1,1.26-31a
Salmo: Sl 103 ou Sl 32
2ª Leitura: Gn 22,1-18 ou Gn 22,1-2.9a.10-13.15-18
Salmo: Sl 15
3ª Leitura: Êx 14,15-15,1
Salmo: Sl Ct. Êx 15
4ª Leitura: Is 54,5-14
Salmo: Sl 29
5ª Leitura: Is 55,1-11
Salmo: Ct. Is 12,2-3.4bcd.5-6
6ª Leitura: Br 3,9-15.32-4,1-4
Salmo: Sl 18B
7ª Leitura: Ez 36, 16-17a.18-28
Salmo: Sl 41
8ª Leitura: Rm 6,3-11
Salmo: Sl 117
Evangelho: Mt 28,1-10

Eis a obra do Senhor: uma maravilha
a nossos olhos (Sl 118,23)

A RESSURREIÇÃO DE JESUS:
UM NOVO CAMINHO DE VIDA

Estamos celebrando a Vigília de Páscoa, a 'Mãe de todas as Vigílias', como a chama a Liturgia. Nesta noite, ressoa por todos os cantos da terra o anúncio pascal: Cristo ressuscitou! Cristo está vivo! Cristo está vitorioso em nosso meio! A Ressurreição de Jesus é a maior e decisiva verdade de nossa fé em Jesus Cristo, crida e vivida como verdade central pela primeira comunidade cristã, transmitida e pregada a todos como parte essencial do Mistério pascal e do Mistério da Cruz. Estamos recordando estes dois mistérios, o da morte e o da ressurreição do Senhor, para nos integrarmos neles.

Fogo e luz: símbolos de Jesus ressuscitado

A Igreja parece não encontrar palavras para expressar sua alegria, sua admiração, sua fé, seu desejo de viver uma vida nova no Senhor ressuscitado. Por isso recorre a símbolos. Começamos a Vigília no escuro da noite e abençoamos o fogo, símbolo do Cristo por sua força destruidora e transformadora, porque esta é a noite da destruição do pecado e da morte, porque esta é a noite da transformação. Quando Deus quis acabar com a escravidão do povo hebreu, apareceu a Moisés em uma sarça de fogo (*Êx* 3,2). Nesta noite, Jesus de Nazaré, vencendo o mal e a morte, traz a libertação para todos e abre o caminho através do deserto da vida à Terra Prometida. Quando Deus quis ditar a Moisés os Dez Mandamentos, no Sinai, desceu do céu 'em meio ao fogo' e todo o monte santo "chamejava como se fora uma fornalha" (*Êx* 19,18). Com sua Ressurreição, Cristo se torna em definitivo, em sua pessoa e em suas palavras, o novo mandamento de Deus para o povo. Quando Moisés quis descrever o retrato de Deus, que se pusera, com exclusividade, como Senhor e Deus do povo, disse que ele era "um fogo abrasador" (*Dt* 4,24). Abrasador, porque destruiria os falsos deuses e o crime da traição da fé. Abrasador, porque purificaria o povo da ganga dos pecados, para fazer dele ouro puro e precioso, capaz de dar ao único Deus honra, glória, louvor e adoração. A Bíblia nos conta as muitas infidelidades do povo. Mas Deus inventou um novo fogo abrasador, o fogo do amor divino, encarnado em Jesus de Nazaré, que, morto pelos nossos pecados e pelas nossas infidelidades, Deus ressuscitou dos mortos para abrasar as criaturas e fazer de cada um de nós tochas de fé para iluminar a noite do mundo.

Da chama pura do fogo novo, acendemos o Círio pascal, outro símbolo do Cristo ressuscitado. A luz esteve presente na história da salvação desde o início: o primeiro ato divino depois de criar o mundo (*Gn* 1,3), foi separar a luz das trevas. Esta é a noite da nova criação e do novo povo de Deus. Esse Círio pascal simboliza o Cristo ressuscitado, o Filho de Deus, "luz verdadeira, que ilumina toda criatura", no dizer de João (*Jo* 1,9); "luz das nações", na profecia de Isaías (42,6) e constatação do evangelista Lucas (2,32); ou na própria autodefinição de Jesus: "Eu sou a luz do mundo" (*Jo* 9,5).

Acendemos o Círio pascal e o colocamos na frente da comunidade, para simbolizar a presença viva de Jesus ressuscitado e vitorioso em nosso meio. Ele está e permanece conosco para sempre! Iluminados por sua pessoa, pudemos dizer no *Exsultet*: "Ó noite de alegria verdadeira, que une de novo ao céu a terra inteira, pondo na treva humana a luz de Deus!"

**Somos o Corpo
de Cristo ressuscitado**

Ao pé do Círio aceso, ao pé do Cristo vitorioso, ouvimos os grandes momentos da história da salvação: a criação do homem à imagem e semelhança de Deus (*Gn* 1,1.26-31); a criação do povo eleito mediante a promessa feita a Abraão, promessa inteiramente realizada na pessoa de Jesus de Nazaré, descendente de Abraão (*Gn* 22,1-18), oferecido em holocausto por todos; a recriação do mundo e da humanidade na morte e ressurreição do Senhor, como escutamos na Carta de São Paulo aos Romanos (6,3-11). Nós somos esse novo mundo, esse novo povo, essa nova família de Deus, essa nova criatura "que caminha numa vida nova" (*Rm* 6,4). Tornamo-nos consanguíneos de Jesus.

Tudo isso acontece nesta noite, quando o velho homem – para empregar a expressão de São Paulo – é crucificado com Cristo, sepultado com Cristo, para ressuscitar com Cristo (*Rm* 6,4). A Igreja nasce desse 'mistério pascal', expressão teológica que sintetiza a obra redentora de Cristo, realizada por sua morte e ressurreição, mas construída na história pela criatura humana, em cujas mãos Deus colocou o destino do mundo. Já não somos só criaturas: somos o Corpo de Cristo ressuscitado.

Não celebramos apenas a Ressurreição de Jesus de Nazaré. Celebramos também a nossa ressurreição, porque tudo o que se realiza nele pode ser participado por nós. O destino de Cristo pode tornar-se o nosso destino; a sua paixão, a nossa paixão; a sua ressurreição, a nossa ressurreição. "Se cremos que Jesus morreu e ressuscitou, cremos também que Deus nos ressuscitará com Jesus" (*1Ts* 4,14). Se somos um corpo só com o Cristo ressuscitado, devemos viver como Cristo e frutificar como ele. Fomos redimidos, mas nossa redenção frutifica à medida que nossos atos e nosso comportamento se medirem pelos atos e pelo comportamento de Jesus.

Na força do Cristo ressuscitado renovamos o compromisso cristão

Para ter coragem suficiente e força acima de nossas forças, renovamos nosso Batismo. Estamos diante do terceiro grande símbolo pascal: a água. De novo voltamos à primeira página da Escritura, que nos conta, de forma simbólica, a criação do mundo: "O espírito de Deus soprava sobre as águas" (Gn 1,2), o espírito de Deus como alma e vida de todas as coisas, transmitindo às águas o poder de fecundar a terra. Quatro rios nasciam no paraíso terrestre e corriam cada um para um dos pontos cardeais da terra (Gn 2,10), para simbolizar que toda a vida e toda fecundidade vêm de Deus. Ora, na noite pascal, celebramos a recriação do mundo, o começo do Novo Testamento. É nesta noite que ressoam as palavras de Jesus no templo de Jerusalém: "Quem crer em mim, do seu interior correrão rios de água viva!" (Jo 7,38). Jesus se refere ao Espírito de Deus, que receberiam aqueles que acreditassem nele. 'Receberiam', com sentido futuro, acrescenta João, porque "ainda não fora dado o Espírito, pois Jesus não tinha ainda sido glorificado" (Jo 7,39). Esta é a noite da glorificação de Jesus. Esta é a noite do Espírito Santo de Deus, que renova a face da terra (Sl 104,30). Por isso, ao consagrar a água batismal, o celebrante mergulha na água três vezes o Círio, símbolo do Cristo ressuscitado, com a súplica: "Pai, pela obra de teu Filho, desça nesta água a força do Espírito Santo, para que todos os que nela forem batizados, sepultados, com Cristo na morte, com ele renasçam para a vida imortal".

Cremos na ressurreição. Cremos na vida nova trazida pela Ressurreição do Senhor Jesus. Renovamos nossas promessas batismais, para que tudo o que somos e temos, os acontecimentos em torno de nós e dentro de nós, os problemas pessoais e sociais, que nos preocupam e nos rodeiam, fiquem definitivamente marcados pelo mistério pascal, e cada momento de nossa vida seja uma imersão, sempre mais percebida, até o mergulho total de nossa humilde vida, na vida infinita de Deus.

SOLENIDADE DA PÁSCOA DO SENHOR

1ª leitura: At 10,34a.37-43
Salmo: Sl 117
2ª leitura: Cl 3,1-4
Evangelho: Jo 20,1-9

Estou novamente contigo! (Sl 139,18)

NA RESSURREIÇÃO DE JESUS
CELEBRAMOS A NOSSA RESSURREIÇÃO

Celebramos hoje o mistério da Ressurreição de Jesus Cristo. A verdade fundamental do cristianismo. Bastaria provar a não ressurreição de Jesus para derrubar tudo o que a fé cristã ensina. Os evangelhos procuraram documentar bem o fato, seu sentido e suas consequências. A narração da morte e ressurreição do Senhor é o primeiro e mais antigo núcleo dos evangelhos. Que Jesus tenha morrido, todos acreditaram, inclusive seus inimigos e os soldados pagãos, que lhe perfuraram o lado com a lança. Mas que ele tenha ressuscitado, só os cristãos creem e fazem desse fato real e objetivo a razão principal de sua fé, e nele encontram a esperança-certeza da ressurreição de todos os mortos.

Hoje, na festa da Páscoa, afirmamos e celebramos tanto a ressurreição de Jesus quanto a nossa ressurreição. Ao ressurgir hoje dos mortos, Cristo uniu para sempre nosso destino ao seu destino divino e eterno. Saber, ter certeza absoluta de que não morreremos para sempre é motivo de alegria, que expressamos nos solenes *aleluias*, que são uma expressão ao mesmo tempo de júbilo e de gratidão. De júbilo, porque nossa vida não termina na morte. De gratidão, porque na Páscoa de Jesus, Deus nos deu o maior de todos os presentes: uma vida sem-fim com ele, em Cristo. Por isso hoje desejamos um ao outro boas-festas e até trocamos presentes. Um dia, Deus nos deu a vida biológica, por meio de nossos pais. Hoje, ele nos garante que esse dom é eterno e indestrutível. Como Cristo ressuscitou e vive para sempre, também nós ressuscitaremos nele e viveremos para sempre. Essa é uma verdade de nossa fé, que professamos no Credo: "Creio na ressurreição da carne, creio na vida eterna!"

Todos somos testemunhas da ressurreição de Jesus

Estamos diante do único milagre que verdadeiramente prova a divindade de Jesus: a ressurreição. Por isso os evangelistas cercaram de todo cuidado a narração desse milagre. Para que, passados os tempos, ninguém dissesse que o corpo de Jesus fora roubado, mudado de lugar ou "sumido", ou ainda que tudo fora inventado pela fantasia, mito ou piedade popular.

Uma das provas (não a única) é a do sepulcro vazio. João a descreve com pormenores e coloca-se a si mesmo como testemunha, não só do sepulcro vazio, mas também de uma nova forma de existência de Jesus. João "viu e acreditou" (v. 8). Podemos imaginar como os Apóstolos estavam perturbados, preocupados e até decepcionados. Agora realiza-se a grande promessa. Agora eles compreendem que Jesus "devia ressuscitar dos mortos" (v. 9). A partir de agora, reforçados por outras provas, os Apóstolos se tornam as "testemunhas da ressurreição de Jesus" (*At* 2,32).

Ser testemunha significa confirmar solenemente, e de todas as maneiras possíveis, o que se viu e ouviu. Poderíamos acrescentar hoje: o que dos Apóstolos aprendemos. E nesse sentido todos nós devemos ser testemunhas da ressurreição de Jesus. A testemunha perfeita é aquela que é capaz de dar a vida pelo Cristo ressuscitado; ou aquela que pauta de tal maneira seu comportamento sobre Jesus que todos podem dizer (como disseram de São Francisco de Assis): "É um outro Cristo vivo!"

Quem ama tem mais facilidade de crer

Várias vezes Jesus disse que viera para os pecadores arrependidos (*Mt* 9,13), as ovelhas desgarradas (*Mt* 18,12-14) e os filhos pródigos (*Lc* 15,11-32). Hoje, ao começar a contar o principal fato da história da salvação, João põe em primeiro lugar Maria de Magdala, que fora pecadora pública, mas que, convertida, seguira Jesus. Madalena é então o símbolo das pessoas lembradas no terceiro discurso de Pedro: "Todos os que creem recebem o perdão dos pecados" (*At* 10,43). Também a presença de João, "a quem Jesus amava" (v. 2), nesta manhã de Páscoa, torna-se um símbolo. Quem ama tem mais facilidade em crer; quem ama corre mais depressa, encurta distâncias, intui verdades. Os dois verbos que ocorrem na narração a respeito de João (viu e creu) são o ponto central, porque já são consequência do milagre da ressurreição. Ele viu os sinais da ressurreição. Como também nós podemos ver os sinais, que são suficientes para quem ama. A partir da ressurreição devemos nos guiar pelos sinais que Jesus fez e deixou, porque já não será visto em sua forma física. A partir da ressurreição, os sinais provocam a fé, e só pela fé é possível ver Jesus. Há uma nova maneira de Jesus estar presente na comunidade. A fé depende do tamanho do amor, e o amor se alimenta na fé. Ao contar a Última Ceia, João evangelista observa: "Tendo amado os seus, amou-os até o fim" (*Jo* 13,1). Essa frase pode ser sinônimo de ressuscitar, porque ressuscitar não é retomar o antigo corpo, mas é ir morrendo através do amor sempre maior aos outros e ao grande Outro, que é Deus, e que, por amor, faz comunhão conosco, faz-nos viver de sua vida divina e eterna.

Deus não é um Deus de mortos, mas de vivos

O Antigo Testamento não chegara a uma clareza total em torno da ressurreição dos mortos. Mas chegara à convicção de que a criatura humana não terminaria com a morte. Muitos acreditavam que Deus tinha o poder de dar novamente vida para recompensar os bons pelas suas obras. Pensavam a ressurreição de uma forma muito física: a retomada da própria carne. Assim pensava Jó (19,26-27). Também o profeta Daniel ensinava: "Muitos dos homens que dormem na terra despertarão: uns para a vida eterna, outros para a abominação" (*Dn* 12,2).

No tempo de Jesus, os fariseus aceitavam a ressurreição, mas os saduceus não. Jesus foi claro ao afirmar a ressurreição: "Deus não é um Deus de mortos, mas de vivos" (*Mt* 22,32). A ressurreição de Jesus e a nossa tornaram-se as verdades centrais de toda a pregação dos Apóstolos. São Paulo, poucos anos depois da morte de Jesus, escrevia aos Coríntios: "Transmiti-vos o que eu mesmo recebi: que Cristo morreu por nossos pecados, segundo as Escrituras; que foi sepultado; que ressuscitou ao terceiro dia, segundo as Escrituras" (*1Cor* 15,3-4). Tem razão o Apóstolo Paulo de fundamentar sobre a ressurreição todo o edifício da fé. Paulo escreveu na mesma Carta aos Coríntios: "Se pregamos que Cristo ressuscitou dos mortos, como é então que alguns de vos dizem que não há ressurreição dos mortos? Se não há ressurreição dos mortos, também Cristo não ressuscitou. E se Cristo não ressuscitou, é inútil a nossa pregação e é vã a nossa fé. Nós seríamos falsas testemunhas de Deus" (*1Cor* 15,12-15). Mas Cristo ressuscitou e na sua ressurreição ressuscitarão todos os mortos (*1Cor* 15,20-21).

Celebramos hoje o fato histórico da Ressurreição do Senhor e a verdade-esperança da nossa ressurreição. Queremos nos alegrar com essas verdades entrelaçadas, ambas jorrando vida. A Páscoa é a festa da vida. A sequência da missa de hoje nos diz poeticamente que a morte duelou com a vida na pessoa de Jesus; o Senhor da vida estava morto, mas ressuscitou, vivo e triunfante, como rei vitorioso. Está presente em nosso meio! E conosco caminhará até a eternidade.

2º DOMINGO DA PÁSCOA

1ª leitura: At 2,42-47
Salmo: Sl 117
2ª leitura: 1Pd 1,3-9
Evangelho: Jo 20,19-31

*Cristo nos chamou das trevas para
a sua luz admirável (1Pd 2,9)*

FAZER DA RESSURREIÇÃO O FUNDAMENTO DA VIDA

Da festa da Páscoa à festa de Pentecostes, a Igreja celebra o 'Mistério pascal'. Há uma continuidade nos textos litúrgicos, como se os 50 dias fossem um 'grande domingo'. E como a missa começa sempre com o ato penitencial, esse tempo começa com a reconciliação e a pacificação. Jesus se encontra com seus Apóstolos, que se tinham comportado covardemente durante a Paixão e Morte. Mas Jesus não se mostra decepcionado. Por três vezes lhes deseja a paz, fruto do grande amor que lhes tinha, maior que a traição deles. E reparte com eles o poder divino de santificar.

O episódio acontece na tarde de Páscoa e se completa oito dias depois. Ele se inclui ainda entre as provas que o evangelista procura trazer e fixar para que ninguém ponha em dúvida a ressurreição de Jesus. Tomé, duvidoso e incrédulo, embora zeloso Apóstolo de Jesus, representa muitos cristãos que, distanciados da Páscoa no tempo, devem viver perto dela pela fé e fazer da Ressurreição o fundamento de sua vida. Bem mais do que um momento de incredulidade, temos uma grandiosa e lúcida página da pedagogia da fé, válida para todos os tempos e todas as comunidades.

Além das duas aparições de Jesus, com oito dias de diferença, que João conta com grande força teológica (lembremos o perdão dos pecados, o tema do envio e a nova maneira de 'ver' o Senhor presente na história), tomamos conhecimento da intenção que ele tinha ao escrever seu Evangelho: "Para que creiais que Jesus é o Cristo, o Filho de Deus, e para que, crendo, tenhais a vida em seu nome" (Jo 20,31). Esta frase final é a chave do IV Evangelho. Dar-nos vida, vida imortal, é a razão da encarnação de Jesus, é a razão por que ele passou pela morte e ressuscitou na Páscoa.

**Meu Senhor
e meu Deus!**

A dúvida de Tomé é providencial. Ele não deve ter sido o único Apóstolo que demorou a acreditar na Ressurreição. Mateus o diz expressamente: "alguns ainda duvidavam" (Mt 28,17) na hora da Ascensão. A dúvida é em si positiva. É sempre parte do caminho andado na procura da verdade. Por isso mesmo, Jesus não repreendeu Tomé. Ajudou-o a superar a dúvida e o levou a uma perfeita profissão de fé: "Meu Senhor e meu Deus!" (v. 28). Esses dois títulos juntos, no Antigo Testamento, eram reservados a Javé. O Apóstolo não só passou a acreditar que Jesus ressuscitara, porque aí estava e ele podia pôr o dedo nas chagas, mas também viu nele o Cristo de Deus. A palavra "Senhor", para designar Jesus, só aparece depois da Ressurreição nos escritos sagrados. O Apóstolo Paulo dirá aos Filipenses: "Toda a língua proclame que Jesus é o Senhor!" (Fl 2,11).

Com esse episódio, o evangelista queria lembrar um modo novo de ver e ouvir Jesus. Os Apóstolos o podiam tocar, ver; podiam escutá-lo de viva voz. Mas isso terminaria na Ascensão. Todos os outros discípulos, inclusive Paulo e nós, devemos "crer sem ver". Se não vemos com os olhos do corpo, não significa que nossa fé seja menor ou menos baseada ou menos firme que a dos Apóstolos. Jesus nos anima muito com a frase: "Felizes os que não viram e creram" (v. 29).

**Jesus reparte
o poder de salvar**

A primeira parte do Evangelho de hoje ocorre também na Missa de Pentecostes, porque, pela força do Espírito Santo, a criatura humana pode refazer-se e refazer o mundo. Possuído pelo Espírito Santo, o homem recebe hoje o poder de ligar e desligar sua relação com o céu, relação feita viável pela morte e ressurreição de Jesus. Em outras palavras, Jesus hoje reparte com seus seguidores o poder de santificar, de salvar, o poder de arrancar alguém do pecado e da morte eterna. São Paulo dirá que nós completamos a paixão do Senhor (*Cl* 1,24). Na verdade, prolongamos também sua missão salvadora.

A criatura humana sozinha é incapaz de salvar-se (*Jo* 15,5) e de salvar a quem quer que seja. Mas na força do Espírito Santo, dado por Cristo ressuscitado, prolongamos o poder redentor de Jesus. No Evangelho de hoje, Jesus dá aos discípulos os meios de serem suas testemunhas (*Jo* 15,27), isto é, de afirmarem sua divindade e sua missão, repartindo o perdão, a bênção, a graça. Ligado a esse poder, está o envio por parte de Cristo. Ele foi enviado pelo Pai (v. 21) e, por sua vez, envia-nos. Ninguém é cristão para si mesmo. A dimensão para o próximo no cristianismo é tão importante quanto a dimensão para Deus. Em nosso batismo, está implícita a obrigação de levar a boa-nova do perdão de Deus e da comunhão com Deus a todos. O tema do envio é muito insistente no Evangelho de João. Somando os dois verbos gregos, empregados por ele com o sentido de 'enviar', são nada menos de 60 vezes que o assunto volta. Das 60 vezes, 44 se referem a Jesus, que se sente e se declara 'o enviado' do Pai. Jesus é claro: "Como o Pai me enviou, eu vos envio" (v. 21). E Jesus como que impõe as condições para quem quer ser enviado: espírito pacífico, espírito reconciliador, exatamente o espírito que ele mostra na tarde de Páscoa aos seus, que bem mereciam uma repreensão.

Por um lado, Jesus dá mais uma prova de humildade: reparte seus poderes, porque só quem é humilde sabe repartir. O orgulhoso costuma ser egoísta. Por outro lado, Jesus dá uma prova inesperada de confiança: com os apóstolos que o haviam abandonado e traído na Paixão, reparte o poder divino de perdoar e lhes dá a missão de continuar a "tirar o pecado do mundo" (*Jo* 1,29). No Evangelho de hoje, praticamente, Jesus responsabiliza os homens por sua salvação.

A fé nasce dos sinais, a vida nasce da fé

Na parte final do texto de hoje, João confirma que Jesus se manifestou mais vezes depois de ressuscitado. João chama os milagres de 'sinais'. A palavra 'sinal' já era empregada no Antigo Testamento: um fato, um milagre, um aviso que mostrava a presença de Deus no meio da humanidade, a fidelidade de Deus às suas promessas com relação ao povo.

Jesus é em si mesmo o grande sinal de Deus entre os homens e realizou muitos sinais para que acreditássemos que era o Cristo, o Filho de Deus. O evangelista não tem interesse em contar o poder de taumaturgo de Jesus. São apenas sete os milagres contados por João. O número não é ocasional. O número sete significa 'plenitude'. Jesus tinha todo o poder de fazer quantos milagres quisesse. João conta um milagre sempre junto a uma lição teológica; o milagre se torna um 'sinal' que confirma a veracidade da doutrina exposta.

Assim como lemos nos céus os sinais de tempo bom ou de tempestade, deveríamos saber ler na vida de Jesus os sinais que nos deu de sua divindade (a Ressurreição é o maior) e de sua missão (tirar o pecado, que mata, e dar vida). Um dia ele se queixou de que sabemos ler os sinais da meteorologia, mas não sabemos ler os sinais da presença de Deus (*Mt* 16,2-3). Jesus fez milagres, sobretudo o da Ressurreição, para que, "crendo nele por esses sinais, tenhamos a vida em seu nome" (v. 31).

3º DOMINGO DA PÁSCOA

1ª leitura: At 2,14.22-33
Salmo: Sl 15
2ª leitura: 1Pd 1,17-21
Evangelho: Lc 24,13-35

Exulte o coração dos que buscam o Senhor! (Sl 105,3)

**ELE RESSUSCITOU DE FATO
E SE TORNOU NOSSO COMPANHEIRO**

O Evangelho de hoje é dos que quanto mais vezes lemos, tanto mais coisas descobrimos nele. Sua finalidade principal é documentar mais uma vez a Ressurreição de Jesus de Nazaré e mostrá-lo vivo, não como um fantasma, mas como uma pessoa inteira e verdadeira, embora em uma situação diferente e misteriosa. Como a Ressurreição de Jesus é o fundamento da fé cristã, o episódio dos Discípulos de Emaús é também o retrato da comunidade, feita de discípulos de boa vontade, mas nem sempre inteiramente identificados com o mistério de Jesus Cristo. Apesar de ler as Escrituras, apesar de conhecer a vida de Cristo, vivem sem esperança e preferem andar pela vida como simpatizantes 'de longe' a participantes plenos da missão e do destino de Jesus.

Há ainda outras lições. Lucas alarga o círculo dos privilegiados que viram Jesus ressuscitado. Provavelmente Cléofas e seu companheiro de viagem não eram judeus, e com isso Lucas terá querido acentuar o fato de Jesus ter vindo para todos, não apenas para o pequeno grupo, que Pedro chama de "testemunhas predestinadas por Deus" (At 10, 41). Jesus, não viera apenas para os hebreus, como muitos pensavam. Lucas, no seu Evangelho, procura sempre mostrar a universalidade da redenção, no sentido de classe social e no sentido de povos e nações. E há o estado de perplexidade dos dois discípulos. Eles se fazem perguntas sérias para as quais, sozinhos, não encontram resposta. Exatamente como acontece tantas vezes com os cristãos. E há a pedagogia de Jesus. Entra na deles. Parte da dúvida sincera dos dois e ajuda-os a descobrir a grande verdade: "O Senhor ressuscitou de fato" (v. 34), mostrando grande respeito pelos dois e por suas dúvidas.

Quando a morte é fonte de vida

Os dois discípulos tinham escutado das mulheres que Jesus ressuscitara (vv. 22-23), mas não foram ao túmulo vazio. Preteriram voltar para seu trabalho. A ideia que faziam de Jesus de Nazaré era insuficiente, incompleta. Tinham-no por profeta e esperavam que ele levantasse o povo contra os romanos invasores e "fosse o libertador de Israel" (v. 21). Compreende-se, então, facilmente a decepção. Um general morto jamais fará guerra nem contará vitórias. Eles não tinham sabido ler os sinais: nem o que os profetas predisseram nem o sentido dos milagres de Jesus. Não haviam alcançado a dimensão divina de Jesus de Nazaré. Apenas haviam percebido a sua grandeza humana, a sua capacidade de liderança, o seu senso de justiça, o seu "poder profético em ação e palavras" (v. 19).

Se Jesus tinha todas essas qualidades, tinha uma outra que eles não alcançavam: tinha poder divino, tinha "o poder de dar a vida e retomá-la quando quisesse" (*Jo* 10,18). Era homem, filho de carne humana, mas era o Filho de Deus. Não basta simpatizar com a causa de Jesus. É preciso nunca perdermos de vista a dimensão divina de Jesus, para não ficarmos decepcionados diante de seu túmulo vazio e não vermos que está vazio, porque ele ressuscitou. A força guerreira e política termina na morte. A força divina e redentora transforma a própria morte em fonte de vida.

Mais do que dar de comer, mais do que dar esmolas

Hoje, Jesus foi verdadeiramente *companheiro* dos discípulos de Emaús. Companheiro é aquele que parte e come o pão com o outro. Não houvesse, porém, antes, a longa caminhada a pé e a conversa amiga, Jesus não teria tido a ocasião de ser companheiro. Era o que lhe interessava. Toca o coração da pessoa o comportamento de Jesus: caminha com eles na estrada, adapta-se ao itinerário deles, assume a condição deles. Primeiro reparte com eles o pão da simpatia, da compreensão, da amizade, do sofrimento e da decepção e só depois reparte o pão com eles. Um pão de mesa que, logo, logo, se torna o pão que lhes revela a divindade. Dificilmente encontraremos e reconheceremos Cristo na Eucaristia, se não tivermos tempo para os que vivem a nosso lado e não repartirmos com eles "as alegrias e as esperanças, as tristezas e as angústias", para usar as expressões do Concílio Vaticano II (GS, 1).

Um exemplo maravilhoso e prático para nós. Só podemos ser companheiros, quando assumimos a condição do outro, quando sabemos perder tempo com o outro, quando nos decidimos caminhar, lado a lado, no caminho do outro. Ser companheiro, repartir o pão na mesma mesa é mais do que dar de comer, é mais do que esmola. No gesto de Jesus hoje, há uma extraordinária lição de comportamento cristão. Vivemos em uma época em que ninguém tem tempo para os outros, por isso mesmo temos tão pouco companheirismo. Talvez por isso nossa esmola, nossa caridade e até nossas reivindicações de justiça e igualdade sociais revelem tão pouco a presença de Deus na sociedade.

A Mesa da Palavra e a Mesa do Pão

Jesus explica aos Discípulos de Emaús as Escrituras e reparte o pão com eles. Hoje, Jesus ressuscitado continua a caminhar conosco. E é exatamente nesses dois momentos que o sentimos mais perto: quando repartimos o Pão da palavra e quando repartimos o Pão da Eucaristia, com os mesmos sentimentos com que Jesus os repartiu com os Discípulos de Emaús.

São os dois grandes momentos da missa. A Liturgia fala em Mesa da Palavra e Mesa do Pão. A Mesa da Palavra é o tempo de escuta das leituras, da oração dos salmos, da pregação sobre o Evangelho, da profissão de fé (Credo), das Preces pela Comunidade. A Mesa do Pão é o ofertório, a consagração e a comunhão. Santo Agostinho nos lembra que as duas Mesas têm a mesma importância. E o missal nos recorda que as duas estão de tal modo unidas entre si que formam um único ato litúrgico. Por isso a Igreja insiste na participação dos fiéis desde o início até o fim. Na Constituição *Sacrosanctum Concilium*, do Concílio Vaticano II, diz-se expressamente: "As duas partes, de que consta a missa, a liturgia da palavra e a liturgia eucarística, estão tão estreitamente unidas, que formam um único ato de culto. Por isso o Concílio exorta veementemente aos pastores que, na catequese, instruam os fiéis diligentemente acerca da participação da missa inteira" (n. 56).

Mas esses dois momentos ocorrem também na vida prática. Quando refletimos sobre os trechos da Escritura, quando participamos de círculos bíblicos, quando compartilhamos o que lemos e refletimos; ou quando, com nossas palavras e atitudes, pedimos justiça e perdão, repetimos o gesto de Jesus hoje no caminho de Emaús. E, quando repartimos o que temos e o que somos com nossos irmãos, estamos sentados à mesa eucarística do pão fraterno, estamos vivendo a Eucaristia da vida. Na verdade, a vida cristã é uma grande partilha: repartimos o Cristo eucarístico, em seu Corpo e Sangue; repartimos a Palavra de Deus, tão sagrada quanto o Corpo do Senhor; compartilhamos nossa adoração a Deus e nossos pedidos pela comunidade; somos uma só família, todos filhos do mesmo Pai do Céu (*Mt* 23,9).

4º DOMINGO DA PÁSCOA

1ª leitura: At 2,14a.36-41
Salmo: Sl 22
2ª leitura: 1Pd 2,20b-25
Evangelho: Jo 10,1-10

Esta é a porta do Senhor, só os justos entrarão por ela (Sl 118,20)

VIM AO MUNDO PARA QUE TENHAM A VIDA EM PLENITUDE

Todos os anos, no quarto domingo da Páscoa, lemos o Evangelho do Bom Pastor, cada ano um trecho diferente. Já na liturgia de antes do Concílio Vaticano II, nesse domingo, lia-se a parábola do Bom Pastor, tanto que esse domingo há séculos é chamado de "O Domingo do Bom Pastor", e, na maioria dos países se celebra o *Dia das Vocações*, ligando o bom pastor ao padre. Os últimos papas têm mandado às igrejas cada ano uma mensagem de incentivo aos que trabalham com as vocações, aos vocacionados e a quantos possam ouvir um chamado especial do Bom Pastor para ajudá-lo a conduzir o rebanho. Hoje, lemos a primeira parte da parábola, em que Jesus se compara à porta do redil.

A imagem de Jesus Bom Pastor (com a ovelha nos ombros) era muito querida dos cristãos. Encontra-se desenhada nas catacumbas de Roma (São Calixto, Santa Priscila) e é recordada pelos mais antigos escritores do cristianismo. De fato, é uma página cheia de ternura e também uma duríssima página contra os que se arrogam o direito de conduzir as ovelhas para pastos não queridos pelo único pastor do rebanho do Novo Testamento, Jesus de Nazaré, que "comprou" as ovelhas com o preço de seu sangue, redimiu-as na cruz e lhes garantiu, na Páscoa, a vida eterna. A partir do século XIX, talvez pela passagem do mundo rural ao mundo industrial e urbano, ela foi inúmeras vezes substituída pela imagem do Sagrado Coração de Jesus, com o mesmo significado: misericórdia, amor, doação.

O maior evangelizador, o mais perfeito comunicador

Três eram as profissões rurais dos hebreus no tempo de Jesus. 1º *Plantadores de trigo*: Jesus fala do semeador (*Mt* 13,1-23; *Lc* 8,5-15). Fala da seara madura à espera de colhedores (*Mt* 9,37; *Lc* 10,2). Fala do trigo e do joio (*Mt* 13,24-30.36-43). Fala do grão de trigo que deve apodrecer para frutificar (*Jo* 12,24). 2º *Pescadores*: Jesus conta a parábola da rede de arrastão, comparando-a ao Reino dos Céus (*Mt* 13,47-49). Prega em cima de uma barca (*Lc* 5,2-4). Usa da barca e da pesca para provar sua ressurreição (*Jo* 21,1-14). Come um pedaço de peixe assado como prova de que era ele mesmo ressuscitado e não um fantasma (*Lc* 24,42). Há ao menos duas pescas milagrosas (*Lc* 5,4-11 e *Jo* 21,1-14). Em meio a pescadores experimentados, acalmou as ondas do mar (*Mt* 8,23-27 e 14,22-33). 3º *Pastores*: eles estão presentes na noite de Natal (*Lc* 2,8-18). Jesus compara o povo a ovelhas sem pastor (*Mc* 6,34). Compara a Igreja nascente a um rebanho (*Jo* 21,15-17). Conta a parábola da ovelha desgarrada (*Mt* 18,12-14 e *Lc* 15,4-7). E compara-se a um bom pastor (*Jo* 10,1-16).

É encantador observar como Jesus se adapta à realidade de seu povo e como parte do seu dia a dia para lhes ensinar as coisas novas. Paulo VI, no documento *Evangelii Nuntiandi* (A Evangelização no mundo contemporâneo), chama Jesus de "primeiro e maior dos evangelizadores" (n.7) e lembra que "a evangelização perderá sua força e sua eficácia, se ela não tomar em consideração o povo concreto e se não utilizar sua linguagem, seus sinais e seus símbolos (n. 63). Compreende-se, então, que Jesus, além de ser 'o maior dos evangelizadores', tenha sido também o mais perfeito comunicador.

Porta também significa a sorte do encontro

Jesus se compara a uma porta. Os pastores costumavam construir nos campos um abrigo para a noite, um retângulo cercado por pequeno muro de pedra, com uma única porta, propositadamente, estreita. Durante a noite, vários pastores levavam ao abrigo suas ovelhas, e um deles ficava de vigia à noite toda. De manhã, cada pastor chamava suas ovelhas, elas saíam pela única porta estreita, ele as contava e as levava a pastar. Todos conheciam essa prática. Mas lembremos que também as cidades eram muradas. Em Jerusalém, sobretudo, eram famosas as muralhas de Salomão e Herodes. Entrava-se e saía-se da cidade somente pela porta. Por isso a porta significava *proteção*, segurança. Era na porta da cidade que se recebiam os que chegavam e se despediam os que partiam. Por isso a porta significava *acolhimento*, carinho. Era à porta da cidade que se faziam os negócios, que se compravam dos mascates ou se vendiam aos estrangeiros em viagem. Por isso, a porta significava sempre uma *possibilidade*.

Quando Jesus se compara à porta, podem compreendê-lo a pessoa simples do campo e a pessoa requintada da cidade. Está dizendo que somente por ele se entra no abrigo, somente por ele se entra na cidade de Deus, no Reino dos Céus. Mas está dizendo também que nele nós encontramos *segurança* e proteção (*Mt* 11,28). Ele nos *acolhe* sempre que a ele recorremos (*Jo* 6,37). Nele teremos a mais feliz e certa das *possibilidades*, como dirá mais tarde Pedro: "Nele encontraremos as mais preciosas e ricas promessas e nos tornaremos participantes da natureza divina" (*2Pd* 1,4). Certamente, Jesus está fazendo uma dura crítica aos fariseus e aos escribas, que "se haviam sentado na cátedra de Moisés" (*Mt* 23,2). Jesus os chama de "ladrões e assaltantes" (vv. 1 e 8), porque se haviam arrogado o direito de interpretar a Lei divina e a Lei, em vez de ser um roteiro de santificação e vida, tornara-se uma carga de escravidão e de morte (*Mt* 23,4). A Lei, na interpretação farisaica, já não significava segurança para ninguém, não tinha mais a força de consolar e abrigar os corações angustiados do povo.

Porta: sonho de um mundo pacificado e feliz

Fiquemos ainda no simbolismo da porta, já que Jesus insiste nessa figura hoje. As cidades tinham muralhas altas e torres fortificadas para se defender. Enquanto há necessidade de se defender, não há verdadeira paz. Jesus, com sua pessoa e sua doutrina, quis pacificar os homens; quis dar de beber no mesmo córrego ao lobo e ao cordeiro (*Is* 65,25), porque ambos são criaturas de Deus; quis que as criaturas humanas experimentassem um novo modo de viver: na fraternidade e na justiça, na mansidão e na benquerença e, por conseguinte, na paz. A esse modo de viver, Jesus chamou de Reino dos Céus na terra. O mundo pacificado, convivendo fraternalmente e já nesta vida em comunhão com Deus não é utopia, é a razão de ser da encarnação de Jesus. A esse modo de viver Jesus chama de "plenitude da vida" (v. 10), possível quando a ovelha (criatura humana) ouve a voz do pastor, isto é, reconhece em Jesus a autoridade de único mestre, guia e senhor, e o segue, isto é, cumpre seus mandamentos e se faz um com ele como ele e o Pai do Céu são uma perfeita comunhão (*Jo* 17,11).

O Apocalipse, descrição figurada do futuro da humanidade, diz que, no fim dos tempos, a nova Jerusalém, isto é, a cidade pacificada em que podem conviver o homem e Deus, terá 12 portas sempre abertas (*Ap* 21,12-27; 22,14-15), para significar a plenitude da paz e a plenitude da justiça: então, haverá intercâmbio pleno entre Deus e a criatura humana. Será este mundo previsto por Jesus apenas um ideal a ser olhado de longe como o sol e nunca atingível? Mas Jesus não pregou sonhos irrealizáveis. O fato é que são poucos os que conseguem encontrar a porta (Jesus) e entrar no Reino (*Mt* 7,14). A eles Jesus chama de "pequeno rebanho, merecedor do Reino" (*Lc* 12,32).

5º DOMINGO DA PÁSCOA

1ª leitura: At 6,1-7
Salmo: Sl 32
2ª leitura: 1Pd 2,4-9
Evangelho: Jo 14,1-12

Este é o caminho, caminhai nele! (Is 30,21)

EU SOU O CAMINHO, A VERDADE E A VIDA

Na Última Ceia, os Apóstolos estão apreensivos, porque percebem que o cerco se aperta em torno de Jesus. E se angustiam, porque Jesus olha as coisas como necessárias e não tem nenhum plano de fugir delas. Jesus consola os Apóstolos e os orienta. Consola-os com a promessa de voltar e de querê-los onde ele estiver. Orienta-os no sentido da fé em seus ensinamentos, da esperança na realização de todas as promessas e do amor, que deve ser fraterno e gratuito. No meio do consolo e encorajamento, Jesus repete as grandes verdades que ensinara em seus sermões e andanças. Hoje, ao se despedir na Última Ceia, repete que ele e o Pai são um só; que ele, Jesus, voltará para junto do Pai; que as criaturas humanas têm um destino eterno; que ele, Jesus, é o único caminho de acesso a Deus, e que os Apóstolos, conhecendo esse caminho, devem encher-se de fé e confiança.

A atitude de apreensão é muito humana e muito nossa. Como muito humano e muito nosso é o desejo dos Apóstolos de ver o Pai. Vivemos uma permanente procura de Deus, sentimos um desejo, menos ou mais intenso, de ver seu rosto. E na procura de Deus, precisamos de pontos de referência para não nos perder. Jesus se coloca como ponto de referência, seja para vencer a angústia pelo que pode acontecer, seja para encontrar a Casa do Pai e fazer comunhão com ele.

Na repetição de verdades, Jesus acorda a fé

O Evangelho de hoje faz parte do longo discurso de despedida de Jesus, na Última Ceia. Discurso que é também seu testamento. Compreende-se, então, que as frases estejam carregadas de emoção, conselhos e ensinamentos, que se entrelaçam, vão e vêm, enquanto Jesus se despede.

Desse trecho podemos destacar uma série de verdades de fé: Jesus é Deus igual ao Pai (vv. 9 e 11); toda a obra de Jesus é divina e salvadora (v. 11); a criatura humana tem um destino eterno (v. 2); esse destino é garantido por Jesus (v. 3) aos que tiverem fé nele (vv. 1 e 11); Jesus é o caminho que une a Terra ao Céu (v. 6) e por esse caminho a criatura humana pode chegar a Deus (v. 4); por meio de Jesus conhecemos toda a verdade em torno de Deus (v. 6); a vida não se esgota aqui na terra (v. 3).

Essas verdades estão repetidas muitas vezes no miolo do Evangelho. São verdades centrais do cristianismo. Era preciso recordá-las na Última Ceia para que os discípulos não desesperassem diante da crueza da paixão e da morte que se aproximavam. "Não deixem o coração se perturbar" (v. 1) diante dos fatos que estão por acontecer. Quantas vezes Jesus terá soprado na intimidade do nosso coração essas mesmas palavras de confiança nos momentos difíceis de nossa vida, quando nosso caminho parecia não ter saída nem retorno razoável. Esta também é uma verdade do Evangelho: "Eu estarei convosco todos os dias" (*Mt* 28,20), dita, em outros termos no verso 3: "Onde estiverem vocês, também estarei eu". Jesus não só assumiu a condição humana nos anos de sua vida terrena, mas para todo o sempre. O episódio de Emaús mostra com clareza que Jesus é nosso caminho na compreensão das coisas que se referem à nossa história e ao mesmo tempo é nosso companheiro de caminhada.

Jesus e a Criatura humana: um mesmo destino

É bonito ver como na Última Ceia Jesus procura consolar e animar os Apóstolos. A eles diz: "Não se perturbe o vosso coração" (v. 1). Repete a mesma frase em 14,27. Mas o grande consolo está na promessa: "Voltarei novamente" (v. 3). Jesus a repete em 14,18; 14,28 e 16,22. Nas primeiras comunidades cristãs, que não tinham visto Jesus com os olhos, a esperança de sua volta imediata era intensa. Havia gente que a esperava com impaciência (*2Ts* 2,1-3). Aos poucos, foram percebendo que Jesus não falava de uma volta com seu corpo físico, mas falava de sua volta na morte de cada discípulo. Porque na hora de nossa morte, Jesus virá ao nosso encontro pessoalmente. Vê-lo-emos face a face. Será pela mão de Jesus que entraremos no céu. Ele virá para nos julgar com misericórdia e justiça. Professamos essa fé/esperança no Credo.

Assim como Jesus cumpriu a promessa de enviar o Espírito Santo, cumprirá a de retornar para que, onde ele estiver, possamos estar também nós (v. 3). Essa esperança consoladora nós a renovamos em todas as missas quando, depois do Pai-Nosso, pedimos que, "ajudados por vossa misericórdia, sejamos protegidos de todos os perigos, enquanto aguardamos a vinda gloriosa do Cristo Salvador". Isso não é um ideal talvez alcançável. É uma certeza consoladora que Jesus nos deixou. Ele e nós temos o mesmo destino na terra (12,26; 15,18) e no céu (17,24).

Indica-me, Senhor, o teu caminho

Ao se proclamar 'caminho', Jesus retomou uma figura conhecida dos Apóstolos. Todos eles sabiam que, para se ir de um lugar a outro, precisa-se de estrada. A palavra "caminho" (expressa por 18 diferentes vocábulos hebraicos) ocorre 880 vezes no Antigo Testamento, ora em sentido literal de estrada, ora em sentido figurado, como no Salmo 25,4: "Mostra-me, Senhor, o teu caminho".

Os Apóstolos conheciam os profetas, que falavam muito nos caminhos de Deus, isto é, dos planos de Deus e do comportamento das criaturas humanas diante desses planos. Os Apóstolos sabiam que a criatura precisa de Deus não apenas para conhecer a vontade dele, mas também para ser guiado por sua luz. Sabiam que o certo era a coincidência entre o caminho de Deus e o caminho da criatura (*Is* 55,8-9; *Sl* 86,11).

No Novo Testamento, a palavra 'caminho' aparece 55 vezes, das quais 46 em sentido figurado (por exemplo, em *Mc* 12,14: "Mestre, sabemos que ensinas o caminho de Deus"). Mas, somente nesta passagem de *Jo* 14,6, Jesus se chama de 'caminho'. O ponto final é o Pai. Para lá vai Jesus. Para lá devem ir os discípulos (v. 3). Por trás da palavra 'caminho' está uma das grandes novidades do Novo Testamento: Jesus é o único acesso das criaturas para Deus (v. 6).

Ao se declarar o único caminho para o Pai, Jesus está lembrando à criatura humana a impossibilidade de ela alcançar Deus sozinha, com seu próprio esforço ou autopurificação. É velhíssima essa tentação no homem. Lembra-a a Bíblia com o forte símbolo da Torre de Babel (*Gn* 11,1-9). A doutrina da reencarnação, tão encontradiça hoje, é outra forma enganosa de se querer chegar a Deus com as próprias forças. Paulo lembra, na Carta aos Hebreus, que Cristo redimiu todo o povo com o seu próprio sangue derramado uma única vez, como uma única vez viverá a criatura humana (*Hb* 9,27-28). E esse Sangue de Jesus é o selo da nova aliança entre Deus e as criaturas, uma aliança que tem Cristo como garante, uma aliança que faculta às criaturas de chegarem a Deus. Jesus e o Pai são uma coisa só (v. 10). E é através da humanidade de Jesus, na qual está presente nossa humanidade, que nós chegamos à comunhão com Deus, à vida com Deus. A natureza humana sozinha é incapaz de dar esse passo: "Ninguém chega ao Pai senão por mim" (v. 6), afirma Jesus.

6º DOMINGO
DA PÁSCOA

1ª leitura: At 8,5-8.14-17
Salmo: Sl 65
2ª leitura: 1Pd 3,15-18
Evangelho: Jo 14,15-21

Quem será o apoio, o sustentáculo
de quem teme o Senhor? (Eclo 34,18)

A MEU PEDIDO, O PAI
VOS DARÁ UM ADVOGADO

Estamos perto da Ascensão do Senhor. O Evangelho de hoje faz parte do discurso de despedida de Jesus, pronunciado na Última Ceia, carregado de emoção, teologicamente muito profundo, em que se misturam certeza e esperança, amor e fé, vida terrena e vida eterna, destino humano e destino divino. O texto de hoje fala da glorificação de Jesus e da vinda de um outro paráclito, isto é, de alguém da parte de Deus para fazer os Apóstolos compreenderem os passos e os ensinamentos do Messias, testemunhá-los diante das comunidades, distinguirem entre verdade e erro e vencerem todas as dificuldades. Mais: Jesus promete continuar presente entre os Apóstolos e amá-los como o Pai o ama.

Pede-lhes, em contrapartida, fidelidade aos mandamentos, como garantia de que não o esquecerão e como prova de amor à sua pessoa. Várias vezes, na Última Ceia, Jesus promete o Espírito Santo (14,26; 15,26; 16,7; 16,13) como garantia da proteção divina e para confirmar os discípulos na verdade (17,17), já que eles seriam os apóstolos, os *enviados* para testemunhar a Ressurreição.

Uma das grandes lições de Jesus hoje é que a criatura humana é possuída por Deus. Primeiro nos diz que o Espírito Santo (vv. 15-17) virá em socorro dos Apóstolos e de todos aqueles que, crendo em sua Morte redentora e em sua Ressurreição gloriosa, testemunham que ele, Jesus, é o Filho de Deus, vindo a este mundo (Jo 20,31). Depois, diz que ele mesmo, Jesus, haverá de morar em seus discípulos (vv. 18-21). Não podia ser mais claro: "Eu vivo em vós e vós viveis em mim" (v. 19). Por fim, o Pai virá também morar em nós, juntamente com Jesus (vv. 23 e 24). Somos o templo, a casa de Deus: eis uma gostosa novidade, consequência da encarnação de Jesus.

Jesus pede uma prova de amor

Duas vezes, hoje, Jesus afirma que amá-lo e guardar seus preceitos é a mesma coisa (vv. 15 e 21). No trecho do domingo passado, falava-se muito em crer, ter fé. Hoje, acentua o amar e ser amado. Acentuação que continua no verso 23 e na aclamação do Evangelho: "Quem me ama guarda minha palavra, e meu Pai o amará". Não é difícil perceber o nexo entre ter fé e amar. Ele é tão forte quanto a reciprocidade entre amar e ser amado. Podemos dizer de cada ser humano que sua história é a história de seu amor. Santo Agostinho escreveu: "Meu amor é meu peso, por ele sou levado aonde quer que eu vá. Assim como os corpos se movem pela gravidade, o homem tem por gravidade própria o seu amor, que é a força que o impulsiona em todas as suas tarefas e empresas".

Não se ama a Deus, se não se observam seus mandamentos. No verso 23 se fala em observar a palavra de Deus. Por mandamento ou palavra compreendem-se os 10 mandamentos de Moisés (que Jesus não aboliu, mas reforçou), todos os ensinamentos e o próprio exemplo de Jesus. Não podemos fazer muita distinção entre a pessoa e o ensinamento de Jesus. Cremos em sua palavra e cremos em seus ensinamentos, que têm força divina (*1Cor* 1,18), que agem em nós (*Hb* 4,12 e *1Ts* 2,13), são espírito e vida (*Jo* 6,63) e não se distinguem dos ensinamentos do Pai (*Jo* 14,24).

A criatura humana precisa de quem a defenda

Fruto desse amor de Deus aos Apóstolos fiéis é o Espírito Santo, que ele enviará, a pedido de Jesus, para ser o paráclito deles. *Paráclito* é uma palavra grega, que só João emprega no Evangelho (quatro vezes), e significa: advogado, protetor, defensor. Não é fácil traduzir o termo grego 'paráclito'. Na literatura não hebraica é o advogado de defesa. Como os hebreus não tinham essa figura, deverá ser entendido mais como testemunha, como garante. Precisaríamos encontrar uma palavra que exprimisse ao mesmo tempo: assistência, ajuda, proteção, defesa, inspiração, testemunho a favor. De qualquer maneira, tem sempre uma conotação de tribunal. O mundo vai julgar Jesus. É preciso que os Apóstolos fiquem firmes na fé ao verem levar o Mestre do tribunal à morte. O paráclito não virá para defender Jesus, mas para fazer com que os Apóstolos compreendam os passos de Jesus e não se escandalizem com sua paixão e morte. Os homens vão julgar também os Apóstolos (*Jo* 16,2-4). É preciso que eles tenham a serena coragem de enfrentar todas as tribulações em nome e na força do Cristo. Nem na morte de Jesus faltará aos Apóstolos o Espírito Santo de Deus, para deles fazer as testemunhas da Ressurreição, nem lhes faltará na hora do martírio a força de Deus para morrer por causa do Evangelho.

Ao prometer o paráclito, Jesus diz que o Pai dará "um outro paráclito". É que o próprio Jesus é chamado de paráclito, intercessor. Na sua primeira Carta, João chama Jesus de nosso paráclito junto ao Pai. Chegamos diante de Deus com nossos pecados e nossas fraquezas. Ele nos apresenta e nos defende, lavando-nos com seu sangue redentor (*1Jo* 2,1-2). Nesse contexto, quando Jesus promete: "Não vos deixarei órfãos" (v. 18), está prometendo presença contínua e proteção permanente.

**O Espírito vos ensinará
toda a verdade**

Jesus chama o paráclito, o advogado dos Apóstolos, de "Espírito da verdade" (v. 17). A palavra *verdade* é um dos eixos sobre os quais caminhou a história da salvação no Antigo Testamento. E, no Novo, o próprio Jesus se chamou de Verdade (*Jo* 14,6). Podemos examinar o sentido da palavra *verdade* por dois lados. Primeiro, como contraposição a erro. Encontramos na linguagem religiosa daquele tempo, bíblica e não bíblica, à espera do fim do mundo. Mas antes haveria uma grande luta entre a verdade e o erro. João mesmo fala no espírito da verdade e no espírito do erro (*1Jo* 4,6). As pessoas de bem deveriam ficar fiéis ao espírito da verdade. Ora, a morte de Jesus, de certa maneira, era o fim de um mundo cheio de ídolos, portanto, de falsidades e erros, e a vitória da verdade em um único Deus e em um único Redentor. O paráclito ajudaria aos Apóstolos a compreender esse fato novo.

Segundo, a verdade pode ser entendida como o conjunto de ensinamentos de Jesus, capazes de levar a humanidade até Deus. E ouso dizer: capaz de compreender o próprio mistério humano, porque na compreensão da verdade sobre Jesus Cristo está também a compreensão do mistério de cada um. Em muitos momentos a humanidade procurou a verdade. Foram muitos os que, como Pilatos, se perguntaram: "O que é a verdade?" (*Jo* 18,38). Edith Stein, a filósofa convertida, canonizada pelo Papa João Paulo II em 1998, escreveu que "quem procura a verdade procura Deus, sem saber". Ora, Jesus se apresenta como a verdade, diz que veio ao mundo para dar testemunho da verdade (*Jo* 18,37) e promete o Espírito Santo que conduzirá os Apóstolos para dentro da verdade (*Jo* 16,13). Jesus mandará o paráclito para defender, diante dos incrédulos e infiéis, tudo quanto ele ensinara e sua própria pessoa divina e humana e salvadora, para que os Apóstolos não tivessem medo: o paráclito os levaria a compreender a verdade (Cristo e seu Evangelho), a defendê-la e a torná-la vitoriosa em um mundo, tantas vezes, dobrado sobre si mesmo e, por isso, incapaz de ver e conhecer o 'Espírito da Verdade'.

SOLENIDADE DA ASCENSÃO DO SENHOR

1ª leitura: At 1,1-11
Salmo: Sl 46
2ª leitura: Ef 1,17-23
Evangelho: Mt 28,16-20

Deus o elevou à sua direita, como príncipe e salvador (At 5,31)

TENDO SUBIDO AOS CÉUS, JESUS ESTÁ À DIREITA DO PAI

A festa da Ascensão do Senhor não teve grande relevo nos primeiros três séculos da Igreja, voltados que estavam todos para os dois grandes fatos da Páscoa e de Pentecostes. Como viam no Cristo ressuscitado o Cristo glorificado, não sentiam falta de uma festa especial. Até o quarto século se recordava a Ascensão de Jesus juntamente com Pentecostes. Os cristãos de Jerusalém costumavam, na tarde de Pentecostes, ir em procissão ao Monte das Oliveiras, à igreja que recordava a Ascensão do Senhor. Mas, já no tempo de Santo Agostinho (354-430) – e sabemos disso por um de seus sermões –, a festa, quarenta dias depois da Páscoa, celebrava-se em todas as comunidades do mundo cristão.

A festa é rica de significado. É celebração de uma consequência lógica da Páscoa: Cristo reassume triunfante todo o seu poder. E, na glorificação de sua carne, glorifica toda a carne humana. No início da história, houve a expulsão do paraíso. Hoje, reentrando no paraíso, Jesus reabre as portas. O paraíso, que podíamos sonhar apenas 'em saudades', torna-se lugar novamente acessível à criatura humana, porque, na pessoa de Jesus de Nazaré, a humanidade reentrou na posse dos céus. Mesmo enquanto vivemos na terra, uma parte nossa está nos céus. Enquanto vivemos na terra, podemos erguer os olhos para o Cristo nos céus: "Onde eu estiver, quero que estejais vós também" (Jo 14,3).

A Ascensão é também a festa do compromisso dos Apóstolos. Cristo os envia, como prolongamento de si mesmo. Eles devem continuar a mesma missão de Jesus: construir o Reino de Deus, uma missão que se prolonga por todos os espaços e todos os tempos. Cristo envia os apóstolos, que somos nós, sem dúvidas e sem medos, pelo mundo afora, com uma tríplice missão: fazer todos seus discípulos, batizá-los e levá-los a observar os mandamentos do Evangelho.

**Vossa glória, Senhor,
é mais alta que os céus!**

Os evangelistas não deram grande importância ao fato histórico da Ascensão de Jesus ao céu. Mateus, cujo Evangelho lemos hoje, não fala dela; João faz uma vaga alusão (20,7); Marcos se refere a ela rapidamente (16,19). Quem dá pormenores é Lucas (24,50-52), sobretudo no seu segundo livro, que conhecemos com o nome de *Atos dos Apóstolos* (1,1-14), cuja narração lemos hoje como primeira leitura. Na visão dos evangelistas, a própria morte e ressurreição eram também a glorificação de Jesus.

São muitos os textos que falam da glorificação, usando a expressão 'sentar-se à direita de Deus', que significa 'receber todos os poderes'. Assim em *Rm* 8,34: "Cristo Jesus está à direita de Deus"; *Cl* 3,1: "Se ressuscitastes com Cristo, procurai as coisas do alto, onde Cristo está assentado à direita de Deus"; *Ef* 1,20: "Deus o fez sentar-se à sua direita nos céus, acima de tudo o que tem nome, e pôs a seus pés todas as coisas". No Apocalipse, promete-se a mesma glorificação aos que forem fiéis a Jesus e lhe abrirem a porta do coração: "Ao vencedor, concederei sentar-se comigo em meu trono, assim como eu também venci e me sentei com meu Pai em seu trono" (*Ap* 3,21). Uma alusão clara à glorificação da criatura humana na pessoa de Jesus glorioso.

**Por que duvidais,
homens de fé pequena?**

Há uma expressão em Mateus, que merece ser notada: "Alguns ainda duvidavam" (v. 17). Haviam visto a paixão e os fatos pascais, e ainda não acreditavam. Em Marcos 16,14, Jesus chegou a repreendê-los pela incredulidade e falou até em esclerose do coração.

Se, por um lado, gostaríamos de ver discípulos com mais fé, sobretudo depois de tantas provas, de outro lado, suas dúvidas nos deixam a certeza de que não foram levados por ilusões, alucinações, fantasias ou interesses promocionais. Há dúvidas positivas, que chegam a ser sinônimas de prudência, de precaução e até de maturidade. A dúvida positiva caminha sempre pela estrada da verdade. Mas há também dúvidas negativas, como o não aceitar plenamente a vontade e o plano de Deus, porque não se acredita nele. A oração se torna difícil, senão impossível. Como rezar sem confiança? A Carta de Tiago nos adverte: "Peça com confiança, sem nenhuma dúvida, pois quem duvida é como a onda do mar, que vai e vem agitada pelo vento" (1,6). Tiago faz outra observação: "O homem dividido pela dúvida se torna incoerente e instável" (1,8), falta-lhe a simplicidade do coração e a força da esperança.

Mateus faz a Ascensão acontecer sobre um monte da Galileia. Mais que lugar geográfico, o monte aqui é símbolo. Na Galileia começara sua vida pública. Na Galileia a termina. Mateus escolhe sempre um monte para os grandes ensinamentos e as grandes revelações de Jesus, por exemplo: (8,1; 14,23; 15,29) para o chamado 'Sermão da Montanha' (5,1ss), quando Jesus assume a posição de novo Moisés, e para a Transfiguração (17,1-5), momento da epifania de sua divindade e da confirmação na fé dos Apóstolos que o acompanhavam. Mateus, que tantas vezes usara da figura do monte para significar a autoridade divina do Nazareno, não podia escolher outro local mais sugestivo que um monte na Galileia, para declarar solenemente que era Senhor dos céus e da terra (v. 18), para transmitir aos Apóstolos, como Senhor, a missão de continuar sua obra na terra (v. 19) e "subir aos céus e assentar-se à direita do Pai", como professamos no Credo.

**Vou, mas volto
para ficar convosco**

A última frase do Evangelho de hoje é a última frase do Evangelho de Mateus. A promessa da permanência com os

Apóstolos resolvia o grave problema que aparecia no versículo 17: alguns tinham medo, duvidavam, não sabiam o que fazer nem imaginavam o que poderia acontecer. Sentiam-se seguros e felizes na presença do Mestre; mas confusos e tristes sem ele. O outro evangelista, João, demorou-se nesse problema na Última Ceia, no discurso de despedida de Jesus. Mais vezes, na Última Ceia, Jesus repetiu: "Não se perturbem, não tenham medo!" (Jo 14,1; 14,26; 15,26). E prometeu que ele (14,18) e o Espírito Santo (14,16) os acompanhariam em todos os momentos e todas as circunstâncias. No início do Evangelho (1,23), Mateus chama Jesus de Emanuel, que quer dizer "Deus conosco". Retoma essa presença ativa, fecunda e ininterrupta na última frase, para reconfirmar o que podemos chamar de dogma fundamental da teologia bíblica: a presença amiga e senhorial de Deus no meio de seu povo.

A presença de Jesus como companheiro de caminhada é simbolizada no Círio Pascal, que, no dia de Pentecostes, é levado ao batistério, onde os cristãos começam seu itinerário na comunidade cristã. O neobatizado recebe a luz tirada do Círio, símbolo do Cristo ressuscitado. Essa luz como que firma um pacto: o cristão, tornado filho de Deus, enquanto aguarda a herança do céu, obriga-se a professar a fé no Senhor Jesus e a testemunhá-lo diante de todos por meio de atividades apostólicas, e Jesus assume o compromisso de acompanhá-lo em todos os passos da vida terrena e abrir-lhes as portas do céu.

SOLENIDADE DE PENTECOSTES

1ª leitura: At 2,1-11
Salmo: Sl 103
2ª leitura: 1Cor 12,3b-7.12-13
Evangelho: Jo 20,19-23

O Espírito de Deus repousa sobre vós (1Pd 4,14)

O ESPÍRITO DO SENHOR ENCHEU TODO O UNIVERSO

A festa de Pentecostes existia já entre os hebreus. A palavra 'pentecostes' quer dizer '50 dias depois', ou seja, 50 dias depois da Páscoa. A Páscoa era para os hebreus a grande festa da libertação. Naquele dia se ofereciam a Deus as primeiras espigas de trigo do ano. Pentecostes era a festa do término da colheita, por isso tinha um sentido de agradecimento, de alegria pela abundância dos celeiros. Com o tempo, a festa passou a recordar também a promulgação da Lei Mosaica no Monte Sinai (*Êx* 20). Para a festa, numerosos peregrinos viajavam a Jerusalém (*At* 2,5). Jesus escolheu um dia festivo, um dia de agradecimento, um dia que lembrava a aliança de Deus com o povo, um dia de abundância de frutos, para enviar da parte do Pai o Espírito Santo, como coroação de sua obra na terra.

A Páscoa, a Ascensão e o Pentecostes são três tempos de um mesmo mistério: o mistério do Cristo ressuscitado, que acontece historicamente na Páscoa, confirma-se na Ascensão e chega à plenitude na descida do Espírito Santo, constituindo o novo povo de Deus, a comunidade cristã.

Um dia, o Espírito Santo baixou sobre a pessoa de Maria de Nazaré e, com ela, gerou o Filho de Deus Salvador (*Lc* 1,35). Mais tarde, desceu sobre o Cristo adulto (*Lc* 3,22) e o levou a transformar o deserto da humanidade (*Lc* 4,1) em família de

Deus. No dia de Pentecostes, desceu sobre os Apóstolos para lhes dar "a força de serem as testemunhas de Jesus até os confins da terra" (*At* 1,8), construindo a comunidade de fé dos cristãos, refazendo as sementes da esperança da humanidade e congregando os homens no amor fraterno. Pentecostes é a festa do Divino Espírito Santo e a festa da Igreja.

Pentecostes: nascimento do homem novo

A razão de ser da festa de hoje, ou seja, o fundamento histórico, é-nos dado na primeira leitura, tirada dos *Atos dos Apóstolos* (2,1-11), um livro escrito para contar como os Apóstolos testemunharam por toda a parte a Ressurreição de Jesus e como implantaram as primeiras comunidades. Nenhum dos quatro evangelistas conta a vinda do Espírito Santo, porque todos terminam sua narrativa na Ascensão e no envio dos Apóstolos. Mas a promessa de mandar o Espírito Santo e a obra que ele faria em cada Apóstolo e na comunidade cristã foram acentuadas no longo discurso de despedida de Jesus, na Última Ceia (*Jo* 14,16; 14,26; 16,7; 16,13).

O Evangelho de hoje narra um fato da tarde da Páscoa, mas é uma espécie de Pentecostes, porque Jesus sopra sobre os Apóstolos o Espírito Santo e com ele lhes dá o poder de recriar o mundo (quem perdoa pecados salva; quem salva refaz, recria). A cena lembra o início do mundo, quando Deus soprou sobre o homem e deu-lhe a vida (*Gn* 2,7). O Salmo 104, que é um hino ao criador, no verso 30, recorda o sopro de Deus: "Envias teu sopro e tudo é recriado; tu renovas a face da terra". Como a palavra 'sopro' e a palavra 'espírito' têm o mesmo significado, o verso passou a ser uma oração de invocação ao Espírito Santo: "Enviai, Senhor, o vosso Espírito e tudo será criado, e renovareis a face da terra". Pentecostes é renovação, é recriação, sobretudo da criatura humana.

Na paz, começa a Igreja, Corpo do Senhor

Poderíamos encontrar no Evangelho de hoje os principais dons da Páscoa. Primeiro, o próprio Cristo ressuscitado.

O Evangelho seria apenas um tema literário se a Páscoa não nos tivesse dado Jesus glorioso, triunfador da morte. Houve momentos em que os discípulos pensaram que tudo se havia acabado (cf. *Lc* 24,13-24). Por isso mesmo, o segundo dom é consequência do primeiro: a paz (v. 19), ou seja, o retorno do equilíbrio ao coração da criatura humana, com a dimensão da confiança e da humildade para com Deus; com a dimensão para o próprio eu, o ser íntimo da pessoa, confortado pela certeza de não ter sido enganado; e com a dimensão para os outros, com quem pode criar comunidade e repartir a alegria (v. 20) dos fatos e da caminhada. Essa paz só é possível à medida que damos e recebemos perdão. Quando Jesus hoje diz aos Apóstolos: "A paz esteja convosco", tanto pode significar uma saudação quanto a manifestação do perdão, de que, aliás, eles andavam muito necessitados, depois de havê--lo deixado quase sozinho na Paixão e na Morte.

O terceiro dom é o envio. Vencido o pecado e vencida a morte, Jesus reparte com os Apóstolos a missão de salvar (perdoar pecados = salvar). A mesma missão que Jesus recebera do Pai e cumprira com fidelidade, agora a passa aos Apóstolos: "Como o Pai me enviou, eu vos envio" (v. 21). Tudo quanto ele dissera, di-lo-á cada Apóstolo agora (*Jo* 17,8), com a mesma autoridade. Tudo quanto ele fizera, fá-lo-á cada um deles, e poderão fazer coisas ainda maiores (*Jo* 14,12). Até a vinda de Jesus, homem nenhum conseguira fazer a ligação entre o céu e a terra. Feito o caminho por Jesus, todos podem andar por ele. Os pecados perdoados na terra serão perdoados também pelo céu.

A Igreja é divina, pois o Espírito a conduz

O quarto dom da Páscoa, mas não em último lugar, é o Espírito Santo, que Jesus apelidou de 'Paráclito', isto é, 'Advogado' seu e dos Apóstolos (*Jo* 14,16). Dele, porque haveria de fazer os Apóstolos compreenderem o mistério de sua pessoa e de sua missão. Dos Apóstolos, porque lhes daria a coragem e a lucidez de serem as testemunhas da Ressurreição e do Reino de Deus na terra. Nós poderíamos chamá-lo de Advogado da Igreja, já que a Igreja tem Jesus como cabeça e como corpo os discípulos do Senhor. Embora sempre se diga que a Igreja nasceu do lado aberto do Cristo na Cruz, a Igreja celebra a festa de Pentecostes como a data de sua instituição solene.

O Concílio Vaticano II falou muito do Espírito Santo. Os 16 documentos comentam a ação do Espírito Santo na comunidade. Chamam o Espírito Santo de Senhor e Fonte da vida (*Lumen Gentium*, 13); dizem que ele congrega o povo da nova aliança na unidade da fé, da esperança e da caridade (*Unitatis Redintegratio*, 2); que ele penetra e rege a Igreja, enriquecendo-a com muitos dons (*ibidem*); que ele sempre de novo rejuvenesce a Igreja, corrige-a, renova-a e a santifica (*Lumen Gentium*, 4); que ele abre a inteligência dos fiéis para compreender e viver a Palavra de Deus (*ibidem*, 19); que ele converte os corações e os conduz à verdade (*Dei Verbum*, 5), sustentando o senso da fé e provocando o trabalho missionário (*Ad Gentes*, 23). Lembra o Concílio que é o Espírito Santo quem impele a Igreja a abrir novos caminhos, conforme a necessidade dos tempos (*Presbyterorum Ordinis*, 22) e quem acorda nos fiéis a responsabilidade que têm como construtores de uma sociedade sempre mais justa e fraterna (*Apostolicam Actuositatem*, 1); que é ele quem escolhe e inspira bom número de pessoas a viver os votos religiosos (*Lumen Gentium*, 39). E sempre de novo chama as pessoas de fé à unidade entre si e com Deus (*Unitatis Redintegratio*, 4). Uma feliz expressão do Concílio (*Ad Gentes*, 4) dá todo o significado de Pentecostes para a comunidade: "O Espírito Santo é a alma vivificante da Igreja".

TEMPO COMUM

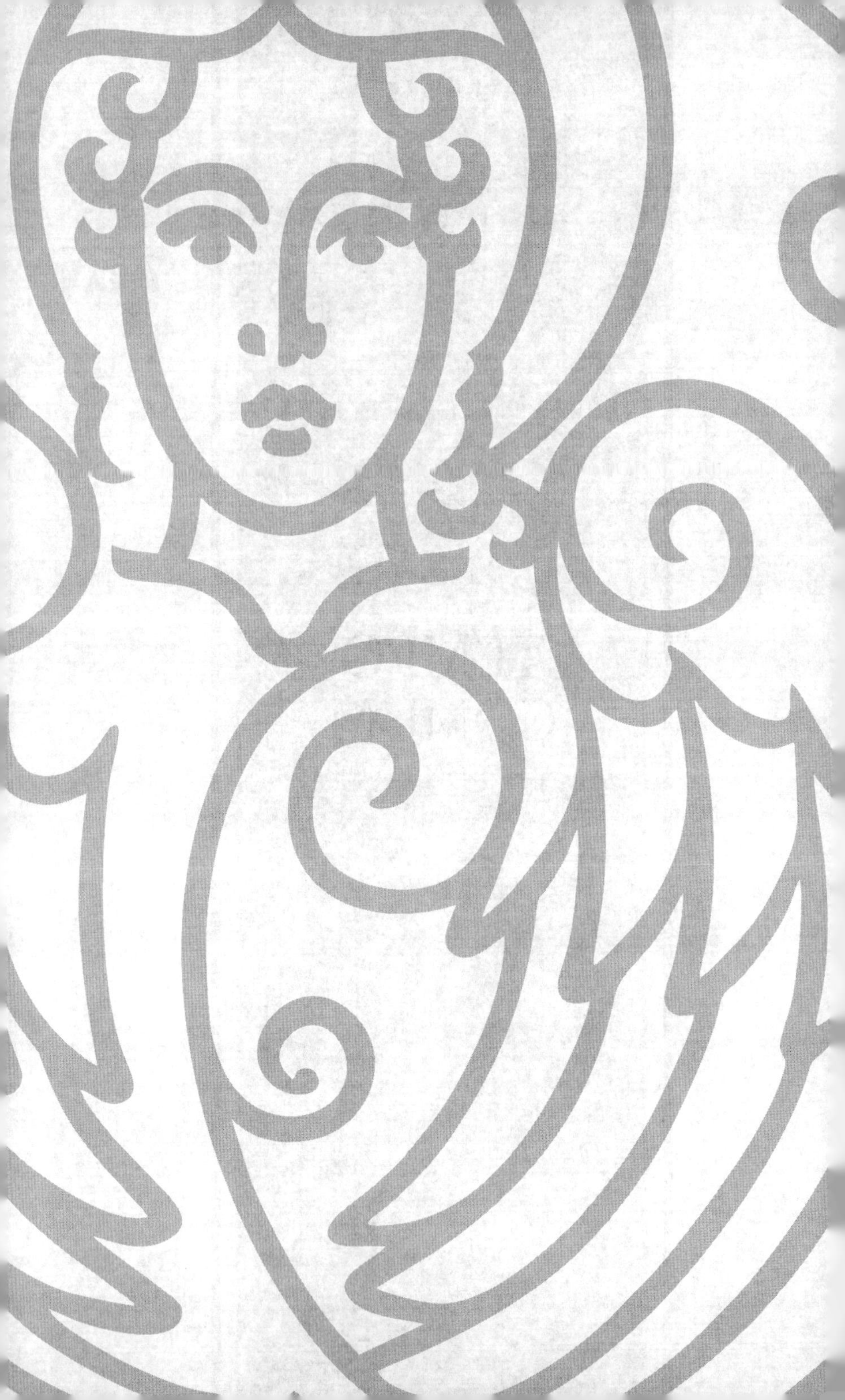

2º DOMINGO DO TEMPO COMUM

1ª leitura: Is 49,3.5-6
Salmo: Sl 39
2ª leitura: 1Cor 1,1-3
Evangelho: Jo 1,29-34

Tu és meu servo, em ti manifestarei minha glória (Is 49,3)

DESDE SEMPRE JESUS É O FILHO DE DEUS

O primeiro domingo do Tempo Comum é consagrado ao início da missão de Jesus (seu batismo) e é o início de nossa missão (nosso batismo). Neste segundo domingo nos é dita a razão fundamental do seguimento de Jesus: Ele é o Filho de Deus, que veio com a força divina para limpar a criatura humana do pecado e dar-lhe a santidade e a vida de Deus. É-nos descrito, em figuras, o modo como Jesus cumprirá essa missão (por seu sangue) e o método que usará (pela ternura da mansidão).

João Batista proclama Jesus Filho de Deus, eterno Senhor do tempo, o Messias esperado, aquele que batizará no Espírito Santo, e une imediatamente essa glória triunfal à imagem do cordeiro imolado, à cruz. A exaltação de Jesus como Senhor do mundo e da história se dará quando ele for 'levantado da terra' e suspenso no lenho. A hora da glória é a hora da cruz. Todo o Evangelho de João procura mostrar que a estrada gloriosa do Senhor passa pela paixão e morte. Aprendemos ainda que Jesus não age sozinho, mas em comunhão com o Pai e o Espírito Santo. A lição é dada em forma profética por João Batista, elo entre o Antigo e o Novo Testamento. Na figura de João Batista (ver, reconhecer e proclamar, com humildade e firmeza, Jesus, Filho de Deus Salvador), está o exemplo antecipado de todo verdadeiro cristão: crer, aceitar e dar testemunho da pessoa divina e salvadora de Jesus, que, aparecendo no tempo, é eterna como Deus e, recriando o homem, diviniza-o, eternizando-o.

João Batista: o exemplo de quem testemunha

O Evangelho de João foi escrito para acentuar a última frase do texto de hoje: dar testemunho de que Jesus de Nazaré é o Filho de Deus. Todos os milagres e acontecimentos narrados por João se direcionam a essa única conclusão. Qualquer conclusão menor ou de menos conteúdo é insuficiente. Muitas vezes, o povo olhou para Jesus e concluiu que ele era um grande profeta. Essa conclusão ainda não é suficiente. Hoje, o maior de todos os profetas diz expressamente: "Ele está à minha frente, ele existiu antes de mim", isto é, ele é maior do que eu, ele existiu antes que o tempo existisse.

João Batista afirma a eternidade de Jesus. E eterno só é Deus. Contudo, ainda que eterno, Jesus apareceu dentro do tempo, entre os homens, com uma missão divina. Isso vem dito com a figura da pomba – Espírito de Deus –, que desce, paira e permanece sobre Jesus. É como que uma consagração. É a maneira de dizer que Jesus de Nazaré, eterno como Deus, tem a plenitude de Deus e vai agir com a força e o poder de Deus ("batizará no Espírito Santo").

O evangelista coloca João Batista como exemplo de atitude de todo aquele que quer seguir Jesus: "Eu vi e dou testemunho". Primeiro é preciso ver na pessoa humana de Jesus de Nazaré o Filho de Deus, eterno e com uma missão divina. Entender e convencer-se desse fato. Depois testemunhar essa verdade, isto é, passá-la aos outros com humildade e convicção. "Dar testemunho" de Jesus é uma obrigação que João evangelista inculca ao longo de todo o Evangelho (por exemplo, 14,26; 15,27).

**Manso e humilde,
irá à morte para dar a vida**

São muitos os títulos que João dá a Jesus para descrever a sua divindade presente, ainda que oculta, na pessoa humana de Jesus de Nazaré. Hoje, aplica-lhe um que exprime não só a divindade, mas também o comportamento e a missão de Jesus na terra: "*Cordeiro de Deus*, que tira o pecado do mundo". "Quem pode perdoar pecados senão Deus?" – perguntavam-se espantados os judeus (*Mc* 2,7; *Lc* 5,21). De fato, Jesus perdoa pecado: é prova de sua divindade. Excluída a hipótese de Jesus estar ou ser louco, que alguns de seus ouvintes levantaram (*Mc* 3,21), seu gesto de perdoar pecados é divino.

Chamando-o de 'Cordeiro de Deus', o Batista traz dois expressivos símbolos: o cordeiro pascal imolado pelos hebreus no Egito e seu sangue que, derramado sobre as portas, libertara o povo da morte (*Êx* 12,13). A expressão prevê a morte de Jesus para dar a vida aos homens. Seu sangue será salvador. A expressão 'Cordeiro de Deus' traz à lembrança a figura empregada por Isaías (53,7) do cordeiro levado ao matadouro sem protestos. De novo se aponta para a morte violenta de Jesus, mas se recorda seu comportamento silencioso (fazendo a misteriosa vontade do Pai) e cheio de mansidão. O esforço que Jesus exigirá dos cristãos não é a violência das conquistas, não é o espírito agressivo e guerreiro, mas o exercício da bondade, que tem raízes na humildade e se expressa no dinamismo da mansidão.

Observemos como, já no início do Evangelho, João evangelista une estreitamente glória e humilhação, eternidade e morte, divindade e sofrimento. Ao mesmo tempo que Batista o chama 'Filho de Deus', chama-o de 'Cordeiro de Deus'. A figura do cordeiro recorda imediatamente imolação e cruz. O destino de Jesus na terra, sem abdicar a divindade, passa pela dor e condenação. João evangelista procura no seu Evangelho mostrar que Jesus é exaltado, quando humilhado. Mais tarde, o mesmo autor, no Apocalipse, colocará na boca dos anjos do céu e de todos os viventes esta verdade: "O Cordeiro, que foi imolado, é digno de receber todo o poder e toda a riqueza, toda a sabedoria e força, toda a honra, glória e bênção" (5,12). A honra e a glória vêm unidas à imolação. São Paulo chamou essa auto-humilhação de *Kénosis*. Aos olhos mundanos, é diminuição vergonhosa. Aos olhos divinos, é a vivência da frase de Jesus: "Quem se humilha será exaltado" (*Lc* 14,11 e 18,14).

Jesus não está só: a Trindade age na História

Deus criou o mundo bom. O pecado entrou depois, trouxe o desequilíbrio na criação e cortou o caminho que ligava o céu e a terra. A terra se tornou como que um lugar de exílio, e o homem passou a viver em permanente saudade do céu. Hoje, o Cristo vem para 'tirar o pecado do mundo'. E o faz por meio do mesmo espírito, que, no início da criação, dava vida ao mundo (a água, na Escritura é símbolo de vida; quando se diz no Gênesis que o Espírito de Deus pairava sobre as águas, diz-se que era Deus quem dava vida a tudo). Hoje, o Evangelho nos afirma que Jesus não apenas nos dá a vida (simbolizada no batismo com água), mas a vida divina (batizar no Espírito Santo). Recria, portanto, para bem melhor, a condição humana, refaz na criatura humana o direito à herança do céu. E se torna para a humanidade o caminho de ligação com a Santíssima Trindade. Em pouquíssimas palavras, postas na boca de João Batista, o evangelista abre um imenso leque de verdades, que serão desenvolvidas ao longo do Evangelho.

Tão presente quanto a criação, está hoje o mistério da Santíssima Trindade, que o Antigo Testamento desconhece. É Jesus quem o revela. E é João quem dos quatro evangelistas mais se debruça sobre esse mistério. O trecho que lemos hoje é do primeiro capítulo. Mas já temos Deus-Pai, Deus-Espírito Santo e Deus-Filho agindo juntos na história da salvação.

3º DOMINGO DO TEMPO COMUM

1ª leitura: Is 8,23b-9,3
Salmo: Sl 26
2ª leitura: 1Cor 1,10-13.17
Evangelho: Mt 4,12-23 ou Mt 4,12-17

O Senhor é minha luz e minha salvação (Sl 27,1)

PELA CONVERSÃO SOMOS INTRODUZIDOS NA FAMÍLIA DE DEUS

Conforme o Evangelho de Mateus, Jesus começa hoje a vida pública. Mateus localiza o momento dentro do espaço geográfico e do tempo histórico, embora citando um texto do profeta Isaías. Aliás, Mateus, ao longo do Evangelho, vai citar, muitas vezes, frases do Antigo Testamento, com a intenção de mostrar que Jesus é a plenitude dos tempos e de todas as promessas. Começa a mostrar que a pregação de Jesus é salvadora (como luz nas trevas) e religa o homem à vida imortal de Deus. Começa a mostrar – e continua a fazê-lo ao longo do Evangelho – que o novo modo de viver abrange esta vida terrena e se estende céu adentro. Começa a dizer que o novo modo de viver está ao alcance de todos, sem distinção de raça e cultura, com a condição de que se convertam. O corpo do Evangelho será também uma explicação do que significa converter-se.

Mas começa a dizer também que, se é verdade que a graça é gratuita e que a salvação está ao alcance de todos, é também verdade que existe o reverso do caminho: a maldição para os que rejeitam o Cristo e preferem continuar cegos no meio da luz salvadora. O destino reservado a Cafarnaum será o destino dos que preferem permanecer na treva. O tema da luz, como símbolo de salvação, está muito presente nos textos de hoje: primeira leitura, salmo responsorial, evangelho, antífona da comunhão.

Enquadrado em realidades terrenas, Jesus vem envolto em realidade divina

O Evangelho de hoje é extraordinariamente rico em indicações, insinuações e ideias em torno do programa salvador de Jesus. Como os quatro evangelistas são muito sintéticos ao contar os fatos e como muitas vezes usam símbolos e figuras, devemos sempre estar atentos ao que há por trás das palavras. Logo no início, temos uma afirmação histórica: a prisão de João Batista. Mas, por trás do texto, há mais que prisão. O texto original diz que João 'foi entregue', e essa expressão sugere duas coisas: que João era inocente e sua prisão, vontade de Deus. O mesmo vocábulo Mateus o empregará mais tarde em relação a Jesus (20,18s e 26,2). Mateus está insinuando que tudo quanto ocorrerá a Jesus, a partir do momento em que começa a sua vida pública, é vontade do Pai.

Ao dizer que Jesus 'voltou para a Galileia', Mateus está sugerindo que Jesus estava em alguma parte do deserto da Judeia (cf. o episódio das tentações, 4,8) e, ao saber da prisão de Batista, ou fugiu para a Galileia, a fim de aguardar sua hora, ou viu na prisão de João o sinal para começar. Ou, ainda, seria uma forma estilística de acentuar o lado humano de Jesus, condicionado ao lugar de criação (Nazaré), a um ambiente de trabalho (Cafarnaum), para dizer que, embora enquadrado em realidades terrenas, ele envolverá verdades e realidades divinas. De fato, os evangelistas sempre acentuaram o lado humano, para que ninguém pensasse um Jesus-fantasma, Jesus-lenda, Jesus-mito. Mas sempre acentuaram também sua origem divina e sua missão salvadora. Mateus coleta inúmeras profecias do Antigo Testamento e as mostra acontecidas em Jesus de Nazaré. A profecia de hoje se realiza perfeitamente: fixa o tempo e o espaço (lado humano) e a missão salvadora (luz, lado divino).

A luz pervade o mundo, há cegos que não a veem

Ao citar Cafarnaum, Mateus não quer apenas mostrar o espaço geográfico, onde Jesus começou a vida pública, em cujos arredores realizou a maior parte dos milagres e fez o

Sermão da Montanha. Apesar de assim agraciada, Cafarnaum não aceitou a pregação de Jesus e foi comparada a Sodoma – cidade símbolo do pecado – e condenada com rigor (Mt 11,23s). Mateus insinua a sorte dos que, apesar de receberem a graça da salvação, não a aceitam, desprezam-na e, assim, autocondenam-se. Mateus chegou a chamar Cafarnaum (9,1) 'sua cidade', isto é, cidade de Jesus, e, apesar de tanta honra concedida, Cafarnaum não quis a luz da graça salvadora.

Cafarnaum era uma cidade habitada por gente de diferentes raças. Mais gentios que hebreus. Ao lembrar a cidade, Mateus está de novo fazendo uma insinuação: Cristo vem para todos e não só para os hebreus. Temos, então, uma afirmação-chave do Evangelho: Cristo vem como luz para desfazer trevas, vem para vivificar a morte. Luz significa vida e salvação. A pregação e a pessoa de Jesus são vida e salvação. Ao homem cabe deixar-se iluminar por essa luz.

Um dia Jesus dirá: "Eu sou a luz do mundo" (Jo 8,12) e dirá também: "Vós sois a luz do mundo" (Mt 5,14). Se Jesus é a salvação, ele quis associar-nos na missão de salvar. Ele nos quis corresponsáveis pelo destino eterno da humanidade. Hoje, ao começar a vida pública, escolheu os primeiros apóstolos. Não os escolheu entre os 'grandes' e 'sábios', mas entre os pescadores, gente muito malvista pelos grandes e sábios do tempo, porque, como pescadores, não podiam observar todas as leis, por isso mesmo eram considerados 'pecadores'. Entretanto era, sobretudo, para os pecadores que Jesus começava a vida pública. Era a eles que pedia para se voltarem (converterem-se) para Deus, porque era sobre eles que o Pai do Céu queria derramar toda a sua misericórdia.

**Embora pecadores,
temos um destino divino**

No trecho de hoje, encontramos dois eixos sobre os quais gira todo o Evangelho: conversão e Reino de Deus. Implantar na terra o Reino de Deus é a razão pela qual Jesus se encarnou, morreu e ressuscitou. Pertencer a esse Reino é a razão pela qual o homem aceita a pessoa e a doutrina de Jesus.

Podemos dizer que Jesus nos trouxe a possibilidade, mas a nós cabe a escolha da salvação. Quando Jesus disse a Pedro e André, a Tiago e João: 'Segui-me', eles podiam não tê-lo seguido. Deus não costuma violentar a vontade da criatura humana. Eles o seguiram e passaram a ouvir a pregação de Jesus, que, aos poucos, descreveu todas as qualidades (incluídas a vontade e a inteligência) que um indivíduo deveria cultivar para pertencer, nesta vida, à família de Deus. Mas cabe a nós adquiri-las e vivê-las. Esse esforço se chama conversão. A todo o momento, a pessoa que se converte percebe que as qualidades humanas que Jesus exige se confundem com qualidades divinas. Isso porque Jesus é homem-Deus, e a criatura humana tem um destino divino.

Quando Jesus falou da proximidade do Reino de Deus, tanto se referiu à sua pessoa e doutrina ali presentes, quanto ao fato de a criatura humana se aproximar do Reino de Deus e de sua plenitude à medida que se converte. A medida plena é aquela dita por São Paulo: "Já não sou eu que vivo, é Cristo que vive em mim" (*Gl* 2,20). Depois da chamada de Jesus, vem o 'seguir Jesus', como fizeram os primeiros quatro Apóstolos. Esse 'seguir' significa fazer os mesmos passos de Jesus, querer a mesma vontade do Pai, que quis Jesus, incluída a passagem pela paixão e cruz. À medida que o seguimos, Jesus nos dá outra ordem: 'Ide' (*Mt* 10,6; 28,19), isto é, que sejamos luz para os outros. O 'ide' só tem sentido depois de o havermos seguido e termos sido iluminados por Ele.

4º DOMINGO DO TEMPO COMUM

1ª leitura: Sf 2,3;3,12-13
Salmo: Sl 145
2ª leitura: 1Cor 1,26-31
Evangelho: Mt 5,1-12a

O que o mundo julga estulto Deus escolheu
para confundir os 'sábios' (1Cor 1,27)

UMA NOVA LEGISLAÇÃO PARA UMA NOVA ALIANÇA

O Evangelho das bem-aventuranças poderia levar como título a frase dita pouco mais adiante por Jesus: "Sede perfeitos como o Pai do Céu é perfeito" (*Mt* 5,48), porque aponta um ideal de santidade, que Jesus viveu e é alcançável pela criatura humana, embora poucas pessoas sejam capazes de superar seus instintos, a opinião corrente e entrar por esse caminho. As bem-aventuranças são a "porta estreita" (*Mt* 7,13-14) por onde só passa o "pequeno rebanho" (*Lc* 12,32 e 13,24).

As bem-aventuranças mostram um caminho em direção contrária aos instintos que, normalmente, cultivamos (o ter, o poder e o fazer). As bem-aventuranças não corrigem desvios, mas o rumo inteiro. Não pregam uma terapia imediata, mas parâmetros eternos. Não ensinam um bem-estar individual, mas nossa felicidade como um todo inserido na convivência de todas as coisas criadas e na comunhão com o próprio Deus, origem e destino de tudo.

Chocam-se valores: é preciso escolher

Lemos hoje um dos mais famosos textos não só do Evangelho, mas da literatura universal: o Sermão da Montanha. Pode ser considerado um resumo de todos os ensinamentos de Jesus, ou o retrato feliz de quem compreende e vive o que Jesus chamou de Reino de Deus, Reino do Céu. As bem-aventuranças contêm a doutrina do Reino, as qualidades de quem deixou de ser o homem carnal (*1Cor* 3,2-3) e passou a ser o homem espiritual (*Ef* 4,24), renascido do Espírito Santo (*Gl* 6,1). Sobre poucos textos da Escritura mais comentários se escreveram do que sobre as bem-aventuranças. Mas também poucos textos foram tão torcidos e traídos como esse. Um político afirmou que não se pode governar um país a partir das bem-aventuranças. Talvez porque ele entendesse que governar um país não seja levar os cidadãos ao equilíbrio de seu ser, mas administrar a cobiça do ter, a partilha do poder e a produtividade do fazer. De fato, esse não é o caminho do Sermão da Montanha. As bem-aventuranças ensinam outros valores, diferentes e contrários aos que costumeiramente cultivamos.

É provável que Jesus não tenha pronunciado essas bem-aventuranças tais quais, uma após a outra. Mateus divide o seu Evangelho em cinco sermões; e um deles é o Sermão da Montanha, do qual as bem-aventuranças são o portal. Nem é provável que tenha sido dito no alto do monte (Lucas o coloca na planície; cf. *Lc* 6,17). Mateus sempre insinua que Cristo é o novo Moisés, o novo Legislador. Ora, Moisés recebera os mandamentos no alto do Sinai. As bem-aventuranças – nova legislação para um homem novo – também vêm do alto da montanha, com autoridade maior que a de Moisés, porque ditadas pelo próprio Filho de Deus. Na mentalidade do Antigo Testamento, Deus habitava as alturas. O fato de as bem-aventuranças serem proferidas do alto da montanha insinua também que elas têm a marca da autoridade divina. A montanha também significava estabilidade (*Is* 54,10) e eternidade (*Dt* 33,15; *Hab* 3,6). Mateus, ao pôr as bem-aventuranças todas proclamadas no cume de uma montanha, quer expressar ao mesmo tempo força divina, estabilidade para sempre.

**No desapego de tudo,
a certeza de todos os bens**

Algumas traduções substituem 'bem-aventurado' por 'feliz'. De fato o termo hebraico significa felicidade, bênção, paz.

O Brasil criou um termo que traduz melhor o 'bem-aventurado', que é 'realizado'. Uma pessoa se sente realizada, quando consegue alcançar tudo o que queria. E é exatamente isso que expressam as bem-aventuranças. Na nova família de Deus, é realizado quem é pobre de espírito, humilde, manso, misericordioso, pacífico e pacificador, puro de coração e intenções, e sabe suportar as contrariedades. Estamos em outra escala de valores, diferente da escala dos valores propostos pela psicologia da felicidade barata e egocêntrica, que procura a paz à custa dos outros e confunde bênção com ganho. É interessante observar que a multidão está em torno de Jesus, mas o Evangelho acentua que os discípulos se aproximam dele. Talvez para insinuar que o novo povo jamais será multidão, mas pequeno, como a pitada de fermento na massa (*Mt* 13,33), pequeno como o grão de mostarda (*Mt* 13,31-32) e feliz de uma felicidade que poucos compreendem.

    De fato, o Antigo Testamento punha a felicidade no ter. O ter muito era sinal de bênção divina. A pobreza era sinal de maldição divina, uma espécie de vingança de Deus contra alguém que tivesse cometido algum pecado. Por isso mesmo, pobre era até sinônimo de pecador, impedido de entrar no templo e de rezar em público; pessoa a ser evitada, porque o convívio com o pobre tornava impura a pessoa. Essa mentalidade desenvolveu no homem o instinto da posse, tão forte como o da sobrevivência (a procriação e a luta contra a morte). Ora, de todo o Evangelho, aprendemos o desapego dos bens. Talvez esteja aqui uma das maiores diferenças entre a teologia do Antigo e a teologia do Novo Testamento. O desapego dos bens materiais, ou seja, a pobreza em espírito é uma das condições fundamentais para se entrar no Reino, isto é, na nova família de Deus. Daí a primeira bem-aventurança se referir à pobreza. Não à pobreza como falta ou miséria, mas à pobreza como desapego do coração.

    O próprio instinto da sobrevivência se torna secundário diante do desapego (cf. 6ª, 8ª e 9ª bem-aventuranças). É certo que a sexta bem-aventurança mais se refere à piedade e à fidelidade à lei divina do que ao sexo. E a procriação não é ruim em si. Mas nem a riqueza é ruim em si mesma. Acentuando os contrários, Jesus ensinou que o desapego absoluto é o ideal a ser alcançado. Ele mesmo é modelo perfeito de desapego.

Entre os que conseguiram compreender o significado da pobreza e a escolheram como estrada para penetrar no Reino dos Céus está São Francisco. Ao se fazer 'esposo da pobreza', Francisco de Assis pôde compor o *Cântico do Sol* em um momento de extremo sofrimento físico, sendo o mais feliz, o mais realizado dos homens.

A partilha dos bens: condição de felicidade

A misericórdia e a paz (5^a e 7ª bem-aventuranças) são o contrário da ganância. O apegado ao poder não o reparte com ninguém. Ter misericórdia é ter o coração aberto aos miseráveis, àqueles que nada podem; é repartir com eles o que se tem e o que se é. É nessa partilha (e não no acúmulo) que está a felicidade, como o Cristo, que repartiu conosco tudo, inclusive sua filiação divina e sua eternidade.

A criatura humana sempre quer ser autossuficiente. Quanto mais autossuficiente se sente, mais realizada se pensa. Entretanto, o autossuficiente é incapaz de consolar, é difícil de fazer justiça e quase sempre é violento na defesa de sua posse. Não procuremos exemplos longe de nós. Basta olhar para dentro de nós, basta analisar um pouco nossos desejos pessoais. Ao contrário de nós, Jesus quis ser dependente. E São Francisco entendeu a verdadeira fraternidade como uma dependência de Deus e dos irmãos, vendo na vontade dos irmãos a vontade de Deus e a vontade de Deus no serviço aos irmãos.

5º DOMINGO DO TEMPO COMUM

1ª leitura: Is 58,7-10
Salmo: Sl 111
2ª leitura: 1Cor 2,1-5
Evangelho: Mt 5,13-16

O Bem-aventurado brilha como luz nas trevas (Sl 112,4)

O RETRATO BEM-FEITO DA PESSOA FELIZ

Compreenderemos melhor esse Evangelho, se nos lembrarmos de que imediatamente antes vêm as Bem-aventuranças. Por meio de três imagens, Jesus mostra as consequências do bem-aventurado, que, exatamente por sê-lo, é perseguido e provado. Podemos dizer que as bem-aventuranças são a estrada a caminhar, ou o campo a cultivar. O ser sal, luz, sinal – as três imagens do Evangelho de hoje – é a consequência, quase diria que é a colheita, de quem plantou no campo das Bem-aventuranças.

As três imagens são ricas de sentido, sobrepõem-se, completam-se, exigem-se. Não são símbolos novos ou estranhos. O sal era usado no culto (*Lv* 2,13). O Levítico fala em 'sal da aliança', por isso se dizia 'comer sal com alguém' para dizer que se fez com ele um pacto. A criança, ao nascer, era lavada em sal, não por razões higiênicas, mas por razões religiosas (*Ez* 16,4), para simbolizar que o recém-nascido estava pronto para ser uma oferta ao Senhor. A luz perpassa a Sagrada Escritura como 'vestimenta de Deus' e era símbolo da presença do Senhor. Morar na cidade construída sobre a colina (Jerusalém) era o sonho de todos. Com as três imagens, Jesus pinta o retrato da pessoa "perfeita como o Pai do Céu" (*Mt* 5,48), da criatura realizada, perfeita tal como Cristo a descreve e a quer ao longo de todo o Evangelho, ou seja, o retrato completo do cidadão do Reino dos Céus.

Três qualidades
da criatura feliz

Comecemos com o símbolo do sal, que recorda três qualidades. A primeira delas é a pureza. O sal como que nasce do mar e do sol, dois elementos puros, que se impõem por si mesmos. O tema da pureza perpassa toda a Escritura: pureza de intenções, pureza de ações, pureza de culto. A criatura perfeita tem uma palavra só: a sinceridade amanhece e anoitece no seu pensamento; a lealdade se espelha em todas as decisões; a honestidade lhe está tão pegada como a carne aos ossos.

Outra qualidade do sal é o preservar. Preserva tudo quanto envolve. Isso sabiam bem os ouvintes de Jesus, muitos deles, como Pedro, André, Tiago, João, pescadores do lago de Genesaré que, por sinal, se estendia diante dos olhos de todos, enquanto Jesus pronunciava o Sermão da Montanha. O peixe pescado era imediatamente posto em sal, para que se conservasse fresco. A criatura bem-aventurada há de ser como o sal: dentro da sociedade será quem conservará sempre intactas as qualidades próprias do cidadão do Reino, entre as quais a piedade genuína, a bondade do coração, a compreensão entre todos, o perdão sem condições, o amor fraterno, o espírito da paz.

A terceira qualidade do sal é a de dar gosto. Como o sal tempera as coisas, a criatura bem-aventurada dará à sociedade o gosto pelas coisas de Deus, que a Sagrada Escritura chama de 'sabedoria' (palavra ligada ao 'sal', porque se prende a 'sabor'). Tem-se a impressão de que o homem está sempre tentando afastar Deus para as alturas do céu, na esperança de lhe ocupar o espaço aqui na terra. O gosto pela presença de Deus implica, necessariamente, o gosto pela vida, pela verdadeira vida, que é sempre divina na origem, humana no tempo presente e divino-humana em seu destino.

A pessoa feliz
se torna salvação

A segunda imagem, luz do mundo, repete o significado do sal e o engrandece ainda mais. Todos temos a experiência da luz. Não só torna claro e mostra a beleza das coisas, mas também é condição de sobrevivência. Nada vive no escuro. A frase de Jesus, "Eu vim para que todos tenham a plenitude da vida" (*Jo* 10,10), identifica-se com "Eu sou a luz do mundo" (*Jo* 8,12). Desde a nuvem luminosa (*Nm* 9,15-23), que conduziu os hebreus pelo deserto, a figura da luz se tornou símbolo da presença de Deus entre os homens, símbolo do Deus vivo, dador de vida, que indica o caminho certo. Os profetas sonharam com o dia em que tudo se transformasse em luz, isto é, quando todos estivessem no caminho certo, que parte de Deus, permanece em Deus e termina em Deus. Cristo é essa "luz do mundo", essa "luz da vida" (*Jo* 8,12 e 9,5), esse caminho (*Jo* 14,6) que começa e termina em Deus. Isto é, sinônimo de salvação.

Ora, hoje Jesus diz que a pessoa bem-aventurada é luz para a humanidade. Quer dizer: mostra a beleza das criaturas, vivifica tudo e é salvação para a humanidade. Como? Simplesmente por ser bem-aventurada (desapegada das coisas, pura, mansa, justa, pacificadora, misericordiosa, verdadeira). A essa criatura humana realizada, bem-aventurada, São Paulo chama de "filho da luz" (*1Ts* 5,5) e insiste na exigência de todos se comportarem como 'filhos da luz' e produzirem "obras de luz" (*Ef* 5,8-9). Jesus não só se identifica com a criatura, mas quer também que ela se identifique com ele e com sua missão salvadora. Por isso não só se apresenta como 'luz do mundo', mas quer que cada pessoa seja também, como Ele, 'luz do mundo'. Algum dia, terá alguém afirmado coisa maior a respeito do homem? No entanto, poucas pessoas conseguiram entender e viver essa afirmação de Jesus. Esses foram os verdadeiros cidadãos do Reino, ainda que simples criaturas.

**A pessoa realizada,
sinal divino na terra**

A terceira imagem é a da cidade sobre o monte. Construíam-se cidades sobre os montes como garantia de segurança. Todos a podiam ver da planície, mas não a podiam alcançar com as armas do tempo. O bem-aventurado está protegido como uma cidade sobre o monte. Podem vir tribulações, tempestades, sofrimentos, atentados e até a morte de cruz em um calvário. Nada o perturba. Ninguém o aprisiona. Goza da verdadeira liberdade. Ele está em Deus, a segurança absoluta. E estando em Deus e com Deus, o homem bem-aventurado se torna segurança para os seus, para os que convivem com ele. Quando o cristão compreende, encarna e vive as bem-aventuranças, abrem-se os portais da terra e do universo, alargam-se todos os horizontes. A criatura humana que, no máximo, podia-se imaginar uma candeia, toma as dimensões do sol, que nasce por sobre a montanha e ilumina encostas e planícies.

A imagem da cidade sobre o monte recorda imediatamente Jerusalém, admirada quando vista de longe, desejada por todos, extasiante, santa e inesquecível, quando se estava dentro de suas muralhas. A pessoa bem-aventurada se tornará um exemplo para todos. De longe ouvem falar dela e terão desejo de conhecê-la; de perto sentirão sua santidade, se iluminarão com sua luz; junto dela encontrarão a paz.

A montanha sempre sugeriu aos homens a morada de Deus, a presença da divindade. Como a profundeza do mar lhe lembrava a casa do Demônio. Deus se manifestou na montanha do Sinai. Cristo se revelou no Monte Tabor. O bem-aventurado está envolto e possuído por Deus. Como que mora na divindade. São Paulo teve a coragem de dizer: "Não sou eu que vivo, Cristo vive em mim" (Gl 2,20). O bem-aventurado dirá exatamente isso. E por viver essa verdade, é plenamente feliz e se torna para todos um sinal divino do destino eterno da humanidade.

6º DOMINGO DO TEMPO COMUM

1ª leitura: Eclo 15,16-21
Salmo: Sl 118
2ª leitura: 1Cor 2,6-10
Evangelho: Mt 5,17-37

Encontrei alegria no caminho de tuas Leis (Sl 119,14)

NOVO COMPORTAMENTO NA NOVA FAMÍLIA DE DEUS

Há três domingos lemos o Sermão da Montanha. Começamos com as bem-aventuranças, que são o portal de todo o Sermão e os valores que fundamentarão todo o Evangelho, valores bastante diferentes dos normalmente apresentados pela psicologia e pela economia. No domingo passado, Jesus chamou àqueles que aceitavam os valores das bem-aventuranças de sal da terra e luz do mundo e os comparou a uma cidade construída sobre um monte, isto é, na segurança.

Hoje, Jesus nega que as Bem-aventuranças contrariam o Antigo Testamento, as Leis e as tradições. Diz expressamente que não contrariam, mas também não se identificam. Inovam. Completam. Jesus não é um subversivo em sua pregação, mas se comporta como um profeta, como um novo Moisés, que "retira e propõe coisas novas e velhas" (*Mt* 13,52). E as propõe como quem tem autoridade (*Mc* 1,22) e exige radicalidade, isto é, que não sejam apenas palavras, mas vida que brote do coração e valores que sejam vividos sem meios-termos. Talvez pudéssemos dizer que Jesus em toda a Lei do Antigo Testamento procurou o miolo, sem dar maior valor à casca, encostada à Lei pelos escribas e fariseus e pela convivência com outros povos.

Ira e violência, compreensão e paciência

Bem-aventurados os pacíficos e pacificadores havia dito Jesus. Jesus especifica a bem-aventurança nos versos 21-26. A Lei dizia: "Não matar". E pensava-se na morte física. Jesus não desdiz a Lei, mas a amplia, alargando todo o campo da fraternidade. Não basta não matar o corpo, é preciso respeitar o outro, ter paciência com ele, não insultá-lo. O outro não é só corpo. É pessoa humana. A ira e a violência são armas mortíferas, que não podem estar ao alcance do cristão. Já o Eclesiástico afirmava: "Ira e rancor são coisas execráveis" (*Eclo* 27.30). O ensino, portanto, era velho. Mas a novidade de Jesus é aproximar a cólera e a violência ao assassinato da pessoa, porque se pode matar alguém com ódio, sem derramar seu sangue. Fazendo eco à insistência de Jesus, São Paulo dirá na Carta aos Efésios: "Não se ponha o sol sobre a vossa ira" (4,26), isto é, quando a ira vier pelo caminho natural do sangue 'quente', do 'pavio curto', é preciso esquecer logo o ressentimento.

E é nesse momento que entra a paciência, caraterística da pessoa madura, equilibrada. A palavra 'paciência' tem a ver com o verbo 'padecer'. Ela não é uma virtude natural, é uma virtude conquistada, trabalhada, sofrida. Ela é mais do que 'contemporização'. Todas as culturas têm provérbios para dizer que 'o tempo é o melhor remédio'. A melhor medicina é a paciência. São Paulo a chamou "fruto do Espírito Santo" (*Gl* 5,22). São Tiago nos garante que "a paciência nos torna perfeitos e íntegros" (*Tg* 1,4). A paciência nos prepara para o perdão. Jesus liga o perdão, sem dizer se a falta foi grave ou não (fala de 'alguma coisa'), com o 'não matarás'. Podemos concluir que, no ensinamento de Jesus, alimentar brigas, tramar vinganças e negar o perdão são formas de matar. Não procurar a reconciliação é viver em estado de morte, fora da Família de Deus, que é um Reino de vida em plenitude (*Jo* 10,10).

Lealdade para com Deus e o próximo

Bem-aventurados os puros de coração é outra bem-aventurança. Não se trata apenas da pureza sexual. Mas se trata, em primeiro lugar, da piedade sincera diante de Deus, sem o coração dividido entre os deuses do ter, do poder, da autossuficiência. Uma piedade sem ídolos. Trata-se da lealdade para com Deus e para com o próximo. Trata-se da fidelidade aos compromissos assumidos para com Deus e para com o próximo. Trata-se da sinceridade, de ser o nosso sim, sim, e o nosso não, não (*Mt* 5,37).

Não é puro nosso coração e nossa intenção, quando chegamos ao altar com nossa oração e nossa oferta e um coração carregado de ódio ou de inveja ou de desconfianças. Por isso, Jesus pede primeiro a reconciliação com os outros e consigo mesmo. Não é puro o coração cheio de falsidade, enganos e dubiedades, más intenções e desejos desregrados. Aqui Jesus menciona expressamente o adultério, que é uma falsidade para com o legítimo cônjuge, uma traição à própria família. A lealdade, o coração puro, vale mais que o próprio olho, vale mais que a própria mão. Jesus é forte na figura, para que não paire dúvida sobre a seriedade e grandeza da sua bem-aventurança. Na mesma linha está o divórcio.

Sinceridade, base de relacionamento social

Não é puro o coração falso e não é pura a boca mentirosa. Jesus recorda o juramento falso em primeiro lugar, porque envolve Deus como testemunha. Trata-se do segundo Mandamento da Lei divina: "Não pronunciar em vão o nome de Deus". Diz o *Catecismo*: "Jurar é invocar a Deus como testemunha do que se afirma. É invocar a veracidade divina como garantia de nossa própria veracidade". O juramento falso invoca Deus para ser testemunha de uma mentira, o que chega perto da blasfêmia. Por isso, para o Antigo Testamento, quem jurasse falso era maldito. Muitas vezes, empregavam a mesma palavra para dizer 'juramento' e 'maldição'.

Jesus vai mais longe. Não quer juramento nenhum. A base do relacionamento social do cristão deve ser a lealdade. Nossa palavra deveria ser suficiente para que o outro confiasse em nós e no nosso propósito. Ao puro de coração o juramento se torna supérfluo. Para o cristão o juramento só tem sentido, se reforça a lealdade e a sinceridade da palavra.

Bastaria olhar para dentro de nós e em torno de nós para vermos que na sociedade moderna a palavra perdeu sua força. Jesus vai ainda mais longe. Quem tem coração puro não usa subterfúgios, meias palavras ou palavras ambíguas, não mente de jeito nenhum, não disfarça, não encobre nada. Não era possível a Jesus ser mais claro: o sim seja sim, o não seja não. "Tudo o que passar disto vem do Maligno", a quem Jesus chamou de pai da mentira (Jo 8,44). Quando Jesus pede que a justiça dos cristãos não seja igual à dos fariseus, está falando do coração puro, está ensinando um novo relacionamento com Deus. Os fariseus ensinavam que bastava cumprir a Lei. Jesus nos vem dizer que não é a Lei que conta, não é a Lei que nos relaciona com Deus e nos santifica, mas o coração puro, inteiramente voltado para o Senhor, identificado com sua vontade, absolutamente fiel. E é esse mesmo coração puro que se abre ao próximo, desde os mais próximos, como o irmão que reza conosco (a quem devo compreender e respeitar), como a esposa e o esposo que convivem (e se devem fidelidade e mútua paciência), até aquele que comercia conosco, que dá ou presta trabalho (a quem não podemos roubar e com quem não podemos faltar com nossa palavra). O homem tem tendência a multiplicar leis e isso ou porque não acredita na bondade do coração humano ou porque tem medo de 'purificar' o coração. Talvez devêssemos todos deixar nossa oferta diante do altar para primeiro reconciliar nosso coração e reconciliar-nos com nossos irmãos.

7º DOMINGO DO TEMPO COMUM

1ª leitura: Lv 19,1-2.17-18
Salmo: Sl 102
2ª leitura: 1Cor 3,16-23
Evangelho: Mt 5,38-48

Esforçai-vos por unir à piedade o amor fraterno e o amor fraterno à caridade (2Pd 1,7)

AMOR: REMÉDIO CONTRA A VIOLÊNCIA

Este já é o quarto domingo seguido em que lemos o Sermão da Montanha. No trecho de hoje, Jesus Mestre confronta o que se dizia com o que se deve dizer, o que se praticava com o que se deve praticar. No Evangelho do domingo passado, Jesus lembrou que não viera abolir as leis do Antigo Testamento, mas aperfeiçoá-las. A perfeição da Lei se encontra nas bem-aventuranças. No domingo passado, Jesus explicitou duas: *Bem-aventurados os pacificadores* e *Bem-aventurados os puros de coração*. Hoje explicita outra: *Bem-aventurados os que têm fome e sede de Justiça*.

Se lermos bem o Evangelho de hoje, veremos que toda a perfeição consiste no amor. E o modelo da perfeição que nos é proposto é o próprio Pai do Céu. Não se trata de qualquer tipo de amor, mas do amor gratuito, que é o amor com que Deus ama os homens. Na Última Ceia, no sermão-testamento, Jesus falou: "Amai-vos uns aos outros como eu vos amei" (*Jo* 13,34), isto é, com amor inteiramente gratuito. Trata-se do amor sem interesses, do amor que é capaz de perdoar as maiores ofensas sem pedir reparação ou garantias, do amor que é a plenitude da justiça.

Se olharmos nosso coração, perceberemos como é difícil viver esse amor e como ele é raro. Nosso amor é sempre interesseiro. A vivência do amor gratuito, no entanto, é o teste mais seguro para saber se somos cristãos de fato ou apenas de nome.

**Vingança nunca
Amor sempre**

A expressão 'olho por olho, dente por dente' é parte da chamada 'lei do talião', adotada por Moisés (*Êx* 21,23-25). Ainda hoje é usada pelos muçulmanos. A lei do talião estabelece que o castigo seja exatamente igual à culpa. No fundo, a lei quer proteger o culpado contra o excesso de vingança do lesado; é, portanto, positiva. Jesus vai bem mais longe: não procurem nenhuma vingança!

"Amarás o teu próximo e odiarás o teu inimigo": muitas vezes no Antigo Testamento se fala do amor ao próximo. Mas quem é o *próximo*? Apenas os que têm o sangue hebreu e, em certas circunstâncias, os estrangeiros vizinhos a uma casa ou a uma causa judia. Neste último caso, o estrangeiro é 'próximo' só para a casa vizinha e já não é mais para as outras casas. Em lugar nenhum do Antigo Testamento se diz que o inimigo deve ser odiado. Mas é ensinamento corrente. Inimigo é toda a pessoa que não observa ou não tenha condições de observar estritamente as leis e os costumes das tradições. Mais vezes, no Evangelho, Jesus toca no assunto 'próximo' e 'amigo/inimigo'. Hoje, manda-nos copiar o comportamento do Pai: se o Pai faz nascer o sol sobre bons e maus (*Mt* 5,45), por que a criatura humana agiria diferente, querendo o sol só para os bons?

Ocorrem no texto também os cobradores de impostos ou publicanos. No tempo de Jesus, são desprezados até o ódio. Os publicanos unem-se para proteger-se mutuamente. Amam-se por necessidade. Em outras palavras, Jesus diz: vocês, fariseus, comportam-se exatamente como os publicanos. O amor de vocês é classista, é interesseiro. Não é como o amor do Pai do Céu.

**Quem nunca
se vingou?**

Dificilmente alguém de nós poderá dizer que nunca procurou vingar-se de alguma coisa. Quantas vezes dissemos ou pensamos: 'você me paga!'; ou: 'bem-feito!', quando um de nossos desafetos sofreu algum revés. Nunca nos aconteceu de deixarmos de falar com determinada pessoa? Negar a palavra, no fundo, é uma forma requintada de vingança. Um dia uma senhora, que comungava diariamente, exclamou, na minha frente, ao saber que um Fulano perdera uma perna: "Ele merecia perder as duas, pelo mal que me fez!" Essa pessoa, ainda que indo à missa diariamente, tinha o coração tomado pelo ódio e pelo desejo de vingança.

Jesus, no Evangelho de hoje, apresenta uma grande novidade moral em três passos novos, que o Antigo Testamento desconhecia: primeiro, não vingar-se de ofensa recebida. Não importa o tamanho e a qualidade da ofensa. Segundo, não fazer distinção na convivência entre os que nos fazem o bem e os que nos fazem o mal. Jesus não abre nenhuma exceção. Terceiro, amar os que nos fazem o mal. Este último passo é das exigências mais difíceis do Evangelho.

Onde houver ofensa, que eu leve o perdão

Dar esmola é fácil; honrar pai e mãe é fácil; rezar por vivos e defuntos é fácil; não ser orgulhoso é fácil; confessar os pecados é fácil; observar os dias santificados é fácil; mas amar a quem me bateu no rosto, a quem sujou meu nome, a quem me torturou, a quem me roubou, isto só é possível com a força do amor gratuito, isto é, do amor desinteressado. Isso não é impossível. Se olhamos o comportamento de Jesus, vemos que de ninguém nem de nada se vinga. Recebe o beijo traidor de Judas e o chama de amigo (*Mt* 26,50); é negado por Pedro e não lhe tira a chefia (*Jo* 21,15-17); é abandonado pelos Apóstolos e reparte com eles o dom de santificar e salvar (*Jo* 20,21-23); é pregado na cruz e perdoa aos algozes (*Lc* 23,34). E nos ensina a oferecer a outra face, quando alguém nos bate em uma (*Mt* 5,39). E temos ainda o expressivo episódio do Jardim das Oliveiras, quando Pedro tenta enfrentar os inimigos, aqueles que querem prender Jesus: arranca de uma espada. Jesus manda recolocá-la na bainha (*Mt* 26,52) e chama Judas de 'amigo' (*Mt* 26,50). No momento em que escrevo estas linhas, há 17 países em guerra armada e sangrenta. Cada um dos países afirma estar defendendo seus direitos, seu território, seus interesses. Quanto sangue se pouparia, quanto dinheiro se economizaria, quantos rostos voltariam a sorrir de amor pela vida, se todos repusessem a espada na bainha. O Cristo, inocente, dá o exemplo!

Precisamos prestar mais atenção a esse ensinamento de Jesus, porque vivemos em um tempo de violência. E violência e vingança se chamam. Violência e morte são parentas. Violência e vida se contradizem. Violência e paz se rejeitam. Violência e piedade jamais se ajoelharão no mesmo banco de oração. Entretanto, devemos reconhecer que o famoso dito "Todo homem é lobo para outro homem" está se diluindo. A humanidade está aos poucos reconhecendo que um grupo de pessoas responsáveis em torno de uma mesa diplomática chega a melhores resultados que dois exércitos em campo de batalha. Deplorável violência praticam os países que enriquecem, vendendo armamentos às regiões em guerra.

Há também hoje os que pensam em termos de 'inimigos' os que praticam outro credo. Há mesmo uma onda de radicalismo religioso, que muitos chamam de 'fundamentalismo'. Os cristãos não estão isentos desse perigo. Jesus nos pede que amemos o próximo, antes de saber sua religião, seu modo de pensar, sua visão político-social ou sua teoria econômica do mundo.

8º DOMINGO DO TEMPO COMUM

1ª leitura: Is 49,14-15
Salmo: Sl 61
2ª leitura: 1Cor 4,1-5
Evangelho: Mt 6,24-34

Há os que adoram e servem a criatura no lugar do Criador (Rm 1,25)

OS ÍDOLOS QUE NÃO DEIXAM O REINO CRESCER

Estamos ainda dentro do Sermão da Montanha. Dessa vez, Jesus explicita a Bem-aventurança: *Bem-aventurados os pobres em espírito*. Jesus compara, sem excluir, as preocupações caseiras com as preocupações do Reino dos Céus. As preocupações caseiras não devem sufocar as do Reino. As do Reino, quando sinceras, abrangem as caseiras e lhes dão novo sentido. Entre as preocupações caseiras, a mais acentuada é a procura da riqueza; ela pode impedir o amar a Deus sobre todas as coisas.

Por outro lado, Deus quer amar a criatura humana, enriquecê-la de bens do Reino, oferecer-lhe amizade. Ela, tomada somente de preocupações caseiras, torna-se surda e cega para Deus, incapaz de uma correspondência amorosa, o que impossibilita compreender e viver o Reino. O Evangelho de hoje fica nas preocupações caseiras materiais. Em outros momentos, Jesus fala de outras preocupações humanas, que impedem o florescimento do Reino, como a vaidade, o cultivo exagerado da honra, a piedade interesseira e toda espécie de egoísmo. Hoje, ficamos com as preocupações materiais.

Riqueza e pobreza, bênção e desgraça

O direito vigente no tempo de Jesus previa a possibilidade de alguém ser escravo, ao mesmo tempo, de dois senhores. Na prática, era impossível. Aparentemente podemos servir a riqueza e Deus. Na prática é impossível. O Evangelho de hoje emprega dois termos: amar/odiar. Os dois verbos ocorrem mais vezes na Escritura. E é preciso prestar atenção ao sentido, porque 'odiar' pode significar 'amar menos' ou 'deixar em segundo plano'. Por exemplo, um homem casado com duas mulheres: amará uma e odiará a outra, ou seja: uma das duas ficará, necessariamente, em segundo plano, e a que ficar em segundo plano será a 'odiada'. Moisés previu o caso em *Dt* 21,15-16, legislando sobre o direito de primogenitura, concedido mesmo que o primogênito fosse filho da 'segunda'. Odiar, no Evangelho de hoje, significa colocar em segundo plano. Jesus, portanto, não manda odiar (no nosso sentido costumeiro) os bens materiais; mas pede que os bens materiais não ocupem o primeiro lugar.

Jesus conhecia bem o povo de seu tempo. A posse de bens era sinal de bênção divina. A pobreza era sinal de maldição, por isso os pobres viviam envergonhados tanto diante dos vizinhos quanto diante de Deus. A riqueza e a pobreza tinham, então, um sentido também religioso, bem mais forte do que hoje podemos imaginar. Jesus, sem condenar os bens materiais, afirmou que eles não eram prova da predileção de Deus nem garantia de salvação. E anunciou uma novidade para a teologia do tempo: os pobres eram os prediletos de Deus. Eles não precisavam se envergonhar da pobreza. Os pobres eram os novos herdeiros do Reino e se assentariam à mesa da nova família de Deus, com a única condição de buscarem não as riquezas materiais, mas os bens do Reino. O prefácio da festa de Cristo Rei menciona os bens do Reino: verdade, vida, santidade, graça, justiça, amor e paz. Toda a preocupação, que sufoca ou restringe esses bens, torna-se má. Toda a preocupação, incluída a preocupação pelo comer, vestir e morar, que facilita a vivência prática dos bens do Reino, é boa.

**Cobiça e paz
se excluem**

A preocupação pelo ter, quase diria, é inata no homem. Toda a civilização moderna se baseou no ter, procurando nele um caminho de libertação. A palavra 'desenvolvimento' foi palavra-chave dos anos 60-70 (tempo chamado 'pós--concílio', porque o Concílio Ecumênico Vaticano II terminara em dezembro de 1965). Palavra-chave dentro e fora da Igreja. Paulo VI escreveu naquele tempo a famosa encíclica *Populorum Progressio* sobre o Desenvolvimento e chegou a saudar o desenvolvimento como "novo nome da paz" (n. 75). O Papa falava de um desenvolvimento integral de todas as forças, qualidades e todos os recursos humanos. Mas a palavra não conseguiu alargamento e continuou a se referir à técnica e aos bens econômicos. Toda ideia de desenvolvimento que tem a economia como ponto de partida e ponto de chegada põe no ter a sua meta. E o ter escraviza. O ter abre fossas entre ricos e pobres e cria desequilíbrio. Já em 1952, Albert Schweitzer, ao receber o Prêmio Nobel da Paz, declarava: "À medida que o homem aumenta seus poderes, torna-se homem cada vez mais pobre".

As línguas antigas quase não empregavam o verbo ter. No linguajar moderno, é o mais empregado. Chegamos a dizer 'tenho insônia', 'tenho um problema', quando isso é impossível. Na língua inglesa, a língua talvez mais falada no comércio mundial, o verbo *ter* pode substituir qualquer outro verbo. O verbo ter se dá muito bem com a fome de possuir. Um dos Dez Mandamentos fala da cobiça: é o décimo, "que proíbe a ambição desregrada, nascida da paixão imoderada das riquezas e de seu poder" (*Catecismo*, n. 2552). Não é novidade que tanto o capitalismo quanto o socialismo levam ao consumismo, que produz cobiça. E cobiça e paz se excluem reciprocamente; cobiça e justiça não moram no mesmo coração; cobiça e verdade não dialogam. A cobiça é irmã da inveja. As duas nascem e se criam no quintal das preocupações, nunca no jardim do Reino.

Cristo ensina, o homem escolhe

De forma nenhuma o Evangelho de hoje nos manda cruzar os braços. Em lugar e momento nenhum Jesus aconselha a passividade. Houve até na história da Igreja, no século XVII, uma heresia, chamada *Quietismo*, que ensinava que devemos viver na indiferença absoluta, deixando Deus tomar todas as iniciativas e realizá-las. O papel do homem consistiria em não estorvar o trabalho de Deus.

Isso não se coaduna com o Evangelho, que nos ensina que Jesus Cristo nos faz coparticipantes de sua missão salvadora e responsáveis pela construção do Reino. Nesse sentido, o Concílio chegou a afirmar que nós somos responsáveis pelo nosso destino (*Gaudium et Spes*, 14). Não somos passivos na história. Somos seus construtores e dirigentes. O homem não nasceu com o mesmo destino da mosca. O trabalho é parte integrante da condição humana. Mas, enquanto trabalhamos, devemo-nos perguntar por quem agimos e qual a finalidade de nossa ação. No Evangelho de hoje, Jesus nos mostra os dois senhores. Diz-nos qual deles é o melhor. Afirma que não podemos servir ao mesmo tempo Deus e a riqueza (Mateus chama a riqueza de 'mamona', um termo aramaico, língua materna de Jesus, que significa 'posses'). Entretanto, cabe a cada um de nós tomar a iniciativa da preferência, da escolha entre um dos dois senhores. Toda escolha implica renúncias. E essa escolha especificamente nos exige sacrifício, contínua reflexão, decisão firme, caminhada permanente. A essa contínua atenção e renovada decisão, a Bíblia chama de conversão. A tentação de adorar o bezerro de ouro (*Êx* 32) é tão forte quanto a de adorar o ouro do bezerro. Os dois são ídolos: parecem ser deuses e têm seu encanto-chamariz. O Apóstolo Paulo escreveu na Carta a Timóteo: "A raiz de todos os males é a cobiça do dinheiro" (*1Tm* 6,10). Desapego dos bens caseiros e confiança em Deus são condições para a vivência do Reino.

9º DOMINGO DO TEMPO COMUM

1ª leitura: Dt 11,18.26-28.32
Salmo: Sl 30
2ª leitura: Rm 3,21-25a.28
Evangelho: Mt 7,21-27

Fiquem atentos! Permanecei firmes na fé!
Sede fortes! (1Cor 16,13)

A FÉ É COMO UMA CASA, COM FUNDAMENTO E ESTRUTURA

No Evangelho do domingo passado, Jesus mostrava que a posse de bens não é em si indicativa de bênção divina. Dizendo isso, contradizia a teologia dos rabinos, que mediam a bênção do Senhor pelas posses e pelo bem-estar. Jesus não se preocupou com o acúmulo de bens, mas pediu que nos preocupássemos com a construção do Reino dos Céus, ou Reino de Deus, uma maneira de se viver na verdade, na graça, na justiça, no amor e na paz.

No Evangelho de hoje – que é o final, e um final muito bem trabalhado, do Sermão da Montanha –, Cristo continua o tema, fazendo uma exigência clara e fatal e, sem dúvida, de grande atualidade. O Sermão da Montanha é para o Novo Testamento o que os Dez Mandamentos significavam para o Antigo. Aperfeiçoando a Lei mosaica, corrigindo os desvios e as glosas, acrescentando pontos novos, Jesus coloca os fundamentos e as exigências da nova Família de Deus, que ele chama de "Reino dos Céus". Para pertencer ao Reino, não basta rezar. Não basta pregar e não basta fazer milagres. A fé não se mede pelo entusiasmo carismático (v. 21: "Senhor! Senhor!"), ainda que o entusiasmo seja favorável à fé. Não basta o formalismo religioso (v. 22: profetizamos, isto é, falamos de Deus e aceitamos sua presença). Também não basta o triunfalismo de grandes celebrações (v. 22: fazer milagres, expulsar demônios). As grandes celebrações e o falar continuamente de Deus podem ser coisas boas, mas podem também ser substitutivos da fé verdadeira e, portanto, serem empecilho em vez de ajuda. Jesus nos adverte hoje sobre essas graves tentações. A fé verdadeira é fazer a vontade do Pai, isto é, "ouvir" a palavra de Jesus e "pô-la em prática" (v. 24).

Fé: compromisso amoroso com a realidade

O verbo 'ouvir', escutar, na Sagrada Escritura, tem um sentido bem maior que o nosso. Não significa apenas ouvir com os ouvidos, mas significa vivenciar, viver. Jesus pede, portanto, como condição para entrar no Reino, que vivamos na prática sua doutrina. Jesus pede mais que oração vocal ou mental; pede mais do que a admiração diante de fatos prodigiosos ou do próprio milagre. Pede engajamento na realidade da vida para que tudo, todos e todas as coisas se impregnem da força do Reino, isto é, da justiça, do perdão, da paz, da verdade.

O Evangelho de hoje mais uma vez condena algumas atitudes bastante encontradas no homem. A primeira, o *formalismo*, isto é, fazer as coisas apenas para constar, para cumprir a letra do prescrito. Se posso dar um exemplo, comparo com o homem que dá seu nome no sindicato porque é obrigatório, mas não se interessa pelo sindicato, não vai às reuniões, não participa das eleições. Ele está sindicalizado apenas formalmente. Se, em vez de sindicato, pusermos Igreja, trata-se do homem que é batizado, diz-se católico, mas não participa das reuniões da comunidade, não toma conhecimento do que se faz ou se deveria fazer. É cristão apenas formalmente. A esse tipo de pessoa Jesus dirá: "Nunca conheci você, porque você não me pôs como a peça mais importante de sua casa".

O Reino se realiza no concreto da vida

Jesus condena uma segunda atitude: o *legalismo*, que consiste em cumprir apenas o que a lei manda. Sem pôr nesse cumprimento elã, carinho, engajamento, personalidade. Tem gente assim: julga-se justificado e bom só porque cumpre toda a lei civil e eclesiástica, embora muitas vezes seja apenas a legislação que aprendeu quando fez a Primeira Comunhão. Em muitas ocasiões, Jesus condena a atitude legalista diante da religião, porque a religião cristã ultrapassa as leis para ser vida. E a vida sempre é maior e mais complexa que todas as leis. O Reino de Deus é vida. Jesus nunca diz, como podem dizer os monarcas absolutos e os ditadores: "Eu sou a lei". Jesus diz: "Eu sou a vida; nasci e vim ao mundo para que todos tenham a vida em plenitude" (Jo 10,10).

Nem formalidade acomodada nem legalismo preguiçoso. O cristão deve assumir a história e responsabilizar-se pelo destino próprio e de sua comunidade. O Concílio Vaticano II chegou a falar de um novo humanismo, "no qual o homem se define, em primeiro lugar, por sua responsabilidade perante os seus irmãos e a história" (Gaudium et Spes, 55).

O Evangelho de hoje desdiz aqueles que pretendem uma Igreja exclusivamente espiritual, isto é, apenas orante e preocupada com o mundo dos espíritos ou pós-morte. O Evangelho pede engajamento na construção da casa sobre a pedra. No documento *A evangelização no mundo contemporâneo*, São Paulo VI acentua que o cristão deve comprometer-se na luta por superar tudo aquilo que condena o homem a ficar à margem da vida: carestias, doenças crônicas e endêmicas, analfabetismo, pauperismo, injustiças nas relações internacionais e especialmente nos intercâmbios comerciais, situações de neocolonialismo econômico e cultural, por vezes cruel como o velho colonialismo político" (n. 30). Se é verdade que a evangelização não se restringe a essa promoção humana, também não se restringe ao campo espiritual, mas abarca a dimensão espiritual e toda a dimensão política, social e cultural.

A fé envolve os sentimentos, mas é maior que todos eles

Jesus previne ainda de duas outras tentações perigosas para a fé: o *triunfalismo* e o *carismatismo*. Escrevo as duas palavras propositadamente com 'ismo', para chamar a atenção de que nem todo triunfo é errado nem toda expressão carismática é condenável. Quando se pensa Jesus apenas como um grande líder, há o perigo de tratá-lo como se trata a chegada ao palco do chefe político, com muito aplauso, muitos 'vivas' e a ilusão de que ele acabará com todos os demônios da cidade. Esse tipo de manifestação, transferido à religião, é insuficiente, quando não nocivo. As areias, de que fala Jesus hoje (v. 26), são bem o símbolo do triunfalismo: vão-se com o vento, vão-se com a água, escorrem por entre os dedos, deixam um vazio em seu lugar.

Parecido ao enganoso triunfalismo é o carismatismo. Há muitos carismas na família de Deus. Há muitas pessoas carismáticas. A palavra 'carisma' é parenta da palavra 'graça'. Mas uma religião feita apenas de sentimentos, que se contenta em expressar sentimentos, feita apenas de 'espiritualismo' e se contenta apenas com manifestações espirituais, ainda que proclame profecias, ainda que expulse demônios e faça curas e outros milagres (v. 22 e 23), se ficar só nisso, é insuficiente e prejudicial à fé verdadeira. A fé, embora envolva todos os sentimentos, é sempre maior que eles. Todos queremos uma fé robusta, capaz de enfrentar as tempestades. Jesus nos vem dizer que ela é possível, quando tem por único fundamento ele mesmo (1Cor 3,11) e é construída com o ouvir (isto é, praticar) sua Palavra e transformá-la em obras (v. 24) no dia a dia.

10º DOMINGO DO TEMPO COMUM

1ª leitura: Os 6,3-6
Salmo: Sl 49
2ª leitura: Rm 4,18-25
Evangelho: Mt 9,9-13

Não fecheis o coração, escutai a sua voz (Sl 95,7-8)

TODOS PODEM SER CHAMADOS A CONSTRUIR O REINO

O evangelista Mateus é mestre em agrupar os ensinamentos de Jesus em discursos. É seu estilo característico. Nos domingos passados, lemos o discurso conhecido como 'Sermão da Montanha'. Agora Mateus nos introduz no discurso do envio missionário, contando-nos como ele próprio foi chamado pelo Mestre. Mateus era um publicano, isto é, um assalariado dos romanos que cobrava dos judeus os impostos devidos a Roma. E, como os publicanos ganhassem sobre a soma arrecadada, faziam um trabalho de pente. Eram odiados, porque estavam a serviço de estrangeiros (coisa vergonhosa para um judeu), por isso mesmo eram tidos como pecadores públicos, com quem não se podia ter relacionamento amigo. Depois, eram implacáveis na arrecadação, e nunca se ouviu dizer que alguém gostasse de pagar impostos arbitrários e exorbitantes.

Marcos e Lucas dizem que Mateus tinha um segundo nome: Levi (*Mc* 2,14; *Lc* 5,27). Marcos diz que trabalhava em Cafarnaum e que o pai se chamava Alfeu (*Mc* 2,14). Jesus havia já escolhido outros Apóstolos, também tidos como 'pecadores' pela profissão que exerciam: Pedro, André, João e Tiago (*Mc* 1,18-20) eram pescadores, e os pescadores eram considerados permanentemente impuros. Escolheu um publicano e declarou aos escandalizados: "Os doentes precisam de médico" (v. 12).

Unidade no meio do pluralismo

Para Jesus, não é a pureza legal que conta, mas a pureza do coração, isto é, a amizade com Deus. E não são as coisas externas, como o alimento e o trabalho que fazemos, que contaminam. Mas a maldade do coração (*Mc* 7,14-23). Também não são os ritos que purificam, mas a graça de Deus. A simples presença de Jesus, encarnação da graça divina, tinha força purificadora. Na Última Ceia, Jesus o diz claramente: "Vós estais limpos pela força da Palavra que vos tenho anunciado" (*Jo* 15,3). O fato de Jesus haver escolhido como Apóstolos gente considerada 'pecadora' era uma das razões de os fariseus, saduceus, escribas e chefes do povo desconfiarem de Jesus.

Isso faz lembrar o tempo da ditadura no Brasil. Muita gente era considerada 'comunista' pelo fato de trabalhar entre os pobres e defendê-los. Para o regime, eram 'pecadores' públicos. Havia um bispo de cidade grande que visitava constantemente os presos políticos no cárcere. Não era raro ouvir-se: "O bispo é vermelho, porque apadrinha comunistas". Repetia-se o quadro do Evangelho: "Os fariseus e escribas murmuravam, dizendo: "Este homem acolhe gente de má fama e come com eles!" (*Lc* 15,2).

Seja essa a primeira grande lição do Evangelho de hoje. O fato de alguém não pensar como eu, não observar o que observo eu, não rezar como rezo eu, não pensar como penso eu não significa que esteja errado e seja merecedor da condenação minha e de Deus. A grande diversidade de plantas e animais bem pode lembrar o direito à diversidade também entre as criaturas humanas. Deus é uno e trino ao mesmo tempo. Nós podemos viver na unidade no meio do pluralismo.

Misericórdia: uma condição para o apóstolo

Jesus não apenas se aproximou de Mateus. Não apenas mostrou tolerância. Jesus foi além e pede-nos para irmos além. Sentou-se à mesa de Mateus e ceou com ele. Comer com alguém, na Sagrada Escritura e na cultura antiga do Oriente, significava ser amigo, ser íntimo, ser da família. Por isso Jesus comparou o Reino dos Céus a um banquete (*Ap* 19,9), em que todos formam uma 'comunhão' entre si e com Deus. Compreende-se o escândalo dos fariseus (v. 11). E Jesus apressou-se em dar a explicação. Comparou-se ao médico, cuja função é curar. Se, ao julgamento dos fariseus, os 'publicanos e pecadores' assentados à mesa com Jesus eram pessoas de religião impura, seria exatamente para eles que Jesus viera. E, como para os fariseus valia muito a autoridade dos profetas, Jesus citou Oseias, cujas profecias giravam em torno da justiça, da fidelidade e do amor: "Quero amor e não holocaustos" (*Os* 6,6).

A frase do profeta vem dentro de um contexto de conversão, de retorno do povo ao Senhor. Ora, a medicina trazida por Jesus é exatamente a conversão que, de forma nenhuma, se resume em atos rituais externos, mas em um reconhecimento interior do pecado que fizemos e da graça que nos é oferecida por Deus. É um ato do coração, isto é, de nossa pessoa inteira. Só depois desse reconhecimento, poderão vir um rito, um sinal externo e até público, que nos ajudem na fidelidade a Deus. O Senhor se aproxima de nós como Jesus de Mateus. Ceia conosco, abre seu coração.

Seja essa a segunda grande lição de hoje: Deus se aproxima de nós sem dedo acusador, ama-nos, abre-nos seu coração à espera de que nos voltemos para ele e nos lavemos na sua graça. Esse comportamento de Jesus se chama misericórdia. O mesmo comportamento devemos ter nós para com o próximo. Não segregar ninguém, não medir sua maldade com o metro da santidade que pensamos ter. Aproximar-se, acolher o outro. Essa atitude de ternura vale mais que holocaustos. A solidariedade, que o Evangelho chama 'misericórdia', é o mais eficiente remédio para a alma e para o corpo.

Mateus:
modelo de prontidão

Jesus disse a Mateus Levi: "Segue-me!" E ele levantou-se e o seguiu. A narração não podia ser mais sucinta. E a lição mais completa. O convite parte de Jesus. Deus sempre está na ponta de todos os chamados e de todas as iniciativas.

Ele disse na Última Ceia, no discurso-testamento: "Não fostes vós que me escolhestes, fui eu que vos escolhi e vos dei um destino" (Jo 15,16). Essa é a terceira grande lição de hoje. Sem ferir nossa liberdade, Deus nos chama, mostra-nos um caminho, oferece-nos um destino, dispõe-se a caminhar conosco e esclarecer nossas dúvidas (Lc 24,13-35). Lemos no Apocalipse uma passagem, dentro de um contexto de conversão, que descreve simbólica e lindamente o aproximar-se de Jesus para fazer-nos um convite: "Estou à porta e bato. Se alguém ouvir a minha voz e abrir a porta, entrarei em sua casa e cearemos juntos" (Ap 3,20).

Essa é outra grande lição. O Apocalipse fala em ouvir a voz e abrir a porta. A consequência será: sentar-se à mesa com o Senhor. O Evangelho de hoje conta como Mateus ouviu o convite, levantou-se e seguiu Jesus. Em sequência, veio a ceia juntos. A prontidão em atender ao chamado agrada ao Senhor. Também Maria escutou a proposta de Deus, disse-lhe um imediato 'sim' e passou a ser abençoada por todas as gerações (Lc 1,48). A propostas humanas pede-se tempo para pensar e avaliar. A propostas de Deus nos lançamos confiantes e de corpo inteiro. Jesus vai falar a nós, nos próximos domingos, de nossa missão. Não importa nossa pequenez. Hoje, coloca como condições iniciais: ter um coração misericordioso e, portanto, em conversão, escutar o chamado e seguir o Senhor, fazendo com ele um só coração e uma só alma (At 4,32).

11º DOMINGO DO TEMPO COMUM

1ª leitura: Êx 19,2-6a
Salmo: Sl 99
2ª leitura: Rm 5,6-11
Evangelho: Mt 9,36-10,8

Chamado para ser apóstolo, escolhido
para o Evangelho de Deus (Rm 1,1)

MISERICÓRDIA E GRATUIDADE: CONDIÇÕES DO APÓSTOLO

Temos uma verdadeira catequese sobre o apostolado. Dois princípios parecem muito claros. Primeiro: Cristo convoca os Apóstolos, por isso o apostolado é uma graça de Deus; daí a admoestação de Jesus: "De graça recebestes, de graça dai" (v. 8). Quem não tem um coração gratuito não tem condição para ser enviado. A gratuidade, ao lado do desapego, é das coisas mais difíceis de entrar no coração humano, que luta a vida inteira para ser autossuficiente e, por isso mesmo, procura sempre o reconhecimento de seu trabalho. O apostolado gratuito é um nado contracorrente.

Segundo: de quem quer ser enviado se exige um coração aberto e compreensivo. O envio começa com a declaração de Jesus: "Tenho compaixão". Mais vezes no Evangelho Jesus parte da compaixão. Às vezes essa palavra tem na linguagem comum um sentido um pouco negativo. Mas não assim na Escritura. Compaixão vem de 'cum pati', sofrer com, sentir com. Na verdade, só pode ajudar alguém aquele que se coloca não apenas ao lado do outro, mas na pessoa do outro. Nem ter necessidades é vergonhoso nem ter compaixão diminui uma pessoa. Em Jesus temos o exemplo: ele assumiu nossa condição humana em tudo, menos no pecado (*Hb* 4,15), sofreu todos os nossos condicionamentos, inclusive o maior de todos, que é morte. Ele não só vestiu uma roupa externa, mas nossa carne e nossa história. Ele foi o grande enviado do Pai (*Jo* 11,42; 17,18; 20,21) e ninguém teve um coração mais aberto do que ele. Ter o coração aberto ao necessitado é ter misericórdia. Jesus é a encarnação da misericórdia. Ter um coração misericordioso é condição essencial para ser apóstolo.

Apóstolo: aquele que aprende para ser enviado

Aparecem no Evangelho de hoje duas palavras que às vezes são sinônimas e em outras não. A primeira é discípulo, uma palavra de origem latina, que quer dizer: aquele que aprende. Os fariseus e os escribas também tinham seus discípulos (*Mt* 22,16). Os profetas tinham seus discípulos (Eliseu era discípulo de Elias, *1Rs* 19,19-21). João Batista também tinha discípulos (*Mt* 9,14). Nada de especial no fato de Jesus ter discípulos. Lucas chega a falar de 72 (*Lc* 10,17). Jesus chamou seus discípulos de "sal da terra" (*Mt* 5,13), deu-lhes como distintivo o amor mútuo (*Jo* 13,35), como oração o Pai-Nosso (*Lc* 11,2-4) e prometeu-lhes uma recompensa especial (*Lc* 22,29-30).

Entre os discípulos havia doze, a quem Jesus chamou de Apóstolos (v. 2), uma palavra que vem do grego e significa o enviado, o mensageiro. Pressupõe alguém que o envia, uma mensagem a ser levada e um destinatário. Pelo Evangelho de hoje, Jesus é quem envia (v. 3) e quem lhes dá as instruções de como se comportar. A mensagem é o Reino dos Céus (v. 7), e os destinatários são as ovelhas (pessoas) perdidas e sem pastor (v. 6). O Apóstolo não é um empregado por conta sua, ou, como se diz no linguajar da imprensa, um freelance, que trabalha quando, como, onde e com quem quer. O Apóstolo é um prolongamento do Cristo, com uma missão específica: mostrar presente no meio da comunidade o Reino de Deus ou ensinar como torná-lo presente e atuante.

Só anunciamos aquilo que vivemos

O número doze não é ocasional. Eram doze as tribos de Israel. Os doze aqui significam 'todos'. Observe-se que Mateus, ao nomear os Apóstolos, diz: "primeiro, Pedro". De fato, Pedro seria mais tarde o chefe de todos, e o próprio Jesus afirmou que sobre ele, a quem apelidou de Cefas (*Jo* 1,42), isto é, Pedra, haveria de construir a nova comunidade (*Mt* 16,18-19). Outra observação: para a escolha não contam as origens dos escolhidos, nem sua ideologia, nem a militância religiosa. O leque é bem diversificado: vai de simples pescadores (considerados pecadores, porque não podiam cumprir todas as leis nas horas determinadas) a Mateus, cobrador de impostos e socialmente odiado, passando por Simão, que era um 'zelota', partido terrorista daquele tempo, até Judas Iscariotes. Ao lado da imensa misericórdia, Jesus tem um coração de confiança sem limites. Do Apóstolo Jesus não pede senão compaixão e gratuidade. E sabemos que foi exatamente isso que faltou a Judas, o mau Apóstolo.

Jesus diz: "Em vosso caminho" (v. 7). Podemos entender como 'ao longo da vossa vida', 'no vosso dia a dia'. Vale dizer: devemos ser apóstolos de Cristo em todos os momentos e em todas as circunstâncias. Mesmo porque o Reino dos Céus acontece dentro da comunidade e na vida de cada dia dos cristãos. Mais: o anúncio começa ao nosso próprio coração. Quem não é capaz de guardar em seu coração a Palavra do Senhor não será capaz de transmiti-la aos outros. Quem não é um enviado do Senhor para as pessoas vizinhas, com quem convive todos os dias, não o será para as pessoas distantes. Por isso Jesus quer que os Apóstolos preguem primeiro "às ovelhas da casa de Israel" (v. 6), isto é, às pessoas que estão em torno deles. Em outras palavras: devemos ser testemunhas de Jesus Cristo primeiro aos de perto, isto é, pelo nosso comportamento, visto e comprovado pelos que nos conhecem. Devemos ser como o rio: as terras mais fecundas por ele são as mais perto dele.

**Maior que a maldade e a morte
é a misericórdia**

Jesus parece restringir o campo do apostolado (v. 5). Não mandou os Apóstolos instruir todos os povos (*Mt* 28,19)? Era a primeira missão que Jesus dava aos Apóstolos. Se fossem pregar aos pagãos, isto é, aos não judeus, teriam sérios problemas ao reentrar, porque as leis e os costumes proibiam o contato com os pagãos. E os Apóstolos ainda não estavam seguros do testemunho que deviam dar. Eram aprendizes. O contato com os samaritanos tornava-se ainda mais problemático, porque, além do desprezo, havia o ódio entre hebreus e samaritanos. Jesus conhecia o sangue quente de seus Apóstolos (*Lc* 9,49.54). Pregar na Samaria era briga na certa. E o tempo não era de rivalidades e medição de argumentos. Estamos diante de um desafio muito delicado para o missionário de todos os tempos. O bom apóstolo não é sinônimo de bom argumentador e excelente pregador. Também não é sinônimo de fazedor de milagres e arrebatador de multidões. A grandeza do missionário se mede por sua consciência de ser porta-voz de Jesus e, portanto, pela grandeza de seus gestos de compaixão e misericórdia. Mais que sua palavra, vale o testemunho de seu comportamento. O bom missionário não é aquele que *leva* a boa notícia da verdade, mas aquele que se identifica por sua vivência da verdade.

   Jesus citou três tipos de males: a doença, especificamente a lepra; os espíritos imundos, o demônio; a morte, o pior dos males, a que Jesus contrapôs a ressurreição. Todos esperavam por um Messias que terminasse com esses males. De fato, Jesus curou doentes, expulsou demônios e ressuscitou mortos. Mas seu Reino não se limita à sua vida terrena. Seu Reino perdura pelos séculos. Por isso, até o fim dos tempos, devemos lutar contra os espíritos do mal (*Ef* 6,12), vencer tudo o que diminui a dignidade humana (*Ef* 4,14) e fazer de nossa morte o parto da eternidade (*2Cor* 5,1).

12º DOMINGO DO TEMPO COMUM

1ª leitura: Jr 20,10-13
Salmo: Sl 68
2ª leitura: Rm 5,12-15
Evangelho: Mt 10,26-33

O Senhor está comigo e me auxilia, de nada tenho medo (Sl 118, 6-7)

PREGAR O EVANGELHO: UM MANDATO DO SENHOR

Estamos no discurso missionário de Jesus. Mateus agrupa nesse discurso os principais ensinamentos sobre as qualidades do apóstolo, o conteúdo da pregação e as consequências. Se relermos o Evangelho dos últimos dois domingos, que fazem parte do discurso, veremos que Jesus põe como condições básicas a misericórdia-compaixão, a gratuidade e a consciência de que não pregamos nossas ideias (*2Cor* 4,5) nem trabalhamos pelos nossos interesses, mas somos seus embaixadores (*2Cor* 5,20).

Hoje, Jesus fala da coragem do apóstolo e da razão principal de sua coragem: não está sozinho. A força previdente e providente de Deus o acompanha. Na hora do grande envio, ao voltar para o Pai, Jesus promete: "Eu estarei convosco todos os dias" (*Mt* 28,20). O evangelista Lucas, falando das perseguições a que o discípulo estará exposto em sua missão, anota a promessa de Jesus: "Quando vos levarem diante das sinagogas, dos magistrados e das autoridades, não vos preocupeis como ou o que haveis de responder ou o que haveis de dizer, porque o Espírito Santo vos ensinará naquela hora o que deveis dizer" (*Lc* 12,11-12). A coragem do Apóstolo não brota, portanto, de sua superioridade, de sua força de argumentação, de sua inteligência (*1Cor* 2,4) e muito menos de sua capacidade de barganhar, mas do fato que Deus fala por ele (*2Cor* 5,20).

Não apenas com palavras, mas com obras de verdade

Quando foi composto o Evangelho de Mateus (geralmente se afirma que teria sido escrito entre os anos 80 e 90), muitos cristãos, provindos do judaísmo, ainda frequentavam as sinagogas e começavam a ser expulsos delas. A perseguição de Nero (anos 60) deixara muitos cristãos perplexos e em situação difícil.

O texto de Mateus sugere que o lugar do cristão não é o esconderijo das catacumbas ou do anonimato, como o útero da mãe não é a pátria permanente do bebê. O parto é necessário. É necessário afrontar o mundo e seus perigos, ainda que as dificuldades formem uma longa lista como a sofrida por Paulo (2Cor 11,23-27), da qual não está excluída a perda da vida (v. 28). O discípulo deve sair à luz do dia (v. 27) e proclamar a boa-nova de Jesus Cristo em alta voz (v. 27). Proclamar significa, antes de tudo, reconhecer (v. 32) que Jesus é o Filho de Deus Salvador (Jo 20,31).

Crer que Jesus é o Filho de Deus redentor implica viver segundo seus ensinamentos. As palavras são necessárias, mas serão estéreis, se não forem confirmadas pelo comportamento. Lembrou-o muito bem João em sua primeira Carta (3,18): "Não amemos com palavras nem de boca, mas com obras e verdade, porque só assim todos reconhecerão que somos da verdade". As palavras, inclusive as mais sagradas, leva-as o vento. O exemplo, até mesmo o menor de todos, como dar um copo d'água a quem tem sede ou uma roupa a um necessitado (Mt 25,40), permanece e frutifica. Mora aqui um grande perigo para o pregador, denunciado em outra ocasião por Jesus (Mt 23,4): de dizer e ensinar uma coisa e fazer outra. É fácil, por exemplo, falar dos direitos dos pobres e marginalizados. Difícil, mas necessário para o evangelizador, é não ostentar mesa farta, segurança bancária, apego a bens terrenos.

Se com ele sofremos, com ele reinaremos

A perseguição religiosa não é coisa do passado. Em vários países a prática religiosa sofre muitas restrições. Em outros é obrigatória uma religião única e são excluídas outras. Em alguns se cultiva apenas a religião que encubra os atos de quem está no poder. Fala-se muitas vezes dos mártires dos primeiros séculos do cristianismo. Mas podemos afirmar com toda a segurança: os dias de hoje estão produzindo mais mártires que o primeiro milênio. Talvez não haja um país do mundo que não tenha sua lista de mártires. Isso mostra que o tribunal de Pilatos e o Calvário não são fatos e coisas do passado. Cada um desses mártires, homens e mulheres, pode dizer com São Paulo: "Me alegro com o sofrimento suportado. Completei em meu corpo o que faltava à paixão de Cristo" (*Cl* 1,24) e, "trazendo em meu corpo a morte, manifesto a vida em Jesus Cristo" (*2Cor* 4,11). Isso tem muito a ver com a Eucaristia, sacramento de morte e ressurreição: no próprio mistério da morte está a fonte da vida.

Cristo está presente e atuante não apenas em promessa. No mesmo texto em que Jesus previne contra as perseguições, calúnias e martírios, garante o amparo divino, maior que a ferocidade humana. O sangue dos mártires é um hino à confiança em Deus. Já o salmo 23, que tantas vezes cantamos na liturgia, conforta-nos: "Ainda que eu tenha de andar por um vale tenebroso, não temo mal algum, porque tu estás comigo" (*Sl* 23,4). Também o martirizado passa pela angústia do Cristo na Cruz, de sentir-se sozinho e entregue à sanha dos inimigos (*Mt* 27,43). Fica-lhe, porém, a garantia do Evangelho: o próprio Cristo o bendirá diante de Deus (v. 32). Ou, como escreve São Paulo a Timóteo, comentando a passagem de hoje: "Se padecermos com ele, também com ele viveremos. Se com ele sofrermos, com ele reinaremos" (*2Tm* 2,11-12).

A coragem que acompanha o evangelizador

Façamos outra leitura do Evangelho de hoje, sobretudo para aqueles que não correm nenhum risco de martírio e têm todas as facilidades de prática religiosa. Chama atenção que, em apenas cinco versículos, Jesus fala três vezes em não ter medo: "Não temais" (v. 26), "não tenhais medo dos que matam o corpo" (v. 28), "não tenhais medo" (v. 31). Ao medo se contrapõe a coragem. Baseados também em outras passagens do Evangelho, podemos dizer que o *medo* não faz parte da atitude cristã, o *temor*, sim, isto é, a atitude reverencial diante de Deus, do mistério divino, do destino humano.

Que coragem nos pede Jesus no Evangelho de hoje? Certamente não é a coragem dos carros blindados e da força armada. Há muito tempo a Igreja deixou de amarrar na ponta da espada a cruz. O que se nos pede é a coragem da paciência e da perseverança diante das dificuldades. A coragem de não desanimar diante dos fracassos e das frustrações. Sobretudo dos fracassos não atribuíveis à má vontade dos outros, mas às nossas limitações. A coragem de superar nossos próprios interesses e planos. Feliz o evangelizador que pode dizer com a mesma certeza de São Paulo: "Deus é testemunha de que nunca fui levado por fins interesseiros" (1Ts 2,5). A realização pessoal é a meta da psicologia humana, mas de forma nenhuma é a meta do evangelizador. A tentação de procurar a autopromoção é das maiores tentações do apóstolo, que precisa de muita coragem, lucidez e desapego para não se desviar das metas de sua missão. Este último tipo de coragem brota da mesma raiz da gratuidade, raiz difícil de pôr tronco e brotos no coração humano. E não em último lugar a coragem de não atribuir à nossa capacidade e estratégia, à nossa pedagogia e pastoral o êxito de nossa missão. A eficiência de nossa missão não se mede com medida humana. Talvez o Apóstolo tenha de mostrar mais coragem diante dessas tentações, que matam a missão, do que o mártir diante da tortura e da espada dos perseguidores da fé.

13º DOMINGO DO TEMPO COMUM

1ª leitura: 2Rs 4,8-11.14-16a
Salmo: Sl 88
2ª leitura: Rm 6,3-4.8-11
Evangelho: Mt 10,37-42

A glória de Deus se manifesta em ti (Is 60,2)

RENÚNCIA E ACOLHIMENTO: CARACTERÍSTICAS DO CRISTÃO

O Evangelho de hoje conclui o Sermão Missionário de Jesus. Mateus o põe no momento do primeiro envio dos Apóstolos à pregação. Lembramos mais uma vez que Mateus agrupa os ensinamentos e milagres de Jesus em cinco blocos, ou seja, em cinco discursos. É um modo de compor um livro, uma espécie de esquema dentro do qual se ajeita tudo o que se quer dizer. Isso significa que Jesus não pronunciou tudo o que vem disposto no Sermão Missionário de uma só vez, mas o autor recolheu o material sobre o tema e o ordenou como se fosse um sermão só.

O fato de ser dirigido aos Apóstolos não restringe os ensinamentos aos padres, catequistas e pregadores. Todos são chamados a ser discípulos do Senhor e é a todos os que querem ser seus colaboradores que Jesus faz essas exortações. Ninguém é excluído do Reino e ninguém pode se eximir de trabalhar pela construção do Reino de Deus na terra. Jesus vem dizer que, por causa do Reino, o verdadeiro discípulo será capaz das maiores renúncias, até mesmo da própria vida. Em outras palavras, qualquer interesse pessoal, a busca de autobeneficiamento ou de autopromoção, ainda que aparentemente boa e justificável, impede o trabalho do apóstolo. Compreende-se, então, a insistente oração dos santos no sentido de não procurarem a própria glória, mas a realização plena e exclusiva da vontade de Deus. Feliz o apóstolo que pode dizer com São Paulo: "Nunca fui levado por fins interesseiros e Deus me é testemunha que não procurei glórias humanas" (1Ts 2,6).

O não procurar a si mesmo, mas o Reino de Deus, implica uma contínua renúncia e um contínuo acolhimento. E é dessas renúncias e desse acolhimento de que fala Jesus hoje.

Todo o amor cristão tem marca divina

A primeira das renúncias e o primeiro acolhimento se referem ao que há de mais caro a Deus e à criatura humana: o amor. De mais caro e de mais dinâmico, porque o universo inteiro é fruto do amor de Deus. A encarnação de Jesus só se compreende como um ato de amor extremado. Todos nós nascemos de um momento fecundo do amor. Todo o Novo Testamento fundamenta-se no amor. Nenhum preceito que fira o amor tem legitimidade para Jesus e para os cristãos.

No entanto, o primeiro e maior amor deve-se a Deus (Mt 22,38), porque de Deus provêm todas as expressões do amor e a Deus retornam todos os nossos gestos de amor cumpridos na dimensão das criaturas, racionais ou irracionais. Jesus lembrou-nos em outro contexto: "Tudo quanto fizerdes ao menor de meus irmãos (ou seja, à menor das criaturas, porque ele é o primogênito de todas as criaturas) é a mim que o fazeis" (Mt 25,40). Portanto, Jesus não manda não amar pai e mãe e filhos. Mas amá-los dentro do grande amor que devemos a Deus. Jesus tomou as figuras do pai, da mãe e do filho, porque elas costumam ser as criaturas mais perto do nosso coração. Mas poderia ter mencionado a casa, o carro, a fama, a estabilidade. A todas essas coisas boas e a milhares de outras devemos amar na medida em que nos ajudam a crescer no amor a Deus e renunciá-las sempre que forem empecilho.

Tudo é vosso, mas vós sois de Cristo

A segunda grande renúncia que Jesus pede ao discípulo é a renúncia aos próprios interesses, que ele engloba na palavra "vida". De fato, a vida é o maior tesouro que temos. Para melhorá-la, defendê-la e prolongá-la, despendemos tantos esforços. Jesus não manda renunciar à beleza e à longevidade da vida. Mas nos exorta a que dediquemos a vida não aos que podem matar corpo e alma (*Mt* 10,28), mas àquele que nos pode dar uma recompensa eterna e fazer-nos viver para sempre. Ninguém quer uma coisa para si que não seja para seu próprio bem. Ora, Jesus se apresenta a nós como o maior de todos os bens desejáveis. São Francisco o chama de "o Bem universal, o sumo Bem". Mais: ele apresenta-se como nossa vida (*Jo* 11,25), não apenas terrena, mas eterna. "Nele está a vida capaz de iluminar as trevas humanas", escreve João (1,4), isto é, em Jesus a criatura humana encontra as razões da vida, a divinização da vida, a entrada da nossa vida humana na vida eterna de Deus (*1Pd* 1,4).

O discípulo verdadeiro tem sua vida como que envolvida na vida de Cristo (*Cl* 3,3), por isso, quando Cristo aparecer vivo em sua glória, também o discípulo reinará com ele (*Cl* 3,4). É justamente esse deixar-se envolver, embeber da vida de Cristo, que ele nos pede no Evangelho de hoje. Nada nesta vida nos pode separar do amor de Cristo, ensina-nos São Paulo (*Rm* 8,35). Nem as coisas boas nem as coisas ruins e detestáveis. A este conjunto de coisas detestáveis Jesus chamou de cruz. Assim como ele, para expressar a plenitude do amor às criaturas, assumiu a condição humana, menos o pecado (*Hb* 4,15), e isso constituiu sua cruz diária, carregada em função de uma meta prevista, assim a criatura humana deve carregar as agruras de cada dia, inclusive a mais dura de todas, que é a morte, em função da meta prevista: a plenitude do Reino de Deus. São Paulo expressa bem o caminho indicado por Jesus: "O presente e o futuro são vossos; mas vós sois de Cristo e Cristo é de Deus" (*1Cor* 3,23).

Jesus, o maior de todos os profetas, quer ser acolhido

Renunciamos nossos interesses pessoais e acolhemos os interesses, a vontade de Deus. Renunciamos as falsas propostas da vida e acolhemos a cruz redentora de cada dia, que nos traz consigo o Cristo Salvador. Há outra grande renúncia a fazer. Ao lembrá-la em símbolos, Jesus mostra conhecer bem a psicologia humana. Não é de hoje que a criatura humana procura autorredimir-se, sem o sangue de Cristo. É verdade que somos responsáveis pelo nosso destino. Mas "sem mim nada podeis" (*Jo* 15,5), ensinou-nos Jesus. Ele é o caminho que nos pode levar ao Pai. Ele é a verdade que supera todas as nossas dúvidas e deficiências. Ele é o único capaz de dar-nos a vida que não perece. Devemos converter-nos sempre de novo. Devemos sempre de novo lavar a alma como lavamos o corpo. Devemos amadurecer em nossa personalidade. Devemos encontrar nosso próprio caminho. Mas tudo isso em Cristo, com sua graça derramada sobre nós na cruz e confirmada na ressurreição. Novamente recorro a uma frase de São Paulo: "Tudo posso naquele que me sustenta" (*Fl* 4,13).

Jesus fala em 'acolher um profeta'. Quando falamos 'profeta', pensamos em alguém que prediz as coisas. Mas não é esse o significado de profeta na Bíblia. Profeta é aquele que é enviado por Deus para falar das coisas de Deus, por isso fala em nome de Deus. Devemos acolher bem quem nos traz as boas-novas da parte de Deus, quem nos vem recordar nossa origem e nosso destino divinos, quem nos vem mostrar Deus presente e atuante em nosso meio. Jesus é o maior de todos os profetas. Também o verdadeiro discípulo será sempre um profeta. Ou seja: nossas palavras, nossos gestos e nossas obras, desde as grandes às mínimas, como é dar um copo d'água, devem ter a marca do amor de Deus, como a marca de Deus tinham todos os gestos, passos e ensinamentos de Jesus.

14º DOMINGO DO TEMPO COMUM

1ª leitura: Zc 9,9-10
Salmo: Sl 144
2ª leitura: Rm 8,9.11-13
Evangelho: Mt 11,25-30

Procurai o Senhor com a simplicidade de vosso coração (Sb 1,1)

JESUS REVELA O PAI: UM CORAÇÃO SIMPLES PODE CONHECÊ-LO

O trecho do Evangelho de hoje, embora de Mateus, aproxima-se muito ao discurso de Jesus na Última Ceia (*Jo* 17,1-26). De um lado, revela-nos o modo de Jesus rezar, o que, certamente, é para nós uma grande lição. Por outro lado, nesse trecho, está um dos grandes momentos em que Jesus revela Deus Pai, seu Pai, e declara-se filho desse Pai. Com essa revelação, Jesus toca no ponto central de toda a sua pregação: o fato de Deus ser Pai, Pai sobretudo dele, e, através dessa paternidade, Pai de todos os que têm fé no "Cristo Senhor" (*Lc* 2,11).

Ao mesmo tempo, Jesus nos diz que só pode entender esse mistério os que têm um coração simples e convida a todos a se aproximarem dele para saber o que é um coração humilde e, assim, poderem se aproximar de Deus. Nesse convite, encontramos também um autorretrato de Jesus e um retrato de quem quer ser seu discípulo. Logo depois do envio dos Apóstolos, que lemos nos últimos domingos, Jesus sente-se rejeitado (*Mt* 11,18-19). O próprio João Batista mostra-se impaciente e não compreende o comportamento de Jesus (*Mt* 11,3). A João Batista Jesus manda justificativas e aponta os sinais de sua messianidade. Aos empedernidos, em suas posições, e aos que o atacam por não observar rigorosamente todas as leis

Jesus lança alguns 'ais' (*Mt* 11,20-24). É nesse contexto que Mateus põe a oração de Jesus ao Pai, sem dúvida um desabafo muito humano, e apresenta ao Pai e, em contrapartida, aos críticos fariseus os seus discípulos, certamente bem diferentes dos discípulos dos rabinos e dos escribas, e as metas de sua doutrina, claramente opostas aos mestres judeus do tempo.

Rezar pressupõe aceitar o plano de Deus

Toda a tentativa de descobrir a maneira íntima de um santo rezar é frustrante, porque o jeito de um santo rezar é inacessível a explicações, ainda que ele tenha deixado orações por escrito; porque sua oração se confunde com sua experiência de Deus. E a experiência de Deus é totalmente pessoal.

Se assim é com a oração de um santo, o que não há de ser com a oração de Jesus, santíssimo, que tinha uma experiência do Pai não apenas a partir de seu coração humano, mas também, e em primeiro lugar, de seu coração divino, todo amor? Jesus agradece ao Pai. Mas não é um agradecimento, apenas. Ele acaba de ser rejeitado pelos fariseus e doutores da lei, que querem alcançar Deus pela sabedoria humana, por sua cabeça cheia de conhecimentos armazenados, por ritos executados. Mas têm um coração pesado de orgulho, de autossuficiência e não podem entender as propostas novas que Jesus lhes faz. O orgulhoso tende sempre a condenar e reduzir à humilhação (quando não à morte) os que pensam diferentemente.

No agradecimento de Jesus, está a aceitação do plano de Deus. Esse passo da inteligência e do coração só consegue dar quem se considera pequenino, vazio de preconceitos, transparente como uma gota de orvalho. Jesus ensina que, para rezar verdadeiramente ao Pai, devemos ter o coração desamarrado de interesses egoístas e pronto a aceitar o plano de Deus, ainda que difícil de entender.

Podemos ser íntimos do Pai

Nenhum profeta do Antigo Testamento, nenhum rabino ousava dizer em voz alta o nome de Deus, tamanho era o respeito. Por isso o chamavam de 'Javé', uma forma verbal que expressava a própria frase de Deus a Moisés: "Eu sou quem sou" (Êx 3,14). Mesmo nos cânticos e nas orações de maior confiança, era grande a reverência. Diferente de todos eles, Jesus se mostrou íntimo de Deus, embora começasse sua oração da forma clássica, como se usava na Sinagoga e como ensinavam os mestres. Mas súbito, aprendemos de Jesus que, quanto maior for nossa reverência para com Deus, isto é, nosso espírito de adoração e dependência, tanto maior pode ser nossa intimidade com ele.

Imaginemos uma cena. Estamos conversando com uma pessoa muito importante, por isso usamos uma linguagem escolhida, pensada, educada. De repente, aproxima-se da pessoa importante uma criança e se põe a falar com ela em tom familiar. Nossa conclusão é rápida: deve ser o filho dele. Ora, enquanto os profetas, poetas e mestres falam de Deus em linguagem figurada, rebuscada e até solene, Jesus fala com Deus em tom coloquial e o chama de Pai. Aqui está uma das grandes novidades que Jesus Cristo trouxe: Deus é pai no mais pleno sentido da palavra. Não apenas porque é criador e senhor de tudo. Mas é um pai em comunhão conosco, um pai, porque seu Filho assumiu a carne humana e nela a todos nós. Um pai familiar, acessível. Em outra ocasião, Jesus o chamou de 'papai' ou 'paizinho' (Mc 14,36). Por causa de Jesus, todos nós podemos ter a mesma intimidade com Deus (Rm 8,15; Gl 4,6), porque Deus em Jesus Cristo nos adotou por filhos. Talvez nos falte uma consciência maior desse imenso dom de Deus: o de sermos um só corpo com o Cristo, ou, na figura do próprio Jesus, ramos de um só e mesmo tronco, que é ele (Jo 15,5). E, se o Pai é o agricultor dessa videira (Jo 15,1), significa que todo o carinho e comprazimento que ele tem com o tronco, tem-no conosco.

**Simplicidade e humildade:
marcas do discípulo do Senhor**

Este é também o Evangelho da simplicidade, tão querido de santos. Jesus prega hoje a simplicidade e a humildade em um contexto de cumprimento de leis. A lei é feita para ajudar e perde seu sentido, quando começa a nos escravizar. Quem tem o coração simples e o espírito humilde não se apega a leis. Jesus nunca impõe o rigorismo das leis. Jesus prefere o coração simples, humilde e manso diante de Deus e diante da comunidade. Se observarmos com atenção nosso comportamento, veremos que, muitas vezes, nosso rigor em fazer cumprir leis deixa transparecer insegurança, egoísmo e orgulho. Jesus propõe libertar-nos dessas amarras, cultivando um coração simples e puro. É desse coração simples que a Bíblia fala, quando se refere ao coração puro. O coração puro não é um tesouro de moralidade com que quiséramos presentear Deus e que nos daria o direito de vê-lo face a face. É puro e simples o coração desprendido. É puro e simples o coração vazio de interesses egoístas. É puro e simples o coração que não julga ninguém. É puro e simples o coração que sabe que tudo é dom de Deus. O coração puro e simples é sempre manso, ou, como diria São Paulo, "não é descortês nem invejoso, não se irrita, nem se orgulha, nem guarda rancor, e tudo desculpa" (*1Cor* 13,4-7).

Para os fariseus torna-se claro que Jesus se apresenta como um mestre. Todo mestre tem seus discípulos, que o seguem de perto por onde for e pelos caminhos do pensamento que tiver. Jesus apresenta-se como alguém que 'conhece' Deus. Será, portanto, um mestre de espiritualidade. E quem serão seus discípulos? Aos olhos estarrecidos dos que se julgam discípulos dos melhores mestres em Israel, Jesus apresenta os seus: os pequeninos (v. 25), os cansados da hipocrisia dos fariseus e os sobrecarregados com suas leis (v. 28), desde que sejam mansos e humildes de coração (v. 29).

15º DOMINGO DO TEMPO COMUM

1ª leitura: Is 55,10-11
Salmo: Sl 64
2ª leitura: Rm 8,18-23
Evangelho: Mt 13,1-23 ou
Mt 13,1-9

Conheço tuas obras, teu trabalho, tua paciência (Ap 1,2)

VOCÊ É RESPONSÁVEL POR SEU ÊXITO OU SEU FRACASSO

Com o domingo de hoje começamos a ler o terceiro discurso de Jesus, segundo o esquema montado pelo evangelista Mateus. O primeiro foi o Sermão da Montanha. O segundo foi o Sermão Missionário. O terceiro agrupa sete parábolas. Jesus conta hoje uma história. As histórias de Jesus se chamam *parábolas* e contêm sempre uma ou mais lições de moral, que precisamos apreender e aprender. A parábola é um modo de dizer ou de escrever que chamaria de *didático*. Não se liga à história, mas à pedagogia. Era um estilo bastante encontradiço também entre os autores pagãos, nas pregações dos profetas e nas páginas dos livros sapienciais. As parábolas de Jesus distinguem-se por sua simplicidade e clareza. O argumento é sempre buscado no dia a dia dos ouvintes. A de hoje o próprio Jesus explicou e tem a ver com a Palavra de Deus, que é semeada no coração humano. Encontrará a Palavra divina um coração de pedra? Um coração tomado pelos tufos de espinheiros? Um coração de beira de estrada, feito maria-sem-vergonha? Ou simplesmente um coração-terra-boa?

O domingo de hoje, reforçado pelo Salmo Responsorial, poderia também ser considerado um elogio à Mãe Terra pelas sementeiras, pela colheita, pela prodigalidade. Quem trabalha na roça sabe bem o que significa terra boa, terreno pedregoso, beira de caminho ou espinheiros. Mas o Evangelho vai além de um elogio a terra: ele quer alcançar o 'terreno' do coração humano e afirmar que a palavra de Deus é sempre fecunda, boa e, necessariamente, brotará, se encontrar condições propícias no coração. Vale a pena reler a primeira leitura de hoje, porque ela e o Evangelho se fazem eco: "Como a chuva e a neve descem do céu e para lá não retornam sem terem regado a terra, fecundando-a e fazendo-a germinar, assim será com a palavra que sai de minha boca: não voltará para mim chocha, sem ter realizado o que eu queria e cumprido a sua missão" (Is 55,10-11).

Entre a água e o trigo
Jesus via o povo

Mateus descreve-nos com clareza o local do Evangelho de hoje: à beira do Lago de Genesaré, que o povo chamava também de mar da Galileia, embora fosse de água doce. Sentado na barca, Jesus olhava para a multidão na praia entre a água e o trigal que espigava. Como era época de espera de colheita, o povo podia dar-se ao tempo de escutá-lo. E como Jesus sempre se aproveitava do ambiente para ensinar, tirou do campo a grande lição de hoje. Muitos dos que o escutavam haviam feito a sementeira manual. E sabiam que os grãos caídos nas pedras e nos espinheiros não tinham chance.

Cristo trouxe os olhos do campo para o povo. E viu aquela gente como campo a ser semeado. Ele o semeador. A Palavra que o Pai lhe dera para ensinar (Jo 14,10) era a semente. Há tempos tentava plantar a Palavra de Deus naqueles corações. Muitos resistiam, embora gostassem de ouvi-lo (pedras); muitos duvidavam dele e, entre o certo e o incerto, preferiam seus negócios (espinheiros); muitos não o levavam a sério (beira de estrada). Mas havia os corações-terra-boa e era nessa terra boa que ele queria multiplicar abundantemente o grão da doutrina e da graça que ele trouxera da parte do Pai.

No centro da palavra,
está a pessoa de Jesus

'Palavra' volta centenas de vezes e com muitos significados. No Antigo Testamento, ocorre, sobretudo, nos livros proféticos. Tem o sentido de chamada, de investidura de uma missão, de mensagem, de prenúncio. Ou ainda de acontecimento. E, muitas vezes, vem como sinônimo de aliança entre Deus e o homem por meio dos Dez Mandamentos. Deus cria o mundo, pronunciando palavras. Os profetas caracterizam-se pela palavra (Jr 18,18). No Novo Testamento, o substantivo 'palavra' ocorre 331 vezes, com os mais diversos sentidos, como vocábulo, afirmação, dito, informação, pedido, notícia, discurso, exortação. Mas ocorre também com um sentido especial, em expressões como 'palavra de Deus', 'palavra do Senhor', 'palavra da vida', 'palavra da verdade', 'palavra da promessa', 'palavra de Jesus Cristo'. E o próprio Jesus é chamado simplesmente de Palavra de Deus ou Verbo (Jo 1,1).

No Evangelho de hoje, 'palavra' terá uma mistura de sentidos, que vão desde as palavras pronunciadas por Jesus até sua Pessoa, passando pelos sinais (milagres) que comprovavam sua messianidade. Sua doutrina, expressa em palavras humanas, está intrinsecamente ligada ao mistério divino-humano de sua Pessoa. Sua doutrina ora se expressa por uma afirmação, como, por exemplo: o mistério da Santíssima Trindade (Jo 14,16.26), a paternidade de Deus (Jo 20,17), o julgamento final da criatura humana (Mt 25,31-46); ora por uma exortação: amai-vos uns aos outros (Jo 13,34); perdoai-vos as ofensas (Lc 17,4); amai vossos inimigos (Mt 5,44); ora ainda por um pedido: que todos sejam um (Jo 17,21); seja o vosso sim, sim, e o vosso não, não (Mt 5,37); aprendei de mim, que sou manso e humilde de coração (Mt 11,29). No centro de suas palavras, está sempre o mistério de sua Pessoa.

Você produz frutos, se quiser

A semente é boa. Ela tem a garantia de Deus. Ela é espírito e vida (Jo 6,63). Já Pedro confessara: "Tu tens palavras de vida eterna" (Jo 6,68). Ela teve a força de criar o mundo. Ela teve a força de recriar o mundo na pessoa de Jesus de Nazaré. Todo o problema está na terra que recebe a semente. A solução desse problema é nossa, e ninguém vai solucioná-lo por nós, nem mesmo Jesus. Há, portanto, grande parte de responsabilidade nossa, se a semente vai ou não frutificar. Apesar de toda a misericórdia de Jesus, ele nos deixa livres para receber ou não a semente. Jesus nunca impôs nada, nunca impõe nada. Dá-nos todas as possibilidades, mas a decisão é sempre nossa (*Mt* 16,24). O documento conciliar *Sobre a Dignidade Humana* o diz com clareza: "Deus chama as criaturas humanas para o servirem em espírito e verdade. Com isso os homens se obrigam em consciência, mas não são forçados, pois Deus respeita a dignidade da pessoa humana por ele criada" (n. 11). A criatura humana só pode voltar-se para o bem, ser terra boa, livremente. Também só com liberdade pode escolher o mal. Deus gravou no coração de cada um o que é bom e o que é mau. Mas nos devemos educar para uma escolha justa. O papa Paulo VI falou dessa responsabilidade na *Populorum Progressio*, ao comentar nossa vocação ao crescimento: "Dotado de inteligência e de liberdade, cada um responsável tanto pelo seu crescimento, quanto por sua salvação. Cada um é o artífice principal do seu êxito ou do seu fracasso" (n. 15). A parábola do semeador é um elogio à Palavra divina, sempre fecunda e eficaz, e um elogio à liberdade humana, onipotente dentro dos limites impostos a toda e qualquer criatura. Nossas metas e nossos sonhos podem ser infinitos, mas nossa realidade tem margens como o rio. Pessoa responsável é aquela que conhece suas condições e circunstâncias, remove as pedras e os abrolhos, abre-se como terra boa às sementes da graça divina e cultiva o campo de seu coração e produz os frutos queridos por Deus (*Jo* 15,5).

16º DOMINGO DO TEMPO COMUM

1ª leitura: Sb 12,13.16-19
Salmo: Sl 85
2ª leitura: Rm 8,26-27
Evangelho: Mt 13,24-43 ou Mt 13,24-30

É necessária a paciência para fazer a vontade de Deus (Hb 10,36)

NA PACIÊNCIA SE CONQUISTA A VIDA

Hoje, podemos ler um Evangelho mais longo (as três parábolas: do joio, da semente de mostarda, do fermento) ou um mais breve: só a parábola do trigo e do joio. O trigo simboliza o Reino de Deus na terra. Suas sementes foram semeadas pelo Cristo. O joio (também chamado 'cizânia', da família das gramíneas) simboliza o mal, tantas vezes entrelaçado com o bem, como a ganga com o ouro.

Todos temos experiência do bem e do mal. Todos já praticamos o bem e o mal. Saber viver bem com o bem, apesar do mal, é sabedoria de vida. Cristo, apesar de ter tirado o pecado do mundo (*Jo* 1,29), não dispensou o homem de confrontar-se com o mal. Porém, não se vence o mal, destruindo ou prejudicando o bem. A resistência ao mal e a perseverança no bem se chama *paciência*. O Antigo Testamento, muitas vezes, lembrou essa qualidade em Deus para poder suportar o pecador: "O Senhor é clemente e compassivo, paciente e misericordioso" (*Sl* 145,8); "Retornai, pecadores, ao Senhor, vosso Deus, porque ele é paciente e misericordioso, compassivo e cheio de amor" (*Jl* 2,13). O próprio Jesus deu-nos uma imagem belíssima da paciência de Deus na parábola do filho pródigo, mostrando-nos um pai que espera (*Lc* 15,11-24) sem que a espera lhe diminua o amor paterno. Jesus chamou o conjunto de sua doutrina de 'Reino dos Céus' e sabia que não era fácil mudar a mentalidade humana. Por isso falou de um crescimento paciente, comparando o Reino à semente, que precisa de tempo para germinar e crescer (*Mt* 13,31-32), e à pérola, que leva muitos anos para se formar na concha (*Mt* 13,45).

Sacrificamos a paciência em nome da eficiência

Um dos ensinamentos da parábola do joio e do trigo certamente é o da paciência. Essa virtude pode parecer aos olhos modernos uma qualidade negativa, já que a paciência exige não atropelar o tempo, a natureza, a normalidade das coisas. Ora, a gente de hoje se gloria, em nome do utilitarismo, de dominar o tempo e a natureza e de mudar, sem escrúpulos, o curso dos fatos; sacrifica a paciência em nome da eficiência, o que a impede de suportar um fato, de carregar nos braços uma situação difícil, obscura ou pesada. Impede o homem de resistir às contrariedades, de manter-se fiel à palavra dada, a compromissos assumidos. Impede a pessoa humana de amadurecer normalmente. O imediatismo, que tanto marca o homem atual, particularmente a juventude, não lhe dá a alegria da espera do dia seguinte.

Por isso também o indivíduo moderno é tão belicoso. Não tolera o sofrimento, como não tolera oposições. Quer satisfações logo. Quer eliminar os que se opõem. Quer cortar etapas. Quer caminhos abertos para sua passagem pessoal. Quer o maior rendimento no menor espaço de tempo. O homem moderno é um apressado e acelera sua pressa com máquinas sofisticadas. Ora, as coisas de Deus, as coisas do Reino de Deus acontecem lenta, e, às vezes, sofridamente. Talvez por isso ele perdeu o senso da beleza de um prolongado pôr do sol. Talvez por isso ele destrua com tanta facilidade uma vida que levou anos para se fazer. Em um de seus sermões dizia Santo Antônio de Pádua: "Se não houver no altar do nosso coração a paciência, bastará uma brisa para dispersar o sacrifício das boas obras".

**Temos saudades
do paraíso perdido**

A maior prova para a nossa paciência é a coexistência com o mal. O sonho de uma terra sem males é inato ao homem. Encontramo-lo em todos os povos, desde os mais primitivos até os mais avançados (*Is* 11,1-9). É a saudade de um paraíso perdido. Até mesmo os profetas imaginavam a chegada do Messias como alguém que extirparia por inteiro o mal da face da terra. Assim pensava também João Batista (*Mt* 3,10). E, quando ele percebeu que Jesus, em vez de eliminar os pecadores, comia com eles e andava com eles (*Lc* 7,34), ficou preocupado. João Batista começou a se perguntar se Jesus era o Messias ou se devia esperar por outro (*Mt* 11,3). Jesus trouxe um tempo de graça e salvação. Ele comparou esse tempo ao plantio e crescimento do trigal. O Reino de Deus, na sua realização terrena, embora sendo de graça e santidade, não nos dispensa a paciência.

Há os que se escandalizam com a existência do mal. Dizem: se Deus é o criador de tudo, como pode haver tantos males e maldades? Se Deus é bom, como pode permitir tanta desgraça? O Concílio Vaticano II viu nesse escândalo uma das razões do ateísmo moderno (*Gaudium et Spes*, 19). Se há males que o próprio homem cria e pratica, há os que não dependem de sua vontade, como terremotos, tufões e mortes prematuras. O homem consegue explicar os males que nascem de seu coração, como a guerra, a corrupção e a violência. Mas não tem explicação para o mal em si. São Paulo chamou o mal de mistério (*2Ts* 2,7). O homem é posto diante do mal. A ele deve resistir. A ele deve superar. Com ele deve conviver, mantendo-se fiel ao bem. Deus é o exemplo de paciência, lembrado por Jesus, que faz nascer o sol sobre bons e maus e chover sobre justos e injustos (*Mt* 5,45). É bendito todo o esforço humano para vencer o mal. Isso é paciência, uma qualidade ativa e forte. A vitória completa sobre o mal acontecerá somente na plenitude do Reino: no céu.

**A paciência vale mais
que a heroicidade**

O trigal é o Reino de Deus. Jesus Cristo veio plantá-lo. É trigo bom. É amor, justiça, verdade, vida, perdão. Mas a presença, ao mesmo tempo, do mal (o joio) é uma realidade. Em outras palavras: não há comunidade sem pecadores. Não há santos sem conversão. A Oração Eucarística V lembra esse fato, ao afirmar: "Somos povo santo e pecador". Suportar esse fato, sem ceder ao mal, sem se transformar em mal, sem praticar o mal, é a paciência, que São Paulo chama de dom do Espírito (Gl 5,22) e pede aos cristãos que se revistam dele (Cl 3,12).

É na paciência que se conquista a vida (Lc 21,19). Essa virtude não é passiva. De forma nenhuma se confunde com a passividade. A paciência é uma virtude dos fortes e prudentes. É dinâmica. A passividade é preguiça dos fracos e dos sem horizontes. É desculpa de incapacidade. São Pedro compara a maldade a um leão voraz a quem devemos resistir com firmeza (1Pd 5,8). Resistir com firmeza é ter paciência. Jesus, exemplo de paciência, lutou contra o mal, procurou converter os corações pervertidos e ensinou a penitência (outra virtude ativa) como fórmula de resistir às maldades. A paciência, por sua vez, lembrou São Paulo, gera a esperança, que não decepciona (Rm 5,4-5). São Francisco, em seus escritos, aproximou muitas vezes a paciência, a humildade e a segurança.

Já o Antigo Testamento havia percebido o valor da paciência dinâmica, ao dizer que "mais vale um homem paciente do que um herói" (Pr 16,32). A paciência não é vistosa nem fanfarrona nem apressada; é humilde e prudente. E pelos frutos se torna a mais heroica de todas as virtudes. São Boaventura, falando da imensa paciência de São Francisco, cunhou esta frase: "Os méritos de um santo só encontram sua perfeição máxima na paciência" (Legenda Maior, 14,2).

17º DOMINGO DO TEMPO COMUM

1ª leitura: 1Rs 3,5.7-12
Salmo: Sl 118
2ª leitura: Rm 8,28-30
Evangelho: Mt 13,44-52 ou Mt 13,44-46

Procurai o Senhor e vivereis (Am 5,6)

É DESFAZENDO-SE DE TUDO QUE SE POSSUI O REINO DE DEUS

Este é o terceiro domingo que lemos parábolas de Jesus na versão de Mateus. E todas elas para explicar o sentido e as qualidades do Reino dos Céus, como conquistá-lo, como vivê-lo. Para Jesus, o Reino dos Céus (ou de Deus) "é de tal maneira importante que, em comparação com ele, tudo o mais passa a ser *o resto*" (*Evangelii Nuntiandi*, 8), "dado por acréscimo" (*Mt* 6,33). As parábolas de Jesus estão sempre centradas na pessoa e na missão de Jesus. As qualidades que Jesus dá para o Reino são também suas e qualidades do Pai do Céu. Sendo qualidades do Reino, são características da Igreja.

As duas parábolas de hoje (omitimos nos comentários a terceira, sobre a rede, que também pode ser lida nesse domingo) são muito parecidas na lição que contêm. Elas falam de dois homens, um lavrador e um comerciante, que trabalham, procuram, encontram, compram e vendem. Mas as palavras principais são *tesouro* e *pérola*. Duas coisas preciosas com que o Antigo Testamento gostava de comparar a sabedoria. O tema da sabedoria, no Antigo Testamento, talvez seja o que mais se aproxima do tema central do Novo Testamento: o Reino dos Céus. Mas uma aproximação apenas, porque o tema da sabedoria é um ideal que se quer pôr em prática. Enquanto o tema do Reino dos Céus, além de ser um ideal a alcançar, tem uma pessoa, Jesus de Nazaré, Filho Deus Salvador, em torno de quem, por causa de quem e com quem se põem em prática os ensinamentos.

Jesus contava parábolas que todos entendiam

Todo o capítulo 13 de Mateus é um conjunto de parábolas. Elas terão sido ditas em lugares e contextos diferentes. E são apenas uma seleção entre muitas, já que Jesus costumava usar o gênero literário das parábolas. Marcos chega a dizer: "Anunciava-lhes a Palavra por meio de muitas parábolas, que eles entendiam; e nada lhes falava sem meter parábolas de entremeio" (Mc 4,33-34). As parábolas sempre contêm símbolos e comparações. É difícil falar das coisas de Deus em palavras, por isso recorremos tantas vezes a símbolos e comparações, exatamente como fez Jesus.

O conjunto de parábolas, escolhido por Mateus (do joio, do tesouro escondido, da pérola preciosa e da rede só Mateus conta), refere-se a diversos aspectos do crescimento do Reino de Deus, que Mateus prefere chamar de Reino dos Céus. Como nos lembra o documento da Igreja sobre a Evangelização no mundo de hoje, a *Evangelii Nuntiandi*, n. 8, o Reino de Deus é o núcleo central do Evangelho. Trata-se da presença ativa de Deus, embora sempre misteriosa, no mundo e entre as criaturas humanas. Trata-se de um modo de viver, aqui e agora, na presença divina, invisível, mas, de certo modo, sensível por seus sinais. Trata-se de um comportamento consciente e consequente da parte do homem, que constrói a vida segundo o modelo da própria vida de Jesus na terra. Os dois homens, ambos da vida de cada dia (agricultor e comerciante) não fazem nada de extraordinário. Fazem o que qualquer homem teria feito ao encontrar um tesouro ou ao descobrir uma pérola. Talvez com isso Jesus queria dizer que procurar o Reino dos Céus não é privilégio, todos deveriam fazer tudo por ele.

Entrar no Reino de Deus é possuir todas as riquezas

O Reino de Deus é um tesouro. O livro dos Provérbios insistia em que se procurasse a sabedoria como se busca um tesouro (*Pr* 2,4). Ora, sabedoria, para o Antigo Testamento, era um modo de viver a justiça e a santidade de Deus e sentir o gosto por tudo o que provinha de Deus. A comparação de Jesus, então, retomou a comparação dos sábios antigos, porque o Reino tinha a ver com a presença de Deus e o comportamento humano.

Para os brasileiros, encontrar um tesouro no campo parece fantasia, coisa impossível. Mas não o era para os ouvintes de Jesus, que moravam em uma terra muito velha, que havia sofrido muitas invasões e muitos saques. Não era raro uma família enterrar, em tempo de perigo, suas economias. Não raro acontecia a família inteira ser massacrada, e perderem-se as moedas e as joias enterradas. Pela lei, um tesouro achado pertencia ao dono do terreno. Daí, na parábola, o interesse em comprar primeiro o campo.

Mas esses pormenores não interessam à parábola. As parábolas não devem ser interpretadas em seus pormenores, mas na lição central. Nessa parábola do tesouro achado, a lição é esta: o Reino de Deus vale mais que todos os outros bens que um homem possa ter. Não importa se temos muito ou pouco. Importa é que se troque *tudo* pelo Reino. Nem Pedro e André nem João e Tiago eram ricos, mas deixaram imediatamente tudo por Jesus (*Mt* 4,20-22). A parábola chega a dizer que o lavrador sentiu grande alegria. Certamente não por vender o que tinha, mas por conseguir em troca o tesouro do Reino. As coisas de Deus, ainda quando atravessadas pela cruz, vêm envoltas em alegria. Já o salmista dizia que quem procurar o Senhor terá seu coração trasbordante de alegria (*Sl* 105,3).

Deus quer ser procurado

A parábola da pérola preciosa tem exatamente o mesmo significado da do tesouro, mas faz um acréscimo importante: retoma o velho tema da procura. É verdade que o Reino de Deus é graça e concedido gratuitamente, mas não se dispensa, o esforço de procurá-lo. "Procurai em primeiro lugar o Reino de Deus" (*Mt* 6,33). Com o mesmo intenso empenho com que o Filho de Deus veio "buscar o que estava perdido" (*Lc* 19,10), devemos buscar as coisas de Deus. Já Davi, no belíssimo hino de ação de graças diante da Arca, exortava o povo: "Perguntai pelo Senhor e sua força, procurai sua face sem cessar, recordai as coisas maravilhosas que fez!" (1Cr 16,11-12). Todos os mestres de espiritualidade ensinam que Deus quer ser buscado. E quanto mais o temos, mais o procuramos. Quanto mais perto da pessoa amada se chega, tanto maior ela se torna. E quanto mais compreendemos um assunto, mais extenso e mais profundo se nos depara.

Já lembramos que a imagem da pérola e do tesouro faz referência à sabedoria no Antigo Testamento. O livro dos Provérbios diz que ela é mais preciosa do que as pérolas (Pr 3,15) e nenhuma joia tem seu valor (Pr 8,11). Ao afirmar a preciosidade do Reino – tesouro que vale tudo o que se tem –, Jesus está voltando a um ponto fundamental, que perpassa todo o Evangelho: o Reino só será daqueles que, para tê-lo, se desprendem de tudo: bens materiais, capacidades intelectuais, posições sociais, convicções religiosas. Não que se joguem fora esses bens, mas que se ponham a serviço do Reino. Não se pense que isso seja dito para os religiosos, que fazem voto de pobreza. É dito para todos os que tiverem ouvidos para ouvir (Mt 13,9.43) e olhos para ver (Mt 13,17). A parábola da rede, que Mateus conta logo em seguida (Mt 13,47-50), lembra que o cultivo do Reino deve durar a vida inteira, até o "fim do mundo" (Mt 13,49), isto é, até o momento de nossa morte. O cristão é alguém sempre 'se fazendo', sempre em conversão, sempre em fase de amadurecimento.

18º DOMINGO DO TEMPO COMUM

1ª leitura: Is 55,1-3
Salmo: Sl 144
2ª leitura: Rm 8,35.37-39
Evangelho: Mt 14,13-21

Os pobres comerão até saciar-se e louvarão o Senhor (Sl 22,27)

DO PÃO QUE O DIABO AMASSOU AO PÃO DA VIDA

A multiplicação dos pães que lemos hoje talvez seja o episódio do Evangelho contado com maior unanimidade de pormenores pelos quatro evangelistas. Pormenores não só geográficos e históricos, mas também bíblicos, cristológicos e eclesiológicos. Aliás, essa narrativa está no conjunto de capítulos de Mateus, que os exegetas chamam de "Discurso eclesial", porque procura elucidar aspectos sociais e religiosos da convivência comunitária.

Jesus reparte o pão. Essa seria uma missão fundamental da Igreja, como tão bem o mostrou uma das Campanhas da Fraternidade do Brasil, que tinha como lema 'Repartir o pão', o pão da Eucaristia, o pão da Palavra divina, o pão da amizade, o pão da cultura, o pão do progresso, o pão do amor fraterno. Todos os bens, nas mãos dos cristãos, devem multiplicar-se em benefício de todos. "Deus espera que os dons de cada um se repartam com amor no dia a dia", cantamos em um dos hinos do Ofertório.

Os quatro evangelistas contam a multiplicação

Ao saber da morte de João Batista, Jesus se retirou do território governado por Herodes e buscou refúgio na região semidesértica, a nordeste do Lago de Genesaré. Segundo Lucas, perto ficava a vila de Betsaida (*Lc* 9,10). Jesus teria ficado com medo. Era bastante provável que, depois de matar João, o perseguissem a ele também para eliminar por inteiro 'o foco de subversão'. E a hora de Jesus ainda não havia chegado. João foi assassinado por Herodes Antipas, filho de Herodes, o Grande, que fora rei quando Jesus nasceu. Também pode haver uma segunda razão para Jesus afastar-se do movimento. Depois do assassinato de João Batista, os discípulos do Precursor, que não eram poucos, poderiam bandear-se para ele. Ora, apesar de penitentes, os discípulos de João tinham outra mentalidade, faltava-lhes uma visão mais aberta e universal, tendiam ao radicalismo legal (*Jo* 3,25). À missão de Jesus não convinha um embate entre os seus discípulos e os de João. João compreendera bem o perigo, quando disse aos seus: "É preciso que ele cresça e eu diminua, porque ele é que é o esposo" (*Jo* 3,29-30). Mas até que ponto os discípulos de João eram capazes de compreender a missão secundária de seu mestre?

Jesus atravessou de barca o lago, conhecido como a palma da mão por Pedro e André, Tiago e João. Ter-se-ia servido de uma das barcas de suas famílias. O povo andou pela praia e contornou o lago. No versículo 19, fala-se em relva. Poderíamos estranhar, já que era zona desértica. Porém era primavera, a deduzir da frase de João ao contar o mesmo episódio: "Estava próxima a Páscoa" (*Jo* 6,4). A multiplicação dos pães é contada pelos quatro evangelistas. De um lado, isso confirma quão fundo calou o milagre na memória dos Apóstolos e do povo. De outro lado, a multiplicação se aproxima muito do grande milagre do maná, contado no Êxodo (*Êx* 16,4-27), e do milagre eucarístico acontecido na Última Ceia e tornado central na vida da Igreja. Na multiplicação dos pães há palavras, gestos e símbolos idênticos aos da Última Ceia, como tomar o pão, agradecer, partir o pão, dá-lo aos discípulos. Ser cristão se torna sinônimo de 'repartir o pão'.

Pão: símbolo
do sustento da vida

O pão e a carne eram os alimentos mais comuns no Oriente Médio. Eram o nosso feijão com arroz. Havia muitas espécies de pão: umas misturadas com lentilhas e legumes (*Ez* 4,9), outras, de massa de trigo não fermentada, que duravam meses sem estragar. A maioria do povo comia pão feito de cevada. O pão de trigo era luxo. Os pães eram grandes, achatados e quase sempre com um buraco ao centro, que permitia pendurá-los em varas. O profeta Ezequiel, para dizer que haveria uma grande fome, usa a expressão: "Quebrarei a vara do pão" (*Ez* 4,16). Um dos templos mais antigos da Palestina, anterior à chegada dos hebreus, é dedicado ao Deus Pão, e se localizava nas nascentes do Jordão.

Muito cedo, na Sagrada Escritura, o pão passou a significar qualquer tipo de alimento e quase um sinônimo de vida. Como, aliás, até hoje, porque são comuns expressões como 'ganhar o pão', para dizer 'ganhar o sustento da vida'. Encontramos na Bíblia inúmeras expressões que ligam o pão a situações concretas da vida. Quem sofre ou se sente abandonado "come o pão das lágrimas" (*Sl* 80,6). Hoje, diríamos: o pão que o diabo amassou. Quem está contente "come o pão da alegria" (*Ecl* 9,7). O sábio "come o pão da prudência" (*Eclo* 15,3). O pecador "come o pão da maldade" (*Pr* 4,17). O preguiçoso "come o pão da ociosidade" (*Pr* 31,27), o adúltero "come o pão da sensualidade" (*Eclo* 23,17), o explorador dos pobres "come o pão de sangue" (*Eclo* 34,25), o sacerdote mau "oferece no altar do sacrifício pão da impureza" (*Ml* 1,7).

Há na Sagrada Escritura expressões lindas que mostram o pão como um elo de vida familiar e de amizade. Assim 'comer o pão com alguém' é ser seu amigo íntimo (*Sl* 41,10). Jesus se referiu a esse sentido, quando se queixou, momentos antes de ser traído por Judas: "Aquele que come o pão comigo se levanta contra mim" (*Jo* 13,18). A palavra 'companheiro' significa 'aquele que come o pão comigo'.

Pão: símbolo da nova aliança

Ao escolher o pão como matéria do sacramento central do Novo Testamento, Jesus escolheu o alimento mais comum e encontradiço entre o povo. Mas também o alimento mais rico de significados sociais e espirituais. 'Comer o pão com alguém' significava fazer com ele uma aliança (*Gn* 31,54). Daí a exclamação de um convidado a um banquete, em uma parábola de Jesus: "Feliz aquele que comer o pão no Reino de Deus!" (*Lc* 14,15), isto é, feliz aquele que participar da aliança com Deus, da intimidade de Deus! No livro dos Provérbios, a sabedoria é comparada ao pão (*Pr* 9,5). É fácil passar desses sentidos todos ao grande sentido eucarístico. Antes da Última Ceia, Jesus se dissera "o pão descido do céu" (*Jo* 6,41), o "pão da vida" (*Jo* 6,35) e ensinara aos Apóstolos a pedir o pão a Deus (*Mt* 6,11 e *Lc* 11,3), isto é, pedir-lhe o sustento do corpo e do espírito, pedir-lhe a amizade e a presença benfazeja.

Observe-se que Jesus multiplicou e mandou distribuir os pães de graça. Os dons de Deus são sempre gratuitos, particularmente o dom da Eucaristia e o dom de sua Palavra. Ninguém os compra. Ninguém os merece. E mais uma vez vemos como Deus se serve das criaturas humanas para distribuir seus presentes. Jesus se serviu dos Apóstolos, a quem, pouco antes, havia dito: "De graça recebestes, de graça dai" (*Mt* 10,8). O cristão é o instrumento de que Deus se serve para distribuir sua graça e sua bênção. Os cinco pães de hoje podem lembrar os cinco livros ditos 'de Moisés', que os mestres chamavam de Torá, isto é, a Lei, que fundamentava a religião e a comunidade e alimentava a vida dos hebreus. Jesus não aboliu a Lei, mas a completou (*Mt* 5,17). O povo já não se alimentará apenas em Moisés, mas se saciará em Jesus, "pão vivo descido do céu" (*Jo* 6,51), pão "marcado com o selo de Deus" (*Jo* 6,27), pão "que dá vida ao mundo" (*Jo* 6,33) e fará "viver para sempre" (*Jo* 6,51).

19º DOMINGO DO TEMPO COMUM

1ª leitura: 1Rs 19,9a.11-13a
Salmo: Sl 84
2ª leitura: Rm 9,1-5
Evangelho: Mt 14,22-33

A nossa fé é a vitória sobre o mundo (1Jo 5,4)

TU ÉS O CRISTO VERDADEIRO, O FILHO DE DEUS

Depois de mostrar o poder sobre as enfermidades (*Mt* 9,35), o poder de multiplicar o pão (*Mt* 14,19-20), Jesus andou sobre as ondas do mar (*Mt* 14,25). Obedeceram-lhe as ondas e o vento (v. 32). Obedeceu-lhe a natureza. Obedeceram-lhe as forças do mal (o povo pensava que os demônios morassem no fundo do mar e seriam eles que causavam as tempestades). Por que a criatura humana, única criatura racional da terra, duvida em lhe obedecer? É verdade que há momentos de entusiasmo, como Pedro no Evangelho de hoje (v. 28), mas também que só com o entusiasmo não encarnamos a fé, que não pode basear-se unicamente em milagres ou provas de sensibilidade ou de inteligência.

Pode-se explicar a fé. Pode-se fazer longos e inteligentes discursos sobre a fé. Mas, na verdade, a fé independe de explicações. Ultrapassa os sentimentos. É maior que a razão.

Os especialistas no Evangelho de Mateus chamam os capítulos de 14 a 18 de 'Discurso Eclesial'. O episódio de Pedro que andou sobre as ondas está dentro desse discurso. Mateus teria agrupado ensinamentos práticos de vida comunitária cristã. Assim, a barca seria símbolo da Igreja. E Pedro representa cada cristão, a quem não falta entusiasmo, não falta confiança em Jesus, mas ainda tem muito a aprender e a amadurecer na fé. E a quem Jesus estende sempre de novo a mão salvadora.

Nas horas decisivas
Jesus reza

Jesus se escondera no deserto, logo que soube da morte de João Batista (*Mt* 14,13). Havia perigo para ele. A multidão correu ao deserto atrás dele. Jesus se compadeceu dela (*Mt* 14,14) e multiplicou o pão. O povo se entusiasmou e quis proclamá-lo rei (*Jo* 6,15). O momento era muito delicado. Ali estavam provavelmente todos os discípulos de João Batista, desejosos de vingar o assassinato e de se libertar do jugo pesado de Herodes, títere dos romanos. Jesus não podia queimar etapas. Não era chegada sua hora. Nem viera para um reinado terreno. Por isso mandou os Apóstolos retornarem à barca. Não quis que eles se contagiassem com o entusiasmo político. Tinham pela frente uma missão maior. Ele mesmo despediu o povo e retirou-se ainda mais longe para orar sozinho. Nos momentos mais decisivos, os evangelistas costumam mostrar Jesus em oração. Evidentemente que estava cansado. Todos os que lidam com o povo sabem que dar atenção, escutar as queixas e esperanças e dizer uma palavra certa e consoladora é cansativo. No entanto, Jesus se retirou para orar sozinho. O cansaço não dispensa a oração. Jesus rezou a noite toda, porque só veio ao encontro dos Apóstolos no raiar do dia, na quarta vigília, ou seja, às três da manhã.

É provável que os Apóstolos tenham recebido ordens de Jesus para não simplesmente atravessar o lago (a maior largura é de 12 km), mas navegar de um ponto a outro na mesma margem oriental onde estavam (o comprimento máximo do lago é 21 km). É verdade que João diz que remaram rumo a Cafarnaum (*Jo* 6,17). Mas isso pode ser apenas por interesse literário, já que põe imediatamente o grande discurso eucarístico de Jesus em Cafarnaum.

A barca: símbolo
da Igreja em dificuldades

Compreende-se o terror dos Apóstolos ao verem Jesus se aproximando sobre as ondas. O povo pensava que as ondas do mar eram movimentadas pelos demônios que tinham sua casa no mais profundo das águas. O povo hebreu nunca se distinguiu por façanhas marinheiras, como, por exemplo, o povo fenício ou o povo grego ou, mais recentemente, o povo português. O chamado mar da Galileia (Mt 4,18) é um lago com uma superfície de 170 km², de água doce, formado pelo rio Jordão, em uma depressão vulcânica, situada a mais de 200 m abaixo do nível do mar. Há muito mais símbolo no episódio de hoje do que realidade. Por causa da depressão do terreno e da falta de praias, o vento facilmente se enfurece. João diz que a multiplicação dos pães deu-se na época da páscoa, justamente uma meia estação de muito vento vindo do Oriente.

De qualquer maneira, a Bíblia sempre mostrou grande medo dos abismos do mar. O céu estrelado fazia o povo ver nas alturas as vestes de Deus que tocavam a terra, sem que pudessem ser tocadas pelas criaturas. Mas dizer que Deus dominava os abismos era dizer o máximo do poder divino (Jó 26,5-13). O grande peixe que devorou o profeta Jonas (Jn 2,1) depois da tempestade é muito simbólico. As forças do mal prendem e anulam a força do profeta. Mas Deus é maior que a maldade e tem o poder de "fazer da fossa surgir a vida" (Jn 2,7). Bastou uma ordem dele, e o peixe deixou Jonas em terra firme (Jn 2,11), podendo cumprir a vontade de Deus de purificar os ninivitas.

Há um plano de salvação da parte de Deus. Jesus foi mandado ao mundo para cumpri-lo (Jo 4,34). As forças do mal podem reagir e reagirão. Mas o plano se cumprirá. Podem os Apóstolos e os componentes da comunidade cristã serem fujões como Jonas ou medrosos como Pedro, mas Deus não retirará um pingo de seus planos (Mt 5,18). Voltemos a Pedro. É grande o contraste entre o medo de um fantasma diabólico e a confiança de Pedro ao ouvir a voz de Jesus, que vinha caminhando sobre as ondas. Para Jesus é mais importante a confiança de Pedro do que o medo.

Pedro, que teve a coragem de atirar-se às ondas encrespadas, ficou com medo do vento. São João Crisóstomo (349-407), ao comentar esse passo, diz: "É bem a natureza do homem. Muitas vezes, depois de haver triunfado sobre as maiores provações, ele cai nas menores". E acrescenta: "Não ajuda a ninguém estar perto do Salvador, se não lhe estamos perto pela fé".

Admiração: um passo bom, mas insuficiente para a fé

Jesus multiplica o pão. Os Apóstolos e o povo se entusiasmam. É o primeiro passo da fé. É bastante comum no Evangelho as pessoas se admirarem diante dos milagres e do ensinamento de Jesus (Mt 7,28; Mc 1,22; Lc 11,14). Mas não é suficiente. A cena de Pedro o demonstra. A fé verdadeira pressupõe a humilde confiança e a humildade confiante, sem exigência de milagres ou provas.

A humildade transparece na última cena do episódio: os Apóstolos, homens experimentados nas lides da vida, de joelhos, dizendo: "Verdadeiramente, tu és o Filho de Deus!" (v. 33). O estar de joelhos tem dois sentidos: o de humildade, em posição de não se poder defender e, ao mesmo tempo, em posição de poder abaixar-se para beijar os pés; o de reverência, e até de adoração, diante de quem se reconhece ser o dono da vida e do nosso destino. Uma lição para todos os tempos. Talvez haja mais entusiasmo que fé em nosso comportamento. Talvez somos dos que correm atrás de milagres, em vez de simplesmente e somente pôr-nos de joelhos diante do Senhor, que tem poder sobre as enfermidades, sobre a natureza, sobre os demônios e, sobretudo, o poder de nos atravessar salvos à outra margem do mar da vida e nos "ressuscitar no último dia" (Jo 6,40).

20º DOMINGO DO TEMPO COMUM

1ª leitura: Is 56,1.6-7
Salmo: Sl 66
2ª leitura: Rm 11,13-15.29-32
Evangelho: Mt 15,21-28

Ouve-me quando te invoco, Senhor, responde-me depressa! (Sl 102,3)

DEUS NÃO JULGA PELO SANGUE MAS PELA MISERICÓRDIA

Para entender o Evangelho de hoje, precisamos levar em consideração uma série de fatores. O trecho faz parte do chamado 'Discurso eclesial' de Mateus, isto é, de uma série de ensinamentos de Jesus, que o evangelista agrupou como ajuda prática à comunidade cristã. A comunidade primitiva era prevalentemente de origem hebreia, tanto que muitos convertidos continuavam a frequentar o templo (At 2,46;3,1) e observavam as tradições mosaicas. Não se via contradição nisso, porque Jesus não abolira a Lei e os ensinamentos dos profetas (Mt 5,17). Jesus sempre respeitou a precedência do povo hebreu, precedência adquirida pelo grande esforço em manter o monoteísmo. Mas ele não viera só para o povo eleito. Viera para todos (Jo 10,10). Era não apenas a luz de Israel, mas de todas as nações (Lc 2,32). Os hebreus haviam-se fechado de tal modo para proteger a sua religião e raça, que chegavam a excluir a possibilidade de salvação para os outros povos, que eles chamavam de 'pagãos', não mantinham amizades, não comerciavam com eles, não comiam em suas mesas e, se devessem ter contato com eles, consideravam-se contaminados e procuravam os ritos prescritos para se purificarem.

Jesus deixou claro que também os pagãos eram filhos de Deus e que ninguém se manchava por ajudar ou ser ajudado por um pagão (*Mt* 8,5-6; 28-30; *Lc* 17,17-19). Mas o segregacionismo era forte. Depois da Ascensão de Jesus, muitas comunidades se negavam a batizar pagãos. Algumas até exigiam que eles primeiro passassem ao judaísmo (*At* 15,1), fazendo-se circuncidar. Era preciso superar essa mentalidade. Ao subir aos céus, Jesus fora claro: "Ide, fazei discípulos meus *todos* os povos". Ninguém estava excluído. O assunto era tão preocupante, que os Apóstolos fizeram o primeiro Concílio da Igreja (*At* 15,1-29), com a presença de Pedro, Tiago e Paulo, o "Apóstolo das gentes" (*Rm* 15,16-17).

O 'Discurso eclesial' procura mostrar o ensinamento de Jesus quanto a esse e a outros pontos. Os Apóstolos, ao quererem mandar embora a mulher (v. 23), representaram toda uma mentalidade. Jesus respeitou a mentalidade, mas indicou outro comportamento. Ao ser abordado pela cananeia, primeiro evitou o escândalo dos Apóstolos, depois procurou provocar as qualidades da verdadeira fé e, por fim, atendeu a mulher e a elogiou como modelo. Esse deveria ser o comportamento das comunidades: não escandalizar, não alimentar divisões; não olhar a etnia, mas as qualidades da fé.

Os excluídos da sociedade são os preferidos de Deus

O problema da exclusão existe ainda hoje. Havia excluídos no tempo de Jesus, como os pecadores, os doentes, os pagãos, as mulheres, os publicanos. Existem hoje os excluídos da sociedade, como os pobres, as minorias étnicas e, em muitos países, ainda as mulheres. A Igreja tem tomado muito cuidado para que a exclusão social não signifique também exclusão da comunidade cristã. Nem sempre tem conseguido. Todos estão lembrados dos protestos no seio da própria Igreja, quando os bispos latino-americanos, em Puebla, fizeram oficialmente uma 'opção pelos pobres'. A opção pelos pobres chegou a ser considerada como perigosa, como 'subversão da ordem'.

Tiro e Sidônia serão tratadas com misericórdia (*Lc* 10,14)

A mulher que procurou Jesus era cananeia. Os cananeus eram um povo antiquíssimo que habitava na costa do Mediterrâneo

desde o porto de Sidônia até Gaza. Eram conhecidos como comerciantes, a ponto de 'cananeu' ser sinônimo de 'comerciante' (Is 23,8; Ez 16,29). Seu mais famoso deus era Baal, e a mais famosa deusa era Astarte. A ambos se prestavam certos cultos à base do sexo (1Rs 14,24; 2Rs 23,7), para obter a fertilidade dos campos, dos animais e êxito nos negócios. Essa era uma das razões porque os hebreus mantinham distância social dos cananeus, porque aos hebreus era severamente proibida a prostituição (Dt 23,18-19). Entende-se, então, a reação do grupo hoje.
Tiro e Sidônia eram e são duas cidades portuárias. Ambas já existiam três mil anos antes de Cristo. Eram os pulmões dos fenícios, um povo de ousados navegadores e múltiplo comércio. Tiveram seu tempo áureo nos tempos de Davi e Salomão. Dominavam então o Mediterrâneo (Is 23,8; Ez 27,33-36). Tiro forneceu a Davi material, marceneiros e pedreiros para a construção do palácio real (2Sm 5,11); e a Salomão forneceu os cedros do Líbano, as colunas e pedras para o templo (1Rs 5,15-32) e ainda os especialistas em bronze (1Rs 7,13-14). Mas esse bom relacionamento não existia no tempo de Jesus. Sabemos que os habitantes de Tiro e Sidônia foram atenciosos com Jesus. Muitos se deslocaram até a Galileia para escutar sua palavra (Mc 3,8; Lc 6,17).

**A fé tem suas raízes
na humildade**

Por que terá Jesus ido à região de Tiro e Sidônia, fora do território da Judeia e da Galileia? Pelo contexto dado por Mateus, Jesus tinha várias razões. Os chefes do povo apertavam o cerco a Jesus, temendo represálias por parte dos romanos. Tanto que o Sinédrio mandara alguns escribas (entendidos em leis) pedir explicações sobre por que Jesus permitia que seus discípulos não observassem as leis dos antigos (Mt 15,1-2). Sair do país significava despistar um pouco os inquisidores. Depois, havia os espiões do supersticioso Herodes, que andava desconfiado de que Jesus fosse a reencarnação de João Batista, que ele decapitara (Mt 14,1-3). Jesus havia multiplicado o pão, e o povo queria proclamá-lo rei (Jo 6,15): era preciso esfriar a multidão e, talvez, também frear os Apóstolos, que se haviam mostrado interessados em vê-lo proclamado rei (At 1,6).

No episódio de hoje ficam muito claros os requisitos da fé. Digamos mais uma vez: não é o sangue ou a classe social que contam, mas a atitude do coração. Em primeiro lugar a humildade, porque no coração orgulhoso não há espaço para a fé. A cananeia mostra hoje extrema humildade (v. 27). Ensina Santo Antônio de Pádua: "Toda obra boa toma seu princípio na humildade". Depois, o senso da necessidade. O autossuficiente não sabe o que fazer com a fé. A mulher se apresentou como uma necessitada (vv. 22 e 25). Em terceiro lugar, a confiança, apesar das circunstâncias contrárias. A mulher enfrentou preconceitos, rejeição, teologia, costumes sociais e o próprio silêncio de Jesus (v. 23). Sua confiança em Jesus foi maior que as dificuldades. Uma confiança tão grande que mais parecia ser consequência da fé, que seu pressuposto. Ela, pagã, chamou Jesus de "Filho de Davi" (v. 22), isto é, reconheceu nele o Messias, o enviado de Deus. E "crer naquele que Deus enviou" (Jo 6,29) era a única coisa necessária. Das dificuldades enfrentadas pela mulher, talvez, a maior tenha sido o silêncio de Jesus. Muitos ainda hoje se escandalizam com o silêncio de Deus, particularmente diante das injustiças e desgraças sociais, e aludem a ele para justificar certo agnosticismo prático. Deus é comunicação e comunhão por excelência. O que nos falta tantas vezes é conhecer o código da linguagem de Deus, sobretudo sua linguagem diante do mistério, como é o mistério do sofrimento.

21º DOMINGO DO TEMPO COMUM

1ª leitura: Is 22,19-23
Salmo: Sl 137
2ª leitura: Rm 11,33-36
Evangelho: Mt 16,13-20

A multidão dos fiéis era um só coração e uma só alma (At 4,32)

UMA IGREJA UNA E SANTA, MAS HUMANA E PLURALISTA

O Evangelho de hoje é o mesmo da festa de São Pedro e São Paulo. Insere-se dentro do 'Discurso eclesial' de Mateus. Na verdade, é um momento fundamental para a nova comunidade, que deveria beneficiar-se da missão de Jesus e continuá-la até o fim dos tempos. Mateus emoldura o quadro no meio dos maiores e mais santos profetas, seja para dizer que Jesus os sobrepassa, seja para dizer que a Pedro seria entregue a missão profética da Nova Aliança. Talvez não seja por acaso que o episódio ocorra em terra pagã, em uma cidade nova, criada especialmente para homenagear o César de Roma. Sobre Pedro Jesus estava por fundamentar a nova comunidade, não restrita a uma raça, mas universal, acima e mais ampla que todos os reinos e impérios, as nações e culturas.

Embora Jesus tenha usado a figura da pedra para simbolizar a estabilidade dos fundamentos da Igreja, foi sobre uma pessoa humana, instável como todas, Pedro, que ele baseou a comunidade. A Igreja, como todas as pessoas, sofre as vicissitudes das coisas vivas: "peregrina na esperança" (*Decreto Sobre o Ecumenismo*, 2), geme e sofre as tensões do tempo (*Lumen Gentium*, 48). Divina – porque é o Corpo Místico do Cristo (*Lumen Gentium*, 7) – tem todas as qualidades e deficiências humanas. Por isso, embora santa, sempre precisa renovar-se e purificar-se (*Lumen Gentium*, 8c).

Entre as mais comoventes lições do Evangelho, está a grande confiança que Jesus depositou na criatura humana como sua parceira na história da salvação. Pedro foi instituído chefe da Igreja. Mas que adiantaria haver um chefe, se faltasse a comunidade? Que faz um cacique sem tribo? Um general sem exército? Um presidente sem assembleia? Sempre com Pedro e sob Pedro, é preciso uma comunidade viva, responsável, dinâmica, consciente.

Parceira de Deus
na História da Salvação

Muitos cristãos que vão à missa e recebem os Sacramentos não se sentem Igreja. Falam da Igreja como se lhes fosse uma entidade da qual se servem, quando precisam, como um supermercado. Não é raro encontrar pessoas que pensam que a Igreja é propriedade dos padres como a prefeitura é do prefeito. Sabem que não é uma posse propriamente dita, porque o padre muda como pode mudar o prefeito. De toda maneira, é coisa dos outros. Não sentem a Igreja. Não se sentem protagonistas do que acontece ou deixa de acontecer na Igreja. O indiferentismo é dos maiores pecados que podem manchar a vida do cristão. Jesus chegou a dizer que teve ânsias de vômito na frente dele (*Ap* 3,16).

Ao fundar a Igreja, Jesus não a colocou sobre os ombros de anjos. Fê-la de homens e pôs um homem como responsável. Na Igreja – que é comunidade viva de fé, esperança e caridade –, fundem-se o divino e o humano, o celeste e o terrestre, o agora e a eternidade. Por isso, o Concílio chamou a Igreja de "realidade complexa" (*Lumen Gentium*, 8). Que confiança teve Jesus na criatura humana pecadora e fraca ao plantar sobre ela o Reino dos Céus, unir-se a ela e, com ela, formar um só corpo (*Lumen Gentium*, 3), a Igreja, a nova Família de Deus (*Lumen Gentium*, 10)!

A unidade da Igreja se parece
à unidade de um corpo vivo

Há outro tema no Evangelho de hoje. O fato de Jesus fundar a Igreja sobre uma pessoa, embora sem dar-lhe responsabilidade única no destino da Igreja, vem-nos lembrar que Jesus quis uma Igreja *una*. O Credo, resumo e profissão da fé, manda-nos rezar: "Creio na Igreja, una, santa". Não devemos, porém, pensar a unidade como um bloco, em que se perdem as individualidades. Nem devemos pensar a unidade como sinônimo de uniformidade, em que todos pensam e fazem a mesma coisa.

Sobre a Igreja desceram os dons do Espírito Santo. Eles são múltiplos, são diferentes. E se manifestam, na Igreja, de maneiras diversas. Podemos dizer que a Igreja é uma pluralidade de situações, de vocações e de serviços, que não se opõem à unidade mais profunda em Cristo. Em sua diversidade, e não apesar dela, é que somos um em Cristo (*Jo* 17,21) e no Povo de Deus. O Apóstolo Paulo, preocupado com a unidade, vendo pessoas de toda a parte e de todas as mentalidades sendo batizadas, comparou a unidade da Igreja à unidade do corpo (*1Cor* 12,12-30). No corpo, temos os pés, as mãos, a cabeça, o coração e outras partes. Cada órgão é completo em si, é diferente e tem função diversa. Mas todos eles agem de maneira unânime. Nenhum deles pode dizer ao outro: "Não preciso de ti" (*1Cor* 12,21). Paulo concluiu sua comparação assim: "Ora, vós sois o Corpo de Cristo e cada um como parte é membro" (*1Cor* 12,27).

Na Igreja, pode haver diversidade nos métodos, nos ritos litúrgicos (que necessariamente refletem a cultura de cada povo), no pensamento teológico (sempre houve diferentes escolas teológicas e o pluralismo teológico sempre representou riqueza de pensamento, de oração e de observância das leis) e ainda diversidade ideológica no modo como gerir as coisas políticas, que muito tem a ver com a Igreja, porque envolve profundamente a criatura humana, e tudo o que diz respeito ao ser humano interessa de perto à Igreja. Essa diversidade, sadia e desejada (*Gaudium et Spes*, 92b), chama-se pluralismo, que não significa que cada um pode fazer o que quer, mas que cada um – com sua história, suas contingências, seu jeito de ser, pensar e agir – pode enriquecer a comunidade, proclamando a mesma fé, vivendo a mesma esperança, participando do mesmo pão e repartindo o mesmo amor.

Outra maneira de libertar e salvar

Uma observação sobre a frase final do Evangelho, em que Jesus pede que não digam a ninguém que ele é o Messias. Parece contradição, porque Jesus, de fato, queria que todos soubessem quem ele era, que todos o proclamassem Filho de Deus Redentor, que todos crescem nele. Acontece, porém, que o povo esperava um Messias guerreiro, uma espécie de general libertador, um líder carismático. Jesus levou tempo para que, ao menos os Apóstolos, percebessem que ele não iria tomar armas, nem formar partidos, nem disputar posições, e não conseguiu, porque, quando estava para subir ao céu, ainda foi perguntado por eles se, finalmente, iria restabelecer o Reino de Israel (At 1,6).

Era preciso que o povo fosse descobrindo outra maneira de libertar, que não a das armas, outra forma de construir a sociedade, que não o racismo, outra meta a cultivar, que não os horizontes terrenos. Essa outra maneira passava pela morte, que o povo supunha a maior de todas as desgraças. Imediatamente após o Evangelho de hoje, trecho que leremos no próximo domingo, Jesus anunciou sua paixão e sua ressurreição. O próprio Pedro deu mostras de não entender a necessidade desse caminho (Mt 16,22) que, aliás, até hoje constitui um mistério, só alcançável pela fé. A Igreja é feita de morte e vida. Morte que gera vida, e vida que faz morrer. A Igreja é uma comunidade que anuncia morte e proclama ressurreição, porque sua novidade é justamente a morte e a ressurreição do seu Senhor.

22º DOMINGO DO TEMPO COMUM

1ª leitura: Jr 20,7-9
Salmo: Sl 62
2ª leitura: Rm 12,1-2
Evangelho: Mt 16,21-27

Se alguém acredita ser sábio, faça-se louco para chegar a ser sábio (1Cor 3,18)

JESUS DEVIA SER MORTO EU TAMBÉM DEVO MORRER

O Evangelho de hoje continua o do domingo passado e, até mesmo, pressupõe-no. No domingo passado, os Apóstolos, sobretudo Pedro, confessaram que Jesus de Nazaré era o Cristo, o Filho de Deus vivo (*Mt* 16,16). Mas imaginavam um Messias triunfante e dominador. Hoje, Jesus corrigiu o retrato, anunciando-lhes a paixão, a morte e a ressurreição, fatos que eles não podiam sequer imaginar, pois, se ele era o Filho de Deus, não podia morrer; se morresse, ficava provado que era igual a todos os outros profetas: santo, sim; porta-voz de Deus, sim; mas mortal como todos. Apesar de Jesus ter dito aos Apóstolos que a morte violenta estava nos planos de Deus (*Mt* 17,22-23; *Mc* 8,31; *Lc* 24,26) e que a manifestação de sua divindade se daria na ressurreição após três dias (*Lc* 24,46), eles não entenderam.

Jesus alongou os olhos para dar um ensinamento aos que, através dos tempos, quisessem segui-lo: ninguém é melhor do que o Mestre. Se ele sofreu, o discípulo não fuja do sofrimento e da cruz!

Jesus caminha consciente para a morte

Há alguns termos no Evangelho de hoje que precisam ser explicados. *Anciãos*, *doutores da lei* (ou escribas) e *sumos sacerdotes* (ou príncipes dos sacerdotes) eram as três classes de pessoas que compunham o sinédrio que condenou Jesus (*Mt* 26,57-69). O sinédrio era uma espécie de colegiado, que decidia questões religiosas, jurídicas e algumas civis. Os *Anciãos* eram os chefes das famílias mais poderosas; os *Escribas* (doutores da lei ou legisperitos ou rabis) eram os professores de Escritura, intérpretes de leis e textos sagrados. *Sumos sacerdotes*: normalmente, havia um só de cada vez exercendo o cargo; era o chefe do templo e quem executava os grandes rituais; sua autoridade alcançava boa parte da vida civil; sempre presidia o sinédrio, do qual participavam, também, os sumos sacerdotes aposentados ou destituídos. Ao todo, o sinédrio era composto de 70 pessoas mais o presidente, por analogia aos 70 anciãos de Israel, mais Moisés (*Êx* 24,1.9). Sugestivo é o texto dos Números (11,16-17), em que Deus mandou Moisés escolher 70 dentre os anciãos e magistrados do povo e prometeu: "Retirarei um pouco do espírito que há em ti e o incutirei neles, para que te ajudem a carregar o fardo do povo". Uma forma elegante de propor um colegiado que pense e decida em conjunto.

Jesus chamou a Pedro de Satanás. Só em um segundo momento 'Satanás' se tornou sinônimo de diabo. No seu primeiro sentido, significa aquele que diante do tribunal acusa, ou seja, o adversário. Talvez diríamos: aquele que se cruza no nosso caminho, causa-nos dificuldade ou nos impede de agir. Nos escritos mais recentes do Antigo Testamento, Satanás é aquele que se opõe aos planos de Deus. É nesse sentido que Jesus chama Pedro de Satanás. Mas há semelhança entre Pedro e o tentador no início da vida pública de Jesus. Lá Satanás 'quis' desviá-lo da missão (*Mt* 4,1-11). Pedro, sem maldade, estava pensando em dissuadir Jesus de ir ao encontro da Paixão, por isso Jesus o repeliu com a mesma veemência com que repeliu o demônio (*Mt* 4,10). Com a veemência que Eva e Adão não tiveram no paraíso diante da serpente-satanás.

**Podemos ser satanás
para nós mesmos**

Jesus chama a Pedro de 'pedra de tropeço' ou 'pedra de escândalo'. Isso logo depois de afirmar (*Mt* 16,18) que sobre ele, Pedro-pedra, fundaria a Igreja. A expressão 'pedra de tropeço' vem de um poema do profeta Isaías (*Is* 8,14) e é usada mais vezes no Novo Testamento (*Rm* 9,32-33; *1Pd* 2,8). Significa estorvo, empecilho, armadilha, cilada. Contrasta com 'pedras vivas' (*1Pd* 2,5), que são todos os cristãos que constituem o templo de Deus, cuja pedra principal é o próprio Cristo (*Ef* 2,20).

Pedra de tropeço são as tentações de nos desviar do bem. São os muitos pretextos humanos (bons e maus) para não cumprirmos a vontade de Deus. Pensa nisso Jesus, quando, na oração do Pai-Nosso, manda-nos a rezar: "Mas livrai-nos do mal". Esse pedido poderia ser traduzido assim: "Mas livrai-nos do Maligno". Esse Maligno é o demônio, o espírito do mal.

Costumamos dar as mais variadas desculpas para fazer aquilo que nos agrada, em vez daquilo que devemos; de fazer aquilo que nos é útil e vantajoso, em vez de nos perguntar se está de acordo com os ensinamentos de Jesus. A chamada 'lei da vantagem' é pouco condizente com o Evangelho, embora tão inculcada pelos livros de autoajuda. Nós podemos ser satanás para nós mesmos. Há no Evangelho uma passagem (*Mt* 7,21) em que Jesus diz que o bom não é aquele que grita: "Senhor! Senhor!", mas aquele que faz a vontade do Pai do Céu. Quem compreender o significado do "renuncie a si mesmo e me siga" encontrará o caminho central do Evangelho.

**Pode-se repetir
a cruz de Jesus**

A segunda parte do Evangelho (vv. 24-27) se dirige aos discípulos de todos os tempos. Não apenas a estrada de Jesus é difícil, mas a de todos os que querem segui-lo, porque a estrada é a mesma. Jesus podia estar animando os Apóstolos que, logo mais, morreriam de morte violenta como ele. Mas o convite foi dirigido a todos. São Paulo disse na Carta aos Filipenses: "Foi concedido a vocês não somente crer em Cristo, mas também sofrer por ele" (*Fl* 1,29). Há um sofrimento do qual nenhum discípulo pode escapar: a renúncia aos próprios interesses. A renúncia traz dor. Mas nem toda renúncia é perda.

Vivemos agarrados ao nosso eu, às nossas pequenas e grandes realizações pessoais. Qualquer livro de psicologia moderna nos ensina a satisfazer nossos desejos, a desenvolver nossas capacidades, a vencer sempre, não importando com que meios. Ao começar a vida pública, o demônio tentou levar Jesus a satisfazer o desejo do ter, o desejo do aplauso, o desejo do poder. Seria o caminho normal. É o nosso caminho normal. Mas Jesus o renunciou com firmeza.

Jesus seguiu outro caminho, até contrário a esse. Por isso chocou muitos discípulos medíocres. Os santos tiveram a coragem de desviar-se do caminho 'normal' das próprias satisfações e entraram, atrás de Jesus, pelo difícil caminho da renúncia. Foram tidos como loucos. Já São Paulo lembrava "a loucura da cruz" (1Cor 1,18). Do São Francisco escreveu o papa Pio XI: "Parece lícito afirmar que jamais houve em quem brilhasse mais viva e mais semelhante a imagem de Jesus Cristo e a forma evangélica de vida do que em Francisco". Em outras palavras, Francisco foi fidelíssimo discípulo de Jesus. Ora, quando ele começou o duro caminho da conversão, foi considerado louco por todos os que o conheciam. Diz textualmente seu primeiro biógrafo, Tomás de Celano: "Todos os que o conheciam e confrontavam o presente com o passado passaram a insultá-lo, chamando-o de louco e demente, e lhe atiravam pedras e lama nas praças". Seu sacrifício, porém, significou salvação para muitos. Sua cruz repetiu a cruz de Jesus, por isso, para ele significou ressurreição e vida verdadeira. Hoje, Francisco é um exemplo de quem "perdeu a vida" (v. 25) para encontrá-la "com Cristo, em Deus" (Cl 3,3).

23º DOMINGO DO TEMPO COMUM

1ª leitura: Ez 33,7-9
Salmo: Sl 94
2ª leitura: Rm 13,8-10
Evangelho: Mt 18,15-20

A cada criatura humana o Senhor deu mandamentos em relação ao próximo (Eclo 17,14)

DEUS PÔS EM NOSSOS LÁBIOS A MENSAGEM DA RECONCILIAÇÃO

O Evangelho deste domingo está muito ligado ao trecho que o antecede (a parábola da ovelha desgarrada) e ao que vem depois, que leremos no próximo domingo (a parábola do devedor cruel). Jesus ensina-nos o comportamento que devemos ter diante de quem peca, coisa, aliás, muito prática em uma comunidade. Fica bastante claro que a lei fundamental da comunidade cristã é o amor. A correção fraterna deve ser ditada pelo amor fraterno e pressupõe humildade e compreensão da parte de quem corrige. O orgulhoso não tem autoridade para corrigir.

A ovelha desgarrada é o pecador. Na parábola, o Mestre diz como ele, Jesus, comporta-se diante do pecador: vai à sua procura com interesse e carinho e sente a máxima alegria ao encontrá-lo. Na parábola que vem depois, Jesus mostra o comportamento da maioria: exigentes, cruéis e duros de perdoar. No trecho do meio (Evangelho de hoje), Jesus aponta para o comportamento correto, razoável e prático. Não idealiza ao extremo como na parábola da ovelha nem permite a violência física para corrigir o devedor. No fundo, está a lição do perdão, uma das maiores novidades do Novo Testamento, e uma das lições mais difíceis. O perdão é filho do amor e da justiça, que, por sua vez, gera a paz.

Perdão: difícil de entender e mais difícil de viver

O Antigo Testamento não conheceu o perdão gratuito. Foi Jesus quem o ensinou pela primeira vez e o fez norma de vida. Tanto que é uma das características do cristianismo. O perdão que o Antigo Testamento conhecia era o da vingança. No início, a ofensa podia ser vingada por outra que fosse 77 vezes mais forte que a falta cometida (*Gn* 4,24). Mais tarde, deu-se um grande passo à frente, adotando a lei do talião: elas por elas, dente por dente; a vingança não podia ser maior que a ofensa. No Sermão da Montanha, Jesus lembrou essa norma jurídica (*Mt* 5,38) e a declarou insuficiente e superada.

Jesus deu um salto tão grande à frente, que até hoje muitos não o compreendem e, na prática, não o seguem. Jesus instituiu o perdão gratuito: devemos perdoar sem olhar o tamanho da ofensa nem a grandeza da pessoa que ofendeu, e sem exigir reparação; sempre, sem exceção. Jesus baseou essa doutrina no fato de o Pai do Céu nos perdoar (*Mt* 5,48) e no desejo inato de cada um ver seus pecados perdoados por Deus (*Mt* 6,14-15). O perdoar faz parte do homem novo. O Apóstolo Paulo disse lindamente aos Coríntios: "Deus nos reconciliou por Cristo e nos confiou o ministério da reconciliação. Deus, por Cristo, reconciliou o mundo, não levando em conta os pecados dos homens. Ele pôs em nossos lábios a mensagem da reconciliação" (*2Cor* 5,18-19). Os cristãos, no meio do mundo, poderiam ser chamados de 'mensageiros do perdão'. A Igreja deveria ser no mundo um exemplo, um instrumento de perdão e de reconciliação. O próprio Jesus tornou-se o modelo de quem sabe perdoar gratuitamente. Bastaria lembrar seu comportamento na Cruz, depois de tanta traição, injustiças e condenação à morte: "Pai, perdoai-lhes" (*Lc* 23,34). E ao ladrão arrependido não lhe atirou em rosto os crimes passados contra a sociedade, mas disse simplesmente: "Hoje estarás comigo no paraíso" (*Lc* 23,43).

A repreensão tem o gosto do perdão

Ainda que o pecado seja individual, tem uma dimensão comunitária. Por isso, também o perdão tem a ver com a comunidade, o que não significa que o pecado e o perdão devam ser publicados nas praças. O ensinamento evangélico respeita a honra pessoal de cada um. Quando Jesus nos manda corrigir o irmão, primeiro a sós, por um lado mostra a dimensão comunitária do pecado e do perdão; por outro lado, resguarda a pessoa e lhe dá chance de explicar-se. Quem repreende não tem o direito de humilhar. Dentro do cristianismo, a repreensão já tem o gosto do perdão. Está, portanto, muito longe de certo sadismo que sentem alguns que vivem julgando todo o mundo e se arrogam o direito de corrigir os da direita, os da esquerda, os de trás, os da frente, como se fossem os donos da verdade e o modelo de comportamento. A repreensão implica compreensão. Repreender é tão difícil quanto perdoar.

A palavra 'Igreja' significa comunidade. Daí Jesus admitir a possibilidade de duas ou mais pessoas terem de repreender, quando alguém errar e não querer ouvir em particular a correção. Jesus fala em 'testemunhas', o que lembra um raciocínio, uma conversa, um levantamento da questão, uma análise dos fatos. Três pessoas vêm melhor que uma só. O conselho de Jesus refere-se, aliás, à norma dada pelo Deuteronômio: "Contra quem cometeu um delito ou pecado, não se admita jamais uma só testemunha. A sentença se apoiará na palavra de duas ou três testemunhas" (*Dt* 19,15).

Jesus apela, ainda, para outra instância: a comunidade, toda a Igreja local. Na verdade, o que Jesus quer é proteger o amor fraterno, não deixar que sua Igreja se torne uma seita, isto é, um grupo fechado sobre si mesmo, que exclua do convívio os 'pequeninos', os 'fracos', os que erram. Isso seria fomentar as divisões, matar a comunidade. Jesus previne um pouco antes: "Toda cidade ou casa dividida não continuará em pé" (*Mt* 12,25). Em vez de excluir – o que se poderá fazer depois de esgotadas todas as possibilidades, como o próprio Jesus admite no versículo 17, e fará ele mesmo no Juízo Final (*Mt* 25,32) –, deverá haver uma procura (*Mt* 18,12), uma aproximação (*Lc* 19,5), uma abertura receptiva, acolhedora (*Jo* 8,10-11). É grande o perigo de a comunidade querer ser um canteiro de observantes, puros e piedosos, com exclusão dos outros. Assim são os fariseus, a quem Jesus não acusa de falta de zelo (*Mt* 23,13-34), mas de falta de caridade, sinceridade e misericórdia (*Mt* 23,23).

O perdão tem gosto de oração

É interessante observar que, no momento em que Jesus fala de dois ou mais reunidos para 'julgar', repreender alguém, o evangelista acrescenta a oração em comum e a garantia da presença do Senhor. Como que para dizer que a verdadeira correção fraterna se deve dar em clima de oração. Aliás, a oração verdadeira implica o perdão mútuo. Daí a figura do 'ligar/desligar', que é sinônimo de 'perdoar/não perdoar'. A oração comunitária é expressão de unidade e de amor fraterno, ou seja, de pessoas pacificadas entre si e com Deus. Na oração feita em clima de perdão, e no perdão dado e recebido em clima de oração, Deus se faz presente. O que nos vem lembrar que o perdão dado e recebido não pode basear-se apenas em critérios humanos. Assim como a misericórdia de Deus ultrapassa todos os limites imagináveis da justiça e expressa-se no Sangue do filho derramado na cruz para o perdão de nossos pecados (Ef 1,7; Cl 1,20), assim o nosso perdão, fundamentado no amor e embebido no sangue do Senhor (Rm 3,25), deve ir além da justiça humana. A sociedade moderna desenvolveu muito o senso da justiça. A Igreja tem mérito nisso. Mas as pessoas, que gritam por justiça, esquecem muitas vezes o perdão. Justiça e perdão não se contradizem, não se anulam. São como o hidrogênio e o oxigênio que se encontram, fundem-se para formar a água, símbolo da vida.

24º DOMINGO DO TEMPO COMUM

1ª leitura: Eclo 27,33-28,9
Salmo: Sl 102
2ª leitura: Rm 14,7-9
Evangelho: Mt 18,21-35

Perdoai-vos mutuamente como Deus vos perdoou em Cristo (Ef 4,32)

O PERDÃO ILIMITADO GENEROSO E GRATUITO

Lemos hoje o final do capítulo 18 de Mateus sobre a fraternidade na vida de cada dia da comunidade cristã. Mateus juntou vários ensinamentos sobre o tema e lhe deu certa ordem. A lição central é a absoluta necessidade da fraternidade para poder acontecer o Reino de Deus na terra.

Provoca o ensinamento uma pergunta dos Apóstolos sobre quem deles seria o maior no Reino e se conclui com uma resposta dada a Pedro, ou seja, dada ao chefe da comunidade, como que para realçar a gravidade do conteúdo. Jesus dá as seguintes lições, em ordem de sequência: para pertencer ao Reino é preciso ter alma de criança (simples, humilde e acolhedora); ter paixão pela salvação dos irmãos (parábola da ovelha perdida); corrigir os erros (vv. 15-18); rezar em comum (vv. 19-20); perdoar sempre, generosa e gratuitamente (vv. 21-35). Essas qualidades são normas do comportamento de Deus diante das criaturas. Jesus Cristo as viveu na terra. O mesmo comportamento deve caracterizar a comunidade cristã, que quer ter Deus em seu meio e ser, na terra, a família de Deus.

É fácil perceber como essas exigências se entrelaçam: quem não sabe perdoar não é acolhedor. Só o humilde sabe acolher bem. Só um coração generoso se interessa pela salvação do irmão que lhe deve; quem se põe a corrigir e não sabe rezar com a pessoa que errou nada consegue. O orgulhoso, que quer corrigir o outro, geralmente mostra prepotência que agride o amor fraterno e gera prevenção.

Condição para entrar na terra no Reino dos Céus

A correção fraterna e o perdão fazem parte das exigências do Reino dos Céus. Lembremos que 'Reino dos Céus' é uma expressão de Jesus para significar um modo de viver neste mundo e a continuidade de vida após a morte. O Reino se vive aqui e se plenifica na glória. Não haverá plenitude na glória, se não houver vivência aqui. Jesus fez da implantação do Reino dos Céus o núcleo central de toda a sua pregação. O Evangelho, portanto, olha para nós enquanto estamos na vida terrena e olha para nós na eternidade.

Mostrar o destino eterno da criatura humana foi uma das grandes preocupações de Jesus. Mas foi também uma de suas preocupações mostrar como a eternidade depende do tempo e do modo como se vive na terra. Tempo e eternidade estão no caminho do homem, que veio de Deus e a Deus retorna, como Cristo veio de Deus e a Deus retornou. Deus e o homem são duas realidades supremas, elos de uma mesma cadeia, que se tornou evidente com a encarnação de Cristo. A aliança entre Deus e a criatura humana não é apenas de palavras, mas se fundamenta e se corporifica para sempre em Jesus.

Construir o Reino de Deus, viver o Reino, pertencer ao Reino é tornar presente a parte divina, que está no homem, imitando a prática humana do Filho de Deus. Por isso podemos dizer que a pessoa que não tem nenhum sentido religioso é doente. E compreende-se a declaração do famoso psicólogo e psiquiatra suíço Carl Jung († 1961): "Nenhum dos meus clientes foi realmente curado sem ter recuperado a sua visão religiosa".

Deus nos perdoou uma grande dívida

O perdão das ofensas é um dos pontos mais acentuados pelos evangelhos e pelas Cartas dos Apóstolos. É condição

fundamental para se entrar e permanecer no Reino. Não compreender esse ensinamento ou não fazer o coração governar-se por ele é rejeitar uma exigência básica para a salvação. Talvez porque o perdão custe tanto ao homem, Jesus tenha insistido com palavras, parábolas e exemplo pessoal.
Uma de suas últimas palavras foi de perdão: "Pai, perdoai-lhes" (Lc 23,34). E o perdão entrou destacado no modelo de oração que ele deixou à comunidade: o Pai-Nosso. A parábola de hoje exemplifica bem o "perdoai-nos as nossas ofensas como nós perdoamos a quem nos tem ofendido" (Mt 6,12). No Sermão da Montanha, Jesus declarara superada a Lei do Talião, adotada por Moisés (Lv 24,17-22 e Dt 19,21), isto é, que a vingança não podia ser maior que a ofensa recebida (Mt 5,38-42). Hoje, Jesus deu um passo colossal, ao ensinar o perdão alegre, ilimitado, generoso, gratuito. De uma concepção quantitativa do perdão, Jesus passou a uma concepção qualitativa. O perdão dado ao primeiro devedor, isto é, o perdão da parte de Deus é tão grande e generoso que nos deveríamos envergonhar quando não perdoamos. (Exemplificando em dinheiro, coisa que talvez entendemos melhor, a parábola fala em dez mil talentos, que seriam hoje o preço de mais de 350 toneladas de prata. A linguagem oriental, inclusive a linguagem bíblica, exagera, às vezes, a comparação para mais acentuar a lição.)

Se Deus perdoa uma dívida tão grande, por que não perdoamos as nossas dívidas morais, bem menores, embora, às vezes, pesadas, que se referem a decepções, menosprezo, traições, explorações, antipatias e, particularmente, a ingratidões? Além do mais, as ofensas também dependem da pessoa ofendida. Nosso pecado ofende a Deus. E ele nos perdoa. Não pela balança da justiça legal, mas pela do amor gratuito. Nosso irmão ofende a nós, criatura entre criaturas, e nós nos aferramos à justiça e não somos capazes de perdoar generosamente.

**O gesto mais sublime,
o gesto mais necessário**

Bem no final da lição, Jesus diz o modo de perdoar. No início dissera a quantidade de vezes: sempre. Agora diz que devemos perdoar 'de coração'. Na Bíblia, 'coração' significa a totalidade da pessoa humana, sobretudo aquela parte interior só conhecida por Deus. É nesse sentido que Deus dizia ao profeta Samuel: "O homem olha as aparências, mas o Senhor olha o coração" (*1Sm* 16,7). Deus vê por dentro, onde correm os pensamentos, onde se tomam as decisões, onde se curtem os sentimentos. É, portanto, no interior de cada um de nós que deve nascer o perdão. Sem condições. Sem escamoteações. Sem subterfúgios. Sem restrições. Assim como o amor mais perfeito é o gratuito, o perdão mais completo é também o gratuito. Ainda que seja comum entre os cristãos um comportamento expresso com frases como esta: "Eu perdoei, mas para mim Fulano é como se não existisse", essa atitude não é cristã e impede a plena comunhão com Deus.

Ouso dizer que são poucas as pessoas que perdoam verdadeiramente. Como são poucos os que amam gratuitamente e são raros os que vivem evangelicamente desprendidos. É bem mais fácil dar esmola do que se desvencilhar das coisas. É bem mais fácil elogiar um inimigo do que perdoar-lhe. O não perdoar 'de coração' produz imediatamente desconfiança. E a desconfiança impede qualquer gesto de paz. Na *Mensagem aos Povos da América Latina*, os bispos reunidos em Puebla ensinaram que "não existe gesto mais sublime do que o perdão". Eu diria: no momento, não há no mundo gesto mais necessário do que o perdão, para que se possa construir a paz.

25º DOMINGO DO TEMPO COMUM

1ª leitura: Is 55,6-9
Salmo: Sl 144
2ª leitura: Fl 1,20c-24.27a
Evangelho: Mt 20,1-16a

Fostes salvos gratuitamente (Ef 2,8)

SEDE GRATUITOS COMO O PAI DO CÉU

A lição de hoje é tão difícil e estranha (aparentemente) quanto à do perdão, que vimos no domingo passado. E tem muito a ver com o perdão. É a lição da gratuidade. Deus dá porque é generoso, não porque alguém o mereça ou tenha 'comprado' direitos de receber. A lição da gratuidade vem acentuada três vezes seguidas em Mateus (19,27; 20,15 e 21,22), apenas separadas por um anúncio da Paixão. A gratuidade é um dos temas mais difíceis de entender e viver na prática, mas é uma chave para se entender um pouco do mistério da paixão e morte de Jesus.

É preciso ler com cuidado a parábola de hoje. Ela não trata do relacionamento trabalho-salário, que tem seus critérios próprios de justiça. A lição central da parábola está na bondade do patrão que pagou aos últimos tanto quanto aos primeiros, usando não os nossos critérios humanos, mas critérios de amor extremado, que ama os últimos como ama os primeiros. São os primeiros operários que o declaram: "Trataste os últimos como a nós" (v. 12). O patrão (Deus) não pratica injustiça, mas vai além dos critérios humanos do justo e injusto. Deus não age apenas pelos critérios do direito, que impõem limites, mas pelos critérios da bondade, que são sem limites. Os ouvintes de Jesus (e nós hoje) faziam da lei um critério absoluto. Jesus não negou a força da lei e o respeito que devemos a ela. Mas abriu um horizonte novo: maior que a justiça legal é a generosidade superabundante do amor gratuito.

Gratuidade:
lição difícil

Se a lição desse Evangelho era extremamente difícil para os hebreus, incluídos os Apóstolos, ela se torna ainda mais difícil para nós hoje, sobretudo os 'realizados' economicamente. Os hebreus haviam desenvolvido toda uma teologia da recompensa. Deus daria segundo as obras praticadas. As obras eram 'moeda' certa para 'comprar' as bênçãos de Deus. E por obra entendia-se a observância das leis. Deus estaria obrigado a ser generoso para com os cumpridores fiéis das leis. Isso era ensinado de tal modo que qualquer doença ou desgraça era tida como castigo de más obras.

Jesus não só corrigiu o sentido do sofrimento, mas também corrigiu a 'teologia' da recompensa. Deus dá, não porque a criatura o mereça, mas porque ele, Deus, é bom e generoso e quer dar. É verdade que devemos praticar boas obras, cumprir os mandamentos com fidelidade e ser piedosos. Isso faz parte dos ensinamentos de Jesus, mas nossas obras, corporais e espirituais, não obrigam a Deus.

Há gente que pensa que pode comprar o que quer. Pode nas coisas terrenas, mas não nas espirituais. Pode até comprar benefícios eclesiásticos, mas não as graças do Reino de Deus. Pelo costume da barganha e pelo poder de aquisição das coisas deste mundo, facilmente pensa alguém poder obter de Deus o que quiser. Muita esmola é dada para 'comprar' Deus, mas Deus não age por critérios humanos. Jesus nos ensinou que a generosidade de Deus não depende da quantidade de horas que trabalhamos, nem da nossa justiça, nem mesmo da nossa caridade. Já o profeta Isaías punha na boca de Deus: "Os meus critérios não são os vossos e os meus caminhos estão acima dos vossos" (Is 55,8-9).

Gratuidade:
a perfeição de lei

O homem moderno, sensível à justiça do trabalho e à justiça social, tem na cabeça que a uma ação segue um pagamento correspondente. A justiça humana age assim. E, se todos fizessem assim, certamente haveria maior contentamento. Jesus ensinou que o operário é digno de seu salário (Lc 10,7).

No entanto, não é esta a lei perfeita, pela qual Deus se comporta. Jesus revelou esta lei perfeita como um ideal possível: a gratuidade. Em Deus tudo é gratuito. A criatura humana, quanto mais santa for, mais gratuita se torna e mais desapegada de pagamentos e recompensas será. Assim foi São Francisco de Assis, por exemplo, desapegado, sem nada de próprio, sem querer nada de ninguém e dando tudo o que tinha e o que era. Poderíamos chamá-lo: o Santo da gratuidade. Essa é a grande lição do Evangelho de hoje. Não é a lição da justiça social ou distributiva, que Jesus não nega, mas a lição da gratuidade de nossas ações. Como Deus age e dá porque é bom, nós, que deveríamos ser "à sua imagem e semelhança" (*Tg* 3,9), devemos agir e dar por bondade, sem esperar recompensas. Sem olhar o que os outros recebem. Sem exigir ou pressupor aplausos. Sem guardar mágoas pelas ingratidões. Essa é uma das lições mais difíceis de Jesus. Ele a ensinou não só por palavras, mas também com seu exemplo. O provérbio que Jesus citou no final da parábola ("Os últimos serão os primeiros e os primeiros serão os últimos", já dito por Jesus um pouco antes, no versículo que antecede o Evangelho de hoje) deve ser entendido no sentido de que para Deus não há primeiros nem últimos, que todos devem converter-se e pautar-se pelos critérios divinos, todos devem abrir-se à gratuidade. Muitos dos que se pensam 'justos' se julgam por critérios humanos, que não são, repitamos, a medida de Deus. Por isso também quem se considera justo deve sempre estar em processo de conversão. Sobretudo de conversão à gratuidade. Em Jesus tudo foi gratuito. Ele é a expressão máxima da generosidade de Deus. Exuberante na criação do mundo, Deus mandou agora seu Filho, de "cuja plenitude recebemos graça sobre graça" (*Jo* 1,16). O amor de Jesus é perfeito. Encontre-me no mundo de hoje uma pessoa que ame e aja gratuitamente, e eu direi que ela é uma santa completa.

**A gratuidade
sobrepassa a justiça**

Na verdade, essa parábola revela-nos o modo de agir de Deus. Jesus também agiu e age de forma generosa, para grande vantagem nossa. Se a bênção e a graça de Deus fossem medidas pela nossa generosidade e trabalho, pouco receberíamos. Se exigíssemos de Deus a justiça distributiva apenas, estaríamos mais secos que o deserto.

Dentro dessa reflexão cabe outra. É comum ouvir frases como estas: "Eu sempre fui bom para com todos, por que Deus me castigou com esta doença?" Ou: "Isto não podia ter acontecido com Fulano, ele nunca fez mal a ninguém!" Esse tipo de raciocínio, bastante comum entre os cristãos, não é correto, segundo o Evangelho. É um raciocínio do Antigo Testamento, que Jesus modificou. Se você sempre foi bom (por causa de Deus, que é bom!), louve e glorifique a Deus por meio do sofrimento, como Jesus na cruz. Ele passou fazendo o bem (Mc 7,37), por isso pôde transformar a Cruz em glória.

A parábola de hoje é contada na subida para Jerusalém. Só Mateus a conta. Para se entender a paixão, a morte e a ressurreição do Senhor, o tema da gratuidade é fundamental. Os profetas haviam descoberto que a justiça de Deus é diferente da justiça dos homens. Jesus revelou-nos qual é a diferença e apontou-nos o modo de agir de Deus como modelo de perfeição. Assim como ele disse: "Sede misericordiosos como o Pai do Céu é misericordioso" (Lc 6,36), poderia ter dito: "Sede gratuitos como o Pai do Céu é gratuito".

26º DOMINGO DO TEMPO COMUM

1ª leitura: Ez 18,25-28
Salmo: Sl 24
2ª leitura: Fl 2,1-11 ou
Fl 2,1-5
Evangelho: Mt 21,28-32

Jesus Cristo não foi sim *e depois* não,
mas sempre foi sim *(2Cor 1,19)*

A RELIGIÃO DAS APARÊNCIAS E A RELIGIÃO DA RESPONSABILIDADE

A parábola de hoje está entre os ensinamentos de Jesus na Cidade Santa. Aproximava-se sua hora. Sobrava pouco tempo e Jesus via a obstinação dos escribas e fariseus, dos anciãos e líderes do povo. O diálogo tornou-se duro, talvez tornado ainda mais áspero pelo evangelista.

Mateus pôs três parábolas de Jesus, todas muito fortes e dirigidas frontalmente aos fariseus. E só então veio o mais violento dos discursos de Jesus contra os fariseus e os escribas, e em rosto deles. São sete "ai de vós, hipócritas" (as bem-aventuranças ao avesso), que terminam culpando-os da morte violenta de todos os profetas.

Um momento extremamente difícil para Jesus, em que profetiza a destruição do templo, isto é, o fim da velha aliança, baseada no templo, e o começo da nova, fundamentada sobre sua pessoa. As três parábolas preparam esse fecho. A primeira (a de hoje) mostra que a descrença e a falta de coerência são as raízes de todo fracasso; a segunda (lida no próximo domingo) anuncia a perda da vinha, isto é, a perda da confiança e da amizade de Deus; a terceira (a das bodas) mostra a perdição consumada. Há um crescendo nelas. Jesus fez um ajuste de contas verbal com os que não o quiseram receber. Sobretudo os fariseus e os escribas, duas classes sociorreligiosas, que, com os saduceus, dominavam a sociedade e controlavam seus costumes e religião. E o faziam em nome de Deus. "Amarram pesadas cargas e as põem nas costas dos outros e eles nem com o dedo querem tocá-las" (*Mt* 23,4).

Todos são chamados a trabalhar no Reino

Os fariseus e os escribas dividiam os homens em duas classes: os que eles consideravam bons e os que eles consideravam maus. Ou seja: em santos e pecadores. Bons eram aqueles que cumpriam formalmente as 366 leis; provavelmente deveriam ter posses, porque não passava pela cabeça deles que alguém, cumpridor da lei, não fosse recompensado por Deus com bens materiais. Comentamos esse modo de pensar no domingo passado. Maus eram todos os outros, desde os não judeus até os que exercessem profissões incompatíveis com os horários de prática de lei (pastores e pescadores, por exemplo). A imensa maioria do povo estava nessa segunda classe, por serem pobres.

Os dois filhos da parábola representam as duas classes sociais. A vinha é o que Jesus chamou de 'Reino dos Céus', isto é, um modo de viver na presença de Deus. O dono é Deus. Ele convidou a ambos os filhos. A classe que se julgava eleita e santa disse 'sim'. Mas, um 'sim' formal, da boca para fora. Não foi trabalhar na vinha. A outra classe, a dos pecadores, pelo pecado disse 'não', mas se arrependeu do pecado e foi para a vinha, isto é, aceitou Jesus e seus ensinamentos, converteu-se e participou do novo povo de Deus, da nova vinha do Senhor.

Jesus tomou dois tipos bem representativos dos 'maus'. A prostituta, considerada pecadora pública, pega em flagrante; e o publicano, detestado, porque trabalhava para os romanos. Jesus dirigiu-se tanto à primeira quanto à segunda categoria de pessoas. Ambas necessitavam de conversão.

Palavras e obras devem se cobrir

Com essa parábola, Jesus ataca diretamente a religião com práticas puramente exteriores, formais, tradicionais, que não afetam o interior da pessoa e sua responsabilidade, como o 'sim, vou' do segundo filho, que fica apenas na palavra e não a transforma em prática operativa. O farisaísmo sofria desse mal. Aliás, um mal bastante comum ainda hoje quando, por exemplo, o marido diz: "Eu não pratico, mas minha mulher é muito religiosa"; "Eu não frequento, mas minha avó é até beata". A verdadeira religião não se delega a ninguém, ou é pessoal e participativa, ou não existe. A verdadeira religião está enraizada na consciência de cada um que, não só sabe distinguir entre o bem e o mal, mas luta para que o bem supere o mal, para que o amor ocupe o lugar do egoísmo e daquilo que me satisfaz.

Só Mateus conta essa parábola. Mateus a deve ter guardado muito bem, porque é publicano de profissão e larga tudo para seguir o Mestre (*Mt* 9,9). Cristo é criticado por comer com publicanos e pecadores (*Mt* 9,11 e 11,19). Acompanha Jesus ao menos uma mulher, que foi prostituta (*Lc* 8,2). Ao contar a parábola, Jesus defende seu comportamento misericordioso, que escandaliza *(Lc* 15,1-2); defende os pobres e doentes que o cercam (para os fariseus os pobres e doentes o são por serem 'pecadores'); e condena a atitude dos fariseus de dizer com a boca e não praticar com a vida (*Mt* 23,3). E a ambos convida a trabalhar na vinha, mediante a conversão, isto é, mediante uma religião responsável em que não haja diferença entre o dizer e o fazer, entre a oração feita e a obra executada, entre o pensamento e a ação.

**Jesus: modelo da
verdadeira religião**

A referência aos publicanos e às prostitutas não significa que Jesus os apresente como modelos de cristãos. É sintomático que Mateus tenha posto essa parábola depois da entrada triunfal de Jesus em Jerusalém, depois da purificação do templo, praticamente na semana que precedia à paixão, porque a verdadeira religião consiste em fazer plenamente a vontade do Pai. E a vontade do Pai passa pela morte de cruz. Jesus torna-se, então, o verdadeiro modelo de cristão, cumprindo toda a vontade do Pai. Como diz São Paulo: "Humilhou-se e se fez obediente até à morte e morte de Cruz" (*Fl* 2,8), por isso Paulo aconselha-nos: "Tenham os mesmos sentimentos que Cristo Jesus teve" (*Fl* 2,5).

Na parábola Jesus faz uma referência a João Batista (v. 12). O evangelista Lucas a põe ainda mais clara, no momento em que Jesus elogia o comportamento de João Batista: "Todo o povo, incluídos os publicanos, escutou a palavra de João e reconheceu o caminho da justiça de Deus. Mas os fariseus e os escribas frustraram os planos divinos" (Lc 7,29-30). A falsa religião, aquela que não envolve a pessoa inteira e não a compromete, frustra os planos de Deus. Tornar nulos os planos de Deus é dos maiores pecados apontados por Jesus. Pode até chegar ao pecado imperdoável (que Jesus chama de 'pecado contra o Espírito Santo'), que consiste em atribuir a Jesus forças demoníacas ou míticas (Jo 8,48.52), para não reconhecer nele a filiação e a autoridade divinas (Mc 3,22 e 29). É pecado imperdoável, porque significa radical e incurável descrença.

Ao falar de João Batista, Jesus diz que ele 'veio no caminho da justiça'. Justiça aqui não tem o sentido comum que lhe damos, mas é uma expressão típica do Evangelho de Mateus e significa um modo religioso de nos relacionarmos com Deus e de viver na sua presença. Um relacionamento de absoluta fidelidade e obediência. A expressão aparece também na resposta que Jesus dá a João Batista, na hora do batismo no Jordão: "Convém que cumpramos toda a justiça" (Mt 3,15); e em outra frase de Jesus: "Buscai em primeiro lugar o Reino de Deus e sua justiça" (Mt 6,33).

27º DOMINGO DO TEMPO COMUM

1ª leitura: Is 5,1-7
Salmo: Sl 79
2ª leitura: Fl 4,6-9
Evangelho: Mt 21,33-43

Eu te plantei como vinha excelente,
toda de cepas legítimas (Jr 2,21)

ONDE HÁ AMOR E ACOLHIMENTO AÍ HÁ VERDADE E SALVAÇÃO

Entre as parábolas de Jesus, certamente a deste domingo é a mais dura. Quase diria: a mais direta e radical de todas. Poder-se-ia chamar de 'parábola da rejeição'. Jesus mostra-se desanimado de esperar que os corações dos fariseus e dos escribas se amolecessem, que seus ouvidos se abrissem. É o auge da queixa que Jesus fizera em outra ocasião: "Têm ouvidos e não ouvem, têm olhos e não vêm" (*Mt* 13,14-15). As três parábolas que Jesus profere em Jerusalém, na última semana de vida, têm uma sequência de sentido: descrença, rejeição da fé, exclusão do Reino. Lemos a primeira parábola no domingo passado e leremos a terceira no próximo domingo.

Mais fortes que a parábola de hoje apenas são os 'ai de vós' que pronunciará pouco depois (*Mt* 23,13-26) e que se tornam a explicação da parábola, ou seja, a razão pela qual dos fariseus e dos escribas "será tirado o Reino de Deus e entregue a outros povos" (v. 43). Se a parábola tinha um endereço certo, que foi atingido (v. 45), ela continua atual e alcança os que ainda hoje rejeitam a pessoa divino-humana de Jesus de Nazaré e seus ensinamentos. Ou aqueles que, julgando-se donos da verdade, querem apoderar-se da vinha, ou seja, do Reino de Deus.

O povo de Deus é a vinha do Senhor

A parábola dos vinhateiros homicidas, contada por três evangelistas (Mateus, Marcos e Lucas), tem, como dissemos, estreita ligação com a que lemos no domingo passado (a parábola dos dois filhos desobedientes), que chamamos de 'parábola da descrença'. Por não acreditarem na evidência da divindade de Jesus, fariseus e escribas frustraram a justificação (santificação) que Jesus trouxe; não entraram no 'Reino dos Céus'. Na parábola de hoje, Jesus torna-se ainda mais forte e duro: não só não querem crer, mas assassinam os profetas e o próprio Filho de Deus.

A parábola é tão clara que "os sumos sacerdotes e os fariseus entendem que fala deles" (v. 45) e se enfurecem. Jesus toma uma figura bastante familiar: a da vinha. Familiar não só porque havia muita vinha na Palestina e era comum seu arrendamento, mas também porque, desde os profetas antigos, o povo de Israel era comparado à vinha. A primeira leitura de hoje o lembra: "A vinha do Senhor é a casa de Israel" (Is 5,1-7), por quem Deus tudo faz (v. 4). Dela Deus espera frutos de direito e de justiça (v. 7), mas só colhe violência e aflição. Também o Salmo Responsorial (Sl 80,9-20) compara o povo de Israel a uma videira transplantada do Egito para a Terra prometida.

Jesus retoma a figura usada pelos profetas: a vinha é o 'Reino dos Céus', por causa de quem ele vem ao mundo. No Reino, há lugar para todos trabalharem ou, como dirá em outra parábola, também contada em Jerusalém (Mt 25,14-30), há tempo para todos multiplicarem os talentos recebidos de Deus. Talentos que não pertencem à criatura, mas a Deus e a ele devem ser devolvidos multiplicados. Na parábola de hoje, Jesus lamenta que, em vez de os frutos multiplicados serem de justiça (santidade), são de homicídio. Matam os enviados (os profetas) e matam o filho (o próprio Jesus).

Parábola profética na boca do Senhor

É uma parábola profética, no sentido de predizer a morte violenta de Jesus e até o lugar (fora da cidade: v. 39). E é profética, porque apresenta a decisão de Deus de substituir o velho pelo novo povo de Deus. "Arrendará a vinha a outros lavradores, que lhe deem frutos" (v. 41).

A parábola mostra que essa terrível decisão não se dá por gosto de Deus (o dono da vinha), mas por maldade dos vinhateiros. Jesus faz nascer a decisão de seus próprios lábios (v. 41). A parábola é profética ainda, porque confirma que ele, Jesus, morto e rejeitado, será a pedra principal da nova casa de Deus, da nova família de Deus, do novo povo de Deus, da nova aliança.

No Evangelho de João, Jesus chama a si mesmo de nova vinha do Senhor (Jo 15,1). O novo povo dará necessariamente bons frutos, porque a cepa é o próprio Cristo (Jo 15,5). Na nova vinha, o Pai encontrará toda a justiça e todo o direito (Is 5,7). A parábola de hoje é profética ainda, porque nos diz que, apesar do homicídio na cruz, a obra de Cristo triunfará e se tornará motivo de admiração (v. 42). A admiração é o primeiro passo da fé.

No entanto, se a Liturgia nos propõe a leitura dessa parábola hoje, não é para nos dizer que os israelitas perderam o direito de povo eleito, mas para que não nos arroguemos o direito de sermos donos da vinha, do Reino. Os cristãos sofrem o perigo de se julgarem os donos da salvação e da verdade. A verdade e a salvação pertencem a Deus. E elas só produzem frutos, quando encontram a terra boa do amor e do acolhimento (exatamente o contrário da violência homicida). O amor e o acolhimento pressupõem a humildade e a gratuidade. Os vinhateiros homicidas da parábola são os que matam em nome da religião ou em nome de qualquer outro pressuposto direito. Matar alguém é matar o Filho de Deus, presente em cada criatura humana, independentemente de sua religião ou cultura.

**Cristo: fundamento
e coroação das criaturas**

Temos hoje uma das vezes em que Jesus cita o Antigo Testamento. Usa um verso do Salmo 118: "A pedra que os construtores rejeitaram tornou-se pedra angular" (v. 22). A palavra tanto significa a última pedra, em forma de cunha, com que se completa a abóbada e que garante a consistência, quanto a pedra fundamental, a primeira pedra de um edifício, sobre a qual cairá o peso da construção.

A figura cai bem para Jesus: ele tanto é o fundamento do novo povo, quanto a coroação de tudo e de todos. Hoje, ele recorda que, ainda que o matem com desprezo, tornar-se-á o começo e o fim de tudo, ou, como dirá o Apocalipse, ele é o 'a' e o 'z' de toda a história da salvação (Ap 22,13). Diante do Sinédrio, Pedro, cheio do Espírito Santo (At 4,8), retoma a figura da pedra rejeitada e afirma que só nela há salvação (At 4,12). Também Paulo retoma o símbolo da pedra, quando compara a Igreja a um edifício, "cuja pedra principal é o próprio Cristo Jesus" (Ef 2,20) e é "nele que todo o edifício, harmonicamente disposto, une-se e cresce para formar o templo santo do Senhor" (Ef 2,21).

Lembrado de que Cristo chamara a si mesmo de pedra angular, São Francisco de Assis caminhava com respeito por sobre as pedras. Uma atitude que se coloca no extremo oposto da dos fariseus e escribas: não só acolhe inteiramente o Cristo e seus ensinamentos, mas acolhe com amor também tudo o que lhe lembra da presença e das palavras dele. Disse que essa parábola poderia chamar-se 'parábola da rejeição'. O seu contrário seria 'parábola do acolhimento'. Mas ela mostra também a imensa benevolência de Deus, mandando seus mensageiros e o próprio Filho, na tentativa de a criatura pecadora converter-se e devolver a Deus o que a Deus pertence. A benevolência de Deus, porém, torna-se justiça dura para os que o rejeitam e pretendem ocupar o lugar do Senhor.

28º DOMINGO DO TEMPO COMUM

1ª leitura: Is 25,6-10a
Salmo: Sl 22
2ª leitura: Fl 4,12-14.19-20
Evangelho: Mt 22,1-14 ou
Mt 20,1-10

Preparaste uma mesa para mim (Sl 23,5)

FELIZES OS CONVIDADOS PARA O BANQUETE DO SENHOR

Para construir a terceira parábola, que Jesus conta em Jerusalém, na sua última semana de pregação e de vida, retoma uma figura muito conhecida nos escritos do Antigo Testamento: a do banquete nupcial. A figura é conhecida também nos escritos profanos. Comer à mesa do rei expressava o auge da felicidade. Os profetas fizeram o povo sonhar com o dia em que todos se assentariam à mesa do rei. Lembra-o a primeira leitura (*Is* 25,6), acrescentando o símbolo da 'montanha santa', isto é, do banquete que acontece na própria casa de Deus: "O Senhor todo-poderoso preparará na montanha santa, para todos os povos, um banquete de vinhos escolhidos e alimentos suculentos".

Jesus comparou o Reino dos Céus a um banquete nupcial do filho do rei. As núpcias é outro símbolo. Todo o Antigo Testamento fala da Aliança de Deus com a humanidade. Em Cristo essa aliança se torna tão forte e íntima, que é comparada ao matrimônio. O Apocalipse, que é todo ele a imagem da Igreja e de seu destino, tem esta frase: "Felizes os convidados para o banquete nupcial do Cordeiro!" (*Ap* 19, 9). Voltemos à parábola: o rei (Deus) preparou o banquete do Filho Jesus. O banquete está pronto, o Filho chegou, os convidados foram chamados. Participar ou não participar do banquete? Entrar ou não entrar no Reino? Aceitar ou não aceitar a pessoa e a doutrina de Jesus? Ou, como propunha a primeira das três parábolas: ir ou não ir trabalhar na vinha? Ou como advertia a segunda parábola (que lemos no domingo passado): dar ou não dar os frutos para o Senhor?

Os grãos chochos
não são levados à mesa

As três parábolas, e particularmente essa terceira, têm referência à escatologia, isto é, aos acontecimentos finais da humanidade. Depois de termos sido chamados ao Reino, de termos tido tempo de trabalhar por ele, atendemos o chamado e produzimos frutos? Somos grãos cheios ou chochos? Se cheios, seremos acolhidos no celeiro (céu), se chochos, o destino será o fogo (inferno).

Também Jesus, ao contar a parábola, está chegando ao fim de sua vida terrena. Dele se dirá que "passou, fazendo o bem" (At 10,38). Cumpriu a vontade do Pai até o extremo, cumpriu a missão recebida até o fim, apesar de todas as dificuldades, perseguições e da morte violenta. Por isso "Deus o exaltou e lhe deu um nome que está acima de todo nome" (Fl 2,9). Jesus é o modelo perfeito de participante do Reino e dele se tornou cabeça e plenitude.

Da parábola deduzimos que todos são convidados ao banquete (ao Reino de Deus). O velho sonho de o homem se assentar à mesa de Deus e comer com ele se realiza na participação do Reino. Lembra o Apocalipse: "Se alguém ouvir a minha voz e abrir a porta, eu entrarei em sua casa e cearemos juntos" (Ap 3,20). Ouvir a voz é cumprir os mandamentos de Jesus (Jo 14,23). Abrir a porta é o espírito de acolhimento, acentuado na segunda parábola, em que, em vez de acolher o filho, os vinhateiros o mataram. Abrir a porta é acolher o convite para o banquete, é fazer tudo para merecer assentar-se à mesa do rei. A parábola ensina que a comunhão da criatura humana com Deus é possível.

Amar a Deus
sobre todas as coisas

Os primeiros convidados simplesmente não quiseram ir ao banquete. A liberdade de querer ou não querer é própria da criatura humana e é um dos maiores dons que Deus lhe deu. Na história da salvação, Deus respeita a liberdade de suas criaturas em escolher o bem ou o mal. Mas a criatura, exatamente por ser criatura, não pode arrogar-se o direito de ignorar seu criador ou ter a pretensão de ocupar seu lugar como Senhor. Seria a repetição de Lúcifer no paraíso: "Lúcifer, dizias em teu coração: *subirei até o céu, acima das estrelas de Deus estabelecerei o meu trono*. Serás lançado nas profundezas dos abismos" (*Is* 14,12-15). A parábola aponta o mesmo destino aos que recusam o convite de Deus.

Os segundos convidados não tiveram tempo: foram trabalhar no campo, foram atrás de seus negócios e interesses. É obrigação nossa ocupar-nos e até preocupar-nos com o nosso trabalho, nossos planos. Mas sempre pondo acima de tudo e em primeiro lugar nossas obrigações de criaturas para com o Criador. Mais vezes, no Evangelho, Jesus nos advertiu sobre o perigo de não amar o Pai "sobre todas as coisas" (*Mt* 10,37; 22,37-38). Na parábola do Semeador (*Mt* 13,1-23), Jesus falou da semente caída entre espinhos e explicou: "A semente caída entre os espinhos representa quem ouviu a palavra, mas os cuidados do mundo e a sedução das riquezas a sufocam e a tornam estéril" (v. 22).

Talvez esteja aqui o maior de todos os perigos para a criatura. A fome de ter e de poder verga a criatura para os bens materiais. Ocupar-se dos bens materiais não é um mal, é uma obrigação. Mas sem esquecer a afirmação de Paulo: "Tudo é vosso, vós sois de Cristo e Cristo é de Deus" (*1Cor* 3,22-23). Com os bens que temos, com os nossos afazeres devemos louvar o Senhor, não perder sua presença, não esquecer que ele é nossa finalidade, ficar atento ao seu convite de comunhão com ele.

Veste nupcial: vivência dos valores evangélicos

Entre os que não vão ao banquete por preferir os próprios interesses, há os que prendem, insultam e matam os enviados. Aí estão os milhares de mártires. Temos hoje mais mártires que os primeiros séculos do cristianismo. Não penso nos mártires eliminados pelos pagãos. Penso nos que foram assassinados por incomodarem com seus sermões sobre a justiça, a dignidade humana, a igualdade de direitos. Penso naqueles que foram assassinados por terem tido a coragem de João Batista e terem dito aos que se pressupunham donos do mundo: "Não te é lícito" (Mt 14,4).

Os primeiros e segundos convidados se autoexcluíram do banquete. Os terceiros convidados entraram. Estavam nas encruzilhadas dos caminhos. Eram os pobres, os pecadores, os marginalizados. A parábola dá a impressão de que há uma sequência temporal. A impressão fica, porque falamos em primeiros, segundos e terceiros. Mas podemos imaginar o convite também sendo feito ao mesmo tempo a todas as classes sociais. Não basta, porém, entrar na sala do banquete. Rico e pobre precisam da veste nupcial. Não basta ser batizado para ter o direito de participar da comunhão com Deus. A veste nupcial significa a vivência dos valores evangélicos. O próprio Jesus advertiu: "Nem todo aquele que me diz: Senhor, Senhor, entrará no Reino dos Céus, mas quem fizer a vontade de meu Pai" (Mt 7,21).

A prática dos valores evangélicos cobre-nos como uma veste (Ap 19,8), ou como a pele no corpo. Na carta aos Gálatas, São Paulo tem um capítulo sobre as práticas cristãs e menciona como valores: a caridade, a alegria, a paz, a compreensão, a afabilidade, a bondade, a fidelidade, a mansidão, o autocontrole (Gl 5,22-23). Dentro dessas qualidades estão o desapego, o acolhimento, o perdão, a partilha. Todos são chamados. Deus quer a comunhão com todos. Mas é preciso que nós queiramos participar da comunhão com Deus. E o queremos com o nosso comportamento.

29º DOMINGO DO TEMPO COMUM

1ª leitura: Is 45,1.4-6
Salmo: Sl 95
2ª leitura: 1Ts 1,1-5b
Evangelho: Mt 22,15-21

Vivei como homens livres, mas vivei como servos de Deus (1Pd 2,16)

A ORDEM RELIGIOSA DAS COISAS E A ORDEM ECONÔMICA

Várias vezes, Jesus enfrentou os chefes do povo e aqueles que se opunham a ele e à sua doutrina por razões políticas, por razões de comodismo, de orgulho racial ou por preconceitos religiosos. Mateus agrupou alguns desses enfrentamentos e contou-os de maneira ordenada nos capítulos 21, 22 e 23 de seu Evangelho. Evidentemente, ele não contou as polêmicas apenas pelo fato de elas terem acontecido, mas pelos ensinamentos que nelas vêm expostos ou que delas se podem deduzir.

Entre muitos ensinamentos, lembremos: a sinceridade, a honestidade, a abertura do coração, o espírito de acolhimento, a prática das boas obras, as características da verdadeira religião, a coerência entre o dizer e o agir, a ressurreição dos mortos, a caridade como mandamento máximo, a humildade como condição para se compreender o Evangelho. A lição termina com sete 'ais', que contrabalançam, pela formulação negativa, as bem-aventuranças, outra grande coleção de ensinamentos de Jesus.

Os fariseus, já batidos por Jesus, não tinham mais coragem de enfrentá-lo. Mandaram, então, alguns de seus discípulos com alguns herodianos provocar Jesus. Os fariseus costumavam ter discípulos. Os herodianos eram os simpatizantes do rei Herodes. Como Herodes comprara dos romanos o título de rei, era considerado partidário dos romanos. E 'herodianos' eram chamados os que simpatizavam seja com Roma seja com Herodes. Entre as várias lições do Evangelho de hoje, poderíamos destacar duas: a sinceridade e a honestidade.

**Exploração e falsidade
se encontram: dois pecados**

Quando Jesus viveu na Palestina, ela era colônia romana. Algumas províncias tinham rei, mas o rei dependia de Roma. Na Judeia, onde se encontrava a capital Jerusalém, por razões de segurança, havia um Procurador nomeado por Roma, que podia ser afastado a qualquer momento, se ele se deixasse subornar pelos judeus. O clima social era tenso.

Todos deviam pagar pesados impostos ao imperador de Roma, que era conhecido pelo nome de César. O imperador Augusto (do tempo do nascimento de Jesus) adotara esse nome. Seu filho adotivo Tibério também se chamou César. Para pagar o tributo, usava-se uma moeda com a efígie do César. A essa altura da vida de Jesus, havia duas moedas em circulação: uma com a imagem do imperador Augusto e outra com a imagem de seu sucessor, o imperador Tibério.

Os judeus, no Evangelho, empregaram o título/apelido de 'César', provavelmente para evitar 'dizer' uma blasfêmia, porque na moeda, se era a de Augusto, estava escrito: "*Divino* Augusto"; se era a de Tibério, estava escrito: "Tibério César, filho do *divino* Augusto". Chamar alguém de 'divino', que não fosse Deus, era blasfêmia, e os fariseus jamais cometeriam em público esse pecado. Lembremos a cena de Jesus diante de Caifás. Ele exigiu que, em nome de Deus, dissesse se era ou não o Cristo, o Filho de Deus. Quando Jesus confirmou, Caifás rasgou as vestes e gritou: Blasfemou! (*Mt* 26,63-65). E o Sinédrio inteiro julgou Jesus merecedor de morte, pela blasfêmia de se afirmar Filho de Deus.

**Mais além de não gostar
de pagar impostos**

Há outra observação a fazer, para entendermos o conjunto: os judeus se sentiam profundamente humilhados no pagamento do imposto. Primeiro, porque, de fato, era pesado (imposto sobre terra, número de filhos, metros de estrada, carne e sal consumidos, número de animais, de plantas frutíferas etc.). Segundo, porque pagar tributo a um imperador era para um hebreu, no mínimo, reconhecer nele o representante de Deus, e isso contradizia leis, profetas, costumes e dignidade da raça. Terceiro, porque manusear a moeda, em que o imperador era chamado de *divino*, era por si idolatria. E, por último, pagar tributo a um estrangeiro era prova de sujeição, o que repugnava os sentimentos de dignidade.

Não foi a primeira vez que alguém fez uma pergunta a Jesus. Mas dessa vez o Evangelho diz que a pergunta era uma armadilha (v. 15). Se respondesse *sim*, Jesus seria acusado de estar a serviço de estrangeiros (e seria pecador público), de trair a raça. E podia ser apedrejado, segundo a lei deles. Se respondesse *não*, seria acusado de subversão e de sonegação. Podia ser levado preso ao Procurador romano. Qualquer uma das duas respostas daria aos fariseus a razão suficiente para condená-lo. A eles interessava a eliminação sumária, não a opinião de um Mestre respeitado pelo povo.

A pergunta, portanto, não é feita para obter uma resposta, mas para obter um argumento de condenação. A maldade não estava na pergunta sobre o assunto que, de fato, preocupava o povo, mas na falsidade dos que a formularam. Tivesse sido feita sem duplicidade de intenções, provavelmente Jesus a teria respondido, dando a sua opinião a respeito. Em lugar nenhum do Evangelho se diz que Jesus não participava da vida real, pobre e sofrida do povo. Mas não podia compactuar com a falsidade dos que o interrogavam. Dentro da própria pergunta estava a denúncia da insinceridade.

O homem: terra e céu ao mesmo tempo

Esse trecho do Evangelho é citado muitas vezes para dizer que há separação entre o político e o religioso, entre o profano e o sagrado, entre o econômico e o espiritual, entre o homem de fé e o homem de ação. Não existe essa separação, porque o homem é, ao mesmo tempo, corpo e espírito, econômico e espiritual, terra e céu. A religião não abrange só a alma, como a política não abrange só o corpo. A religião envolve o homem inteiro, seu ser e seu fazer, seu presente e seu futuro.

A lição está em afirmar que o econômico não impede o religioso, o político não se sobrepõe à dimensão espiritual. A ordem religiosa das coisas não se limita à ordem política nem se sente por ela diminuída. São dimensões humanas que se complementam, necessitam-se e devem ser igualmente respeitadas. Essas dimensões não coincidem, mas acontecem ao mesmo tempo. Não há um tempo para ser religioso e outro tempo para se ocupar de política e de economia. A pessoa humana é um todo. Ignorar uma dessas dimensões, ou supervalorizá-la em detrimento da outra, desequilibra a criatura humana e a incapacita de compreender a harmoniosa pacificação trazida por Jesus Cristo.

"Dar a César o que é de César e a Deus o que é de Deus" significa não negligenciar nem a dimensão para o alto (Deus) nem a dimensão social em suas diversas manifestações. "O divórcio entre a fé professada e a vida cotidiana de muitos deve ser enumerado entre os erros mais graves do nosso tempo", ensinou-nos o Concílio Vaticano II (*Gaudium et Spes*, 43). Portanto, "não se crie oposição artificial entre as atividades profissionais e sociais de uma parte, e de outra, a vida religiosa". O adjetivo 'hipócritas', que Jesus deu hoje com veemência aos discípulos dos fariseus, cabe perfeitamente àqueles que pretendem acantonar a religião na sacristia, ou lembrar-se de que são cristãos e têm compromissos com os valores do Evangelho apenas quando lhes interessa.

30º DOMINGO DO TEMPO COMUM

1ª leitura: Êx 22,20-26
Salmo: Sl 17
2ª leitura: 1Ts 1,5c-10
Evangelho: Mt 22,34-40

Quem ama está na luz (1Jo 2,10)

NO EQUILÍBRIO DAS DIMENSÕES DO AMOR ESTÁ A SANTIDADE

O Evangelho de hoje encontra-se dentro do contexto das polêmicas de Jesus com os fariseus, os saduceus e os escribas. Também Lucas e Marcos trazem essa página. Mateus é o único a qualificar a pergunta de maldosa. Enquanto os outros dois evangelistas situam o episódio em outros contextos, Mateus o coloca no átrio do templo de Jerusalém, isto é, no coração da espiritualidade e da religiosidade judaica. Jesus ensina hoje uma mudança de mentalidade em pontos fundamentais.

Mais vezes, Jesus terá ensinado ao povo que 'lei e profetas' se resumem no amor. É um ensinamento fundamental do Evangelho. Jesus não propõe distinguir entre leis obrigatórias e leis facultativas, entre leis maiores e leis menores, como faziam os fariseus e os rabinos, mas vem afirmar que a alma e a razão da lei é o amor. Jesus toma posição clara e até mesmo faz uma descrição perfeita do equilíbrio humano, que consiste na correta valorização e desenvolvimento da dimensão para Deus, da dimensão para o próximo e da dimensão para a própria consciência. Ou, como se costuma dizer, para o alto, para fora, para dentro.

No equilíbrio dessas três dimensões está a sabedoria e a santidade. Jesus refere-se a elas, que não se sobrepõem, mas se completam e se exigem. Não é possível amar o próximo verdadeiramente, se nossa consciência estiver carregada de injustiça, de egoísmo, de orgulho, de narcisismo.

O amor é
o cumprimento da lei

Por que a pergunta do fariseu era uma armadilha? A pergunta não era nova. Todos os rabinos procuravam respondê-la para seus discípulos. Tratava-se de resumir em uma norma tudo o que significava bom comportamento. Os rabinos haviam compilado uma lista de 613 preceitos. Deles, 248 eram 'positivos', (mandavam fazer alguma coisa); e 365 eram 'negativos' (proibiam fazer alguma coisa). Além disso, muitos obrigavam gravemente, outros obrigavam levemente. Era a esses preceitos que Jesus se referia, quando repreendeu os fariseus com as duras palavras: "Amarram pesadas cargas e as põem nas costas do povo e vocês nem com o dedo querem tocá-las" (Mt 23,4).

Jesus responde com palavras da Escritura, de textos que os fariseus sabiam de cor. A primeira frase é do Deuteronômio 6,5; e a segunda é do Levítico 19,18. Com elas, Jesus resume todas as leis e todos os ensinamentos. Mais tarde, o Apóstolo Paulo dirá: "Todos os preceitos se resumem nesta palavra: amarás o próximo como a ti mesmo. O amor é o cumprimento da lei" (Rm 13,9-10).

Jesus não disse palavras novas na sua resposta. Aproximou duas frases que todos sabiam de cor e com isso confirmou que é irrepreensível aquele que tem vivas as dimensões para Deus, para o próximo e para dentro de si mesmo. No equilíbrio dinâmico dessas dimensões, resumem-se todos os ensinamentos, tanto os divinos (profetas) quanto os humanos (legislação). A armadilha da pergunta consistia na provável omissão de algum preceito importante, que facilitasse a acusação de desleixo, ignorância ou ensinamento errado, que possibilitaria chamá-lo de 'falso mestre'.

Amar até o extremo,
amar sem reservas

O distintivo do bom hebreu era a observância da lei. O distintivo do cristão é o amor com que se observa a lei. Com poucas palavras, tiradas integralmente da lei antiga, Jesus fixa alguns pontos fundamentais para os cristãos de todos os tempos. O primeiro deles é que a vida moral e religiosa não pode resumir-se na observância cega das leis, mesmo que essas se chamem 'Mandamentos de Deus' ou 'Mandamentos da Igreja'. A observância deve ter como princípio unificador e motor o sentimento dinâmico do amor. Vai nesse sentido a frase de São Paulo: "A letra (da lei) mata, o espírito (o amor) vivifica" (*2Cor* 3,6). O segundo ponto é que o amor deve se orientar ao mesmo tempo para Deus e para o próximo, sem confusão, sem exclusão. Amar a Deus e amar o próximo não são dois amores diferentes e separáveis. São distintos, mas ou estão juntos ou não existem. Se queremos um só deles, perdemos ambos. Não é verdadeiro o amor para Deus, se não nos leva ao amor do próximo.

Outro ponto básico temos nas expressões 'de todo o coração', 'de toda a alma', 'de todo o entendimento'. Querem dizer-nos que devemos amar a Deus e ao próximo com a totalidade de nosso ser. Não apenas com um amor intelectual. Não apenas com um vago sentimento de afeto ou de admiração. Não apenas com um amor espiritualizado ou 'platônico'. Muito menos com amor interesseiro. Não apenas uma ou outra vez, quando nos favorece ou nos apraz, mas com a plenitude do ser e sempre. Nada do que somos é excluído.

Deus também nos amou inteiramente. Não amou somente a nossa alma nem a privilegiou. Também nosso corpo é santificado, imortalizado. Ao assumir Cristo a condição humana, assumiu-a toda. O papa João Paulo II, na encíclica *O Libertador do Homem* (n. 27), recordou a frase do Concílio Vaticano II (*Gaudium et Spes*, 22): "Jesus uniu-se de certo modo a todo homem. Trabalhou com mãos humanas, pensou com inteligência humana, agiu com vontade humana, amou com coração humano".

É difícil viver o amor verdadeiro

Se assim, por amor, o Filho de Deus mergulhou no mistério humano, nós, pelo amor, devemos mergulhar no mistério de Deus. Tudo quanto fizermos, em palavras e obras, com as mãos ou com a inteligência, com a vontade ou com o coração, há de ser expressão do nosso amor a Deus. Escrevia São

Francisco de Assis: "Nada nos impeça, nada nos separe, nada se interponha. Em toda a parte, em qualquer lugar, a toda hora e tempo, diária e continuamente amemos o Altíssimo e Sumo Deus!"

Muitas vezes, a palavra 'próximo' é tida em sentido bastante abstrato. Próximo é quem vive, quem está a meu lado. Pode estar a meu lado por escolha minha ou dele; pode estar por razões de trabalho ou moradia; pode estar por acaso ou forçado; por muito ou pouco tempo; pode ter meu sangue ou ser um estranho; pode ter a mesma religião ou não; não há diferença.

Há gente que se preocupa com as enchentes do rio Amarelo, na China, e não vê os desabrigados de sua rua. Preocupar-se com o próximo que está longe não está errado. O erro está em não ver a necessidade do próximo que está perto; ou em escolher o próximo que nos pode retribuir ou nos é mais simpático. Também não é fácil amar verdadeira e gratuitamente a Deus. Receio que, muitas vezes, nosso amor a Deus não passe de expressão de nossa insegurança e da necessidade de agarrar-nos em qualquer coisa. Nem é fácil distinguir o verdadeiro amor a si mesmo das formas deturpadas do amor, que são o orgulho, a vaidade, o egoísmo e a exagerada procura de segurança pessoal. O grande modelo do amor a Deus e ao próximo é o próprio Jesus. Por isso ele podia dizer em seu testamento, na Última Ceia: "Amai-vos uns aos outros como eu vos amei" (*Jo* 13,34).

31º DOMINGO DO TEMPO COMUM

1ª leitura: Ml 1,14b-2,1-2.8-10
Salmo: Sl 130
2ª leitura: 1Ts 2,7-9.13
Evangelho: Mt 23,1-12

Somos pessoas sinceras, enviados de Deus (2Cor 2,17)

PUREZA DE INTENÇÕES
PUREZA DE RELIGIÃO

Jesus é muito duro hoje com os fariseus. Isso poderia nos admirar, porque, afinal de contas, eles observavam a lei com muito rigor e puritanismo. Digo, propositadamente, "puritanismo", porque não lhes faltava o rigor, mas lhes faltava a pureza, isto é, a limpidez de intenção e de coração. Jesus não se contrapõe à observância rigorosa das leis, mas à observância hipócrita, interesseira e orgulhosa. As palavras de Jesus ficaram na história e deram até novo sentido a 'fariseu'. Poucos hoje se lembrariam de que os fariseus eram assim chamados, porque se aplicavam a estudar profundamente as leis de Moisés e as tradições dos antepassados e propunham uma observância rigorosa. Hoje os chamaríamos de sectários.

A palavra 'hipocrisia' vem do grego, mais precisamente, do teatro grego. Hipócrita era uma pessoa que fazia os gestos interpretativos de um texto que estava sendo declamado por um outro. Por profissão, portanto, o hipócrita assumia o que era declamado e como que encarnava outra personalidade, como fazem os atores de novelas. Era ele e não era ele ao mesmo tempo. Não foi difícil passar do teatro à vida real e chamar de 'hipócrita' quem é uma coisa e representa outra, quem diz uma coisa e pensa outra, quem manda praticar uma coisa e ele mesmo não a pratica. Esse duplo comportamento é sempre motivado pelo orgulho, que leva a pessoa a esconder seus fracos e realçar suas qualidades, ou a valorizar o 'parecer' acima do 'ser'.

Santidade fingida é dupla iniquidade

Observe-se que Jesus se dirigiu à multidão e aos discípulos. Não é por acaso que Mateus cita o povo e os discípulos. O povo, porque, em seu conjunto, era o mais massacrado pelas exigências dos fariseus na observância das leis e leizinhas. Jesus procurava aliviar-lhes a consciência e reanimá-los a procurar a Deus "em espírito e verdade" (Jo 4,24). Em outro momento Jesus dissera: "Vinde a mim vós todos, que estais fatigados e sobrecarregados, e eu vos aliviarei" (Mt 11,28). E se dirigiu aos discípulos, porque eles seriam os futuros responsáveis pelas comunidades, eles ocupariam o lugar dos fariseus, seriam os intérpretes oficiais do Novo Testamento e não podiam comportar-se como os fariseus. As leis seriam as mesmas, mas o modo de observá-las inteiramente diferente. Como ficou lembrado no domingo passado, quando o amor perpassa o cumprimento da lei, ela se torna apoio suave e seguro.

Como não pensar aqui nas lideranças religiosas? Como não pensar nos pregadores que devem aproximar o Evangelho e a vida prática? Como não pensar aqui nos(as) catequistas, que devem ensinar os valores evangélicos, as leis morais e as verdades da fé? Como não pensar nas pessoas solenemente consagradas, que assumiram diante da comunidade a obrigação de ser sinal, luz e sal para o povo? Lembrava-o muito bem o documento *Evangelii Nuntiandi* (n. 21) que a principal evangelização faz-se pelo testemunho de vida, isto é, pela coerência entre os princípios religiosos e o comportamento diário. Já Orígenes († 254) ensinava que toda a religião fingida é morta. E Santo Antônio pregava que a santidade fingida é dupla iniquidade.

Símbolos visíveis de um povo consagrado

Por 'Cátedra de Moisés' se entendem toda a legislação, desde os 10 Mandamentos, e suas numerosas aplicações e explicitações escritas e orais até às determinações e leis civis. A esse conjunto os hebreus chamavam de 'Torá', palavra que se prende à 'instrução'. Eram os rabinos (doutores da lei ou escribas ou legisperitos) que davam as instruções sobre a Torá e dirimiam as dúvidas. Os fariseus eram o grupo mais observante. Mas havia muita observância por mera formalidade, muitas vezes uma observância em público e outra em privado, muitas vezes uma observância ensinada e outra praticada.

Havia o costume de carregar fragmentos escritos da lei em caixinhas preciosas penduradas nas vestimentas, para cumprir o que pedia o Deuteronômio: "Incuti as minhas palavras em vosso coração e em vossa alma! Atai-as, como sinal, a vossas mãos, e ponde-as como faixas em vossas cabeças. Ensinai-as a vossos filhos, falando-lhes delas, seja quando estiverdes sentados em casa, seja andando pelos caminhos, tanto ao deitardes quanto ao levantardes!" (*Dt* 11,18-19). Jesus não condenou esse costume. Como hoje em dia não se condena o portar medalhas, fitinhas, anéis, escapulários ou terços. O que Jesus condenou e condena ainda hoje é usar desses objetos, que deveriam expressar compromisso religioso, para expressar vaidade pessoal, chamar a atenção e ser admirado.

Também as franjas tinham sentido religioso. Prescrevera-as Moisés: "O Senhor disse a Moisés: fala aos Israelitas e dize-lhes que, por todas as gerações, façam franjas nas bordas das vestes e nas franjas da borda atem um cordão de púrpura violácea... para que, vendo-o, lembreis-vos de todos os mandamentos do Senhor e os cumprais" (*Nm* 15,37-39). As franjas e o cordão, portanto, eram um símbolo religioso, que lembrava a consagração do povo a Deus, como hoje seria uma medalha, uma cruz, uma imagem, o hábito religioso. Também Jesus as usava, como depreendemos de *Mt* 9,20; 14,36. Jesus não condenou seu uso, mas, seu uso como meio de ostentação.

**Um só Pai, um só Mestre:
somos todos irmãos**

Junto à condenação da hipocrisia, como anulação da verdadeira religiosidade, Jesus ataca a vaidade dos que, por serem cumpridores das leis, pensam merecer os primeiros lugares, ser elogiados em público, ser distinguidos com títulos (v. 7). A essa altura da lição, vem o grande e direto ensinamento de Jesus: a nova família de Deus é composta de irmãos, porque todas as criaturas humanas procedem de um único Pai, o Pai do Céu, tem um único Mestre, o Filho de Deus feito homem, o Cristo, o Enviado do Senhor. Três frases que deveriam ser gravadas não apenas nas vestes externas, mas na carne do coração humano: "Um só é vosso Pai" (v. 9), "Um só é vosso Mestre, Cristo" (v. 10), "Vós sois todos irmãos" (v. 8). Os últimos dois versículos do Evangelho de hoje, Jesus os podia ter dito assim: "Por que vos fingis de grandes? Eu que sou a primeira das criaturas (*Cl* 1,15-16), sou o servo de todos (*Jo* 13,13-16). Por que ostentais tanto orgulho? Aprendei de mim (*Mt* 11,29) que, não levando em conta a condição de Filho de Deus, me aniquilei, apresentei-me como simples homem".

Fala-se, muitas vezes, em autenticidade. Ora, pessoa autêntica é a que parece só o que é. É dessa autenticidade que fala o Evangelho de hoje. E é a essa autenticidade que a Sagrada Escritura chama de 'pureza': limpidez de intenções, coerência entre o pensar e o agir, entre o rezar e o fazer, entre o crer e o comportar-se. A coerência é necessária não só para que sejamos acreditáveis em nossas palavras e obras, mas também para podermos conviver fraternalmente. As grandes inimigas da coerência entre o pensar e o dizer e entre o dizer e o fazer são a vaidade e a soberba. A vaidade nulifica o testemunho. A soberba mata a caridade e atira à escuridão as boas obras.

32º DOMINGO DO TEMPO COMUM

1ª leitura: Sb 6,12-16
Salmo: Sl 62
1Ts 4,13-18 ou
1Ts 4,13-14
Evangelho: Mt 25,1-13

Não vos falta a graça, enquanto esperais a vinda do Senhor (1Cor 1,7)

**A SABEDORIA DA VIGILÂNCIA
E A FECUNDIDADE DA PACIÊNCIA**

Estamos quase terminando o Ano Litúrgico A. Os evangelhos dos últimos domingos nos levam a refletir sobre o fim dos tempos, ou seja, sobre aquele momento em que deixamos esta vida para entrar de forma definitiva na vida eterna. A parte da teologia que estuda o fim dos tempos presentes (a morte, o juízo ou julgamento) e o início da eternidade (ressurreição do corpo) chama-se *escatologia*, uma palavra greco--hebraica, que quer justamente dizer 'doutrina sobre as últimas coisas'. Para os cristãos essas últimas coisas estão marcadas pela segunda vinda do Cristo, como Juiz e Senhor. São Paulo chamou a segunda vinda de Jesus de *parusia*, tendo buscado o vocábulo no mundo militar e político, em que se chamava de *parusia* a chegada oficial de um rei ou de um governador. Assim, aos Tessalonicenses Paulo escreve: "Vós sereis a minha esperança, a minha alegria e a minha coroa de glória perante o Senhor Jesus Cristo no dia de sua *parusia*" (1Ts 2,19).

A Sagrada Escritura sempre se preocupou com o tema das últimas coisas que acontecerão. Há até um estilo literário especial para se falar desses fatos inevitáveis: o apocalipse (nome também do último livro da Escritura, que trata do assunto). Toda a vida presente do homem está voltada para lá e, sem exceção, lá desembocará. Dois grandes fatos acontecem então: nossa chegada ao limiar da eternidade e a volta gloriosa de Jesus Cristo, como juiz e nosso introdutor na eternidade.

Não se apague a lâmpada da fé

O Evangelho nos traz a parábola das dez virgens ou das dez moças. Era costume, na noite de núpcias, o noivo ir buscar a noiva na casa dela e levá-la para a festa nupcial na casa dele. No trajeto eram acompanhados por damas de honra, que levavam archotes para iluminar a estrada pedregosa. Esses archotes eram varas com uma lâmpada a óleo na ponta. Na parábola aconteceu que o noivo atrasou. Com o atraso, o óleo das lâmpadas se consumiu, e cinco das damas de honra ficaram sem luz e não prestaram o serviço prometido aos noivos. Por isso o noivo não as deixou entrar na sala da festa.

Jesus toma a história e a transforma em uma reflexão sobre a entrada ou exclusão do paraíso. A Bíblia costuma comparar o paraíso a uma festa de casamento. Nesse caso, o noivo é o próprio Cristo. As damas de honra são as criaturas humanas. A vida terrena é um caminho difícil, facilitado pela lâmpada da fé, que nos deixa ver os empecilhos. Na Escritura a fidelidade entre a criatura humana e Deus é simbolizada pelas núpcias. Jesus mesmo faz várias vezes essa comparação (Mt 22,1-14).

Jesus compara o Reino dos Céus a uma semente (Mt 13,31), a uma rede de pesca (Mt 13,47), a um dia de trabalho (Mt 20,1), a um tesouro escondido (Mt 13,44), a um banquete (Mt 22,2). Hoje o compara a uma sala de bodas. Todos são convidados. Todos esperam a festa. Todos colaboram na preparação da festa. O 'bilhete' de entrada é a fidelidade da espera, a execução do trabalho prometido. Na vivência do Reino, neste mundo, misturam-se a espera vigilante da plenitude do Reino e a fidelidade aos compromissos assumidos.

Caminhar de esperança em esperança

A primeira geração dos cristãos pensava que o fim do mundo estaria próximo e sonhava em ver com seus olhos Jesus voltando glorioso sobre as nuvens do céu. Mesmo antes de Jesus chegar, havia gente do povo que pensava que a vinda do Messias coincidiria com o fim do mundo. Algumas frases de Jesus, tomadas ao pé da letra, sugeriam a proximidade do fim. À medida que o tempo passava e o fenômeno não acontecia, muitos desanimavam de esforçar-se nas virtudes, muitos duvidavam das promessas da salvação trazidas por Jesus, muitos começavam a sentir-se enganados. A parábola toca nessa demora do retorno de Jesus e no comportamento dos que se cansaram de esperar. A parábola ensina que o esposo (Jesus) não vai falhar. Se a demora se prolonga, é preciso ter paciência. Adverte a Carta aos Hebreus: "É necessária a paciência para alcançardes os bens prometidos" (*Hb* 10,36).

A segunda Carta de São Pedro enfrenta o mesmo problema da demora do Senhor. Ele lembra os que zombam dos cristãos, dizendo: "Onde está a promessa de sua vinda? Desde que morreram os pais, tudo permanece igual" (*2Pd* 3,4). E é nesse contexto que São Pedro escreve a frase que virou provérbio em muitas culturas: "Um dia diante do Senhor é como mil anos e mil anos como um dia" (*2Pd* 2,8). Inculcando a paciência na espera, São Pedro recorda a imensa paciência de Deus em esperar pela conversão dos pecadores: "Ele deseja que todos se arrependam dos pecados, porque ele quer salvar a todos" (*2Pd* 2,9). Reforçando a doutrina de que o Senhor virá com certeza, São Pedro acrescenta essa passagem: "De acordo com a promessa do Senhor, nós esperamos os novos céus e a terra nova da santidade. Por isso, vivendo dessa esperança, esforçai-vos para que o Senhor vos encontre imaculados e irrepreensíveis" (*2Pd* 2,13-14). Esse é exatamente o ensinamento da parábola que lemos hoje.

A história repete-se conosco. Todos nós vivemos em um ritmo de espera. Não apenas de nossa morte, mas também da chegada do Cristo para introduzir-nos na "Casa do Pai, onde há muitas moradas" (*Jo* 14,2). Só esperar pela morte é desesperador. Mas esperar por Ele é caminhar de esperança em esperança. Ele chega em hora inesperada (v. 13), ainda que tenhamos absolutamente certeza de que essa hora acontecerá. A sabedoria consiste em estar sempre preparado (*Mt* 24,44). A essa atitude a Escritura chama de *vigilância*, que não é uma atitude passiva, mas um comportamento acordado, responsável e atento, parecido ao tempo da floração, que aguarda a multiplicação dos frutos.

Entrar ou não entrar no paraíso é uma decisão intransferível

O Evangelho manda repartir o que temos e dar aos necessitados. Aparentemente, há, no Evangelho de hoje, uma contradição. As moças, que tinham óleo de reserva, negaram-se a dividi-lo e, apesar disso, foram privilegiadas. Acontece que a parábola fala do momento, do encontro decisivo, em que só contam nossas obras pessoais. Entrar ou não entrar no paraíso é uma decisão intransferível.

O cultivo da fé, simbolizada na lâmpada acesa, pode ser favorecido por outros ao longo da vida. Mas, na hora que o Esposo chega, na hora do meu julgamento, na hora de Ele me dizer: "Vem, bendito de meu Pai" (*Mt* 25,34) ou "Vai-te, maldito!" (*Mt* 25,25-30.41), ninguém pode me ajudar. Serei responsável pela guarda ou pelo desperdício da fé.

É maravilhoso ver como Deus respeita nossa liberdade de escolha. Dá-nos todas as possibilidades, mostra-nos o caminho, aponta os perigos, cobre-nos com sua graça e seu amor, mas deixa-nos a decisão do *sim* ou do *não*, que será expressa pela fé cultivada e seus frutos. Esse fato não deve ser fonte de medo, mas de alegria e confiança, porque, se fizermos nossa pequena parte, entraremos com Ele na glória.

33º DOMINGO DO TEMPO COMUM

1ª leitura: Pr 31,10-13.19-20.30-31
Salmo: Sl 127
2ª leitura: 1Ts 5,1-6
Evangelho: Mt 25,14-30 ou Mt 25,14-15.19-21

Tendes a santidade por fruto e por meta a vida eterna (Rm 6,22)

FRUTIFICAR EM BOAS OBRAS E CRESCER NO CONHECIMENTO DE DEUS

Os capítulos 24 e 25 de Mateus compõem o chamado 'Discurso escatológico'. Como vimos em outro momento, Mateus divide seu Evangelho em cinco discursos e procura agrupar, em cada um deles, um determinado conjunto de ensinamentos. No 5º e último discurso, agrupa as palavras de Jesus sobre a escatologia, ou seja, sobre as últimas coisas que acontecerão às criaturas humanas em seu trajeto e como preparar-se para esse momento que Jesus disse ser de julgamento das obras praticadas.

A parábola dos talentos está muito ligada à parábola precedente, a das dez virgens, que lemos no domingo passado. Também a parábola de hoje é tirada do contexto social do tempo. Era comum um rico senhor ser dono de terras, na Palestina e nos países vizinhos ao mesmo tempo, e ter empregados inteiramente a seu serviço, sem salário, mas vivendo do que produziam para seu senhor. Se o patrão era bom e generoso, os empregados viviam bem. Se o patrão era ganancioso, os empregados levavam vida de escravos, sem outra opção de trabalho. Acontecia que muitos desses ricos senhores não eram hebreus, mas estrangeiros. Para um hebreu era vergonhoso trabalhar para um patrão estrangeiro.

Havia outra categoria de empregado, o que arrendava a terra do rico senhor, trabalhava para si, mas pagava dois terços do que colhia ao dono do chão. Era esse povo sofrido, explorado e sem saída que corria atrás de Jesus, na esperança de libertação. Penso que todos os ouvintes de Jesus prestaram muita atenção à história que Jesus começou a contar, para ver em que ia dar, para ver se o Mestre de Nazaré fazia alguma proposta viável. Outra era a intenção de Jesus.

A Palavra de Jesus: o grande dom do Pai

Sem fazer julgamento sobre a situação político-econômica, Jesus comparou o senhor rico a si mesmo. Ele veio de fora, veio do céu, comprou com sua vida os campos (a humanidade) e todos os bens da terra. E partiu para "uma viagem" (v.14). A palavra 'viagem' indica um retorno. Jesus retornará da glória celeste à terra. Ao partir, deixou os empregados (as criaturas humanas), cada um com sua responsabilidade, para fazer frutificar os campos e para desenvolver os bens, deixando a cada um a liberdade de ação e a escolha do modo de trabalhar.

À primeira vista a parábola parece falar dos bens materiais por causa da entrega do dinheiro (um talento equivalia mais ou menos ao preço de 35 quilos de prata, dinheiro grande, portanto). Na verdade, o grande tesouro que Jesus deixou em nossas mãos para fazer frutificar é sua Palavra divina, embora não se excluam os bens materiais.

São Paulo lembrou aos Colossenses que a pregação do Evangelho "está produzindo fruto e crescendo desde o dia em que o povo o escutou e conheceu a verdade e a graça de Deus" (*Cl* 1,6). Este é o talento deixado por Jesus: a Palavra pregada, a Palavra escutada, a Palavra que se torna graça e verdade, a Palavra que se multiplica para alcançar os confins da terra (*Sl* 22,28), a Palavra encarnada na pessoa divino--humana de Jesus de Nazaré, o Cristo bendito de Deus (*Mc* 14,61-62).

**Vivemos para o Senhor
e trabalhamos para o Senhor**

O espaço da vida terrena é, portanto, um tempo de plantio, floração e frutificação. E nós não somos os donos do espaço e do tempo de nossa vida. Somos criaturas de Deus, pertencemos a ele. Somos servos do Senhor, como bem disse Maria na Anunciação (*Lc* 1,38). Por mais que trabalhemos neste mundo, por mais coisas que realizemos, devemos dizer: "Somos servos inúteis, fizemos o que devíamos fazer" (*Lc* 17,10). Isso não é uma visão negativa da criatura humana. Ela foi feita à imagem e semelhança de Deus, foi dotada de muitos dons, mas nunca deixará de ser criatura. Desde o início da história humana, existe a tentação de a criatura pensar-se igual ao seu criador e até de usurpar-lhe o lugar. A parábola de hoje nos recorda que temos imensos tesouros não só a tutelar, mas a aumentá-los. Lembrou-o São Paulo: "Tudo é vosso, mas vós sois de Cristo e Cristo é de Deus" (*1Cor* 3,22-23).

Quando o Senhor voltar (a volta de Jesus é tão certa quanto a nossa morte, porque coincide com ela, já que Jesus prometeu vir ao encontro de cada um que morre; e sua volta é tão imprevista quanto a morte), ele pedirá conta do que fizemos de sua Palavra salvadora. Estamos tentados a pensar que os que ganharam mais talentos sejam os bispos, os sacerdotes, os religiosos. Penso que os leigos têm as mesmas chances dadas por Deus, porque "em Deus não há distinção de pessoas" (*Rm* 2,11). Um dos elogios dados a Jesus foi o de ele não fazer acepção de pessoas (*Mt* 22,16).

Diz a Igreja no documento conciliar *Lumen Gentium*: "Todos os fiéis cristãos, de qualquer estado ou ordem, são chamados à plenitude da vida cristã e à perfeição da caridade. Com o fim de conseguir essa perfeição, façam os fiéis uso das forças recebidas segundo a medida da doação de Cristo, e assim, a santidade do Povo de Deus se expandirá em abundantes frutos" (n. 40). Essa frase repropõe bem a parábola dos talentos. Todos recebem em abundância de Deus, e cada um, com o jeito que tem, fá-los-á crescer. Fique claro: os dons são de Deus, são-nos dados para fazê-los crescer e serão devolvidos acrescidos a Deus, que é seu verdadeiro dono.

Comunhão entre Criador e criatura

E vem a parte mais bonita do significado da parábola. Embora sejamos servos de Deus, pelo simples fato de sermos criaturas suas, embora tudo quanto fizermos com os dons que ele nos deu o fazemos para ele, ele, se lhe formos fiéis, não nos trata como servos, mas partilha conosco os lucros. Na Última Ceia, chega a dizer: "Já não vos chamo servos, mas amigos, porque reparti convosco tudo quanto ouvi de meu Pai" (Jo 15,15). De fato, amigo é aquele com quem reparto o mais íntimo de meu coração, de meu pensamento, de meu ser. E, na parábola de hoje, o Senhor reparte o que tem e o que é com os servos fiéis e operantes: "Te confiarei muito mais e partilharás de minha alegria" (vv. 21 e 23).

Jesus deixa claro que a generosidade de Deus não significa injustiça. O servo que não trabalha e, ainda por cima, procura jogar em cima de Deus a culpa de não haver trabalhado (vv. 24 e 25) não entrará na plenitude do Reino, não terá a alegria da comunhão eterna com Deus, que deveria ser o destino de todas as criaturas e é a razão de ser da encarnação de Jesus. Também esse servo mau, criado no berço da esperança, enterrou, conscientemente e com suas mãos, a Palavra cheia de graça e verdade (Jo 1,14) e, na mesma cova, enterrou-se a si mesmo (Sl 57,7).

O prêmio que Deus concede aos servos fiéis não é proporcional às obras feitas. Pela parábola, a recompensa é superabundante (v. 29). A superabundância é uma das características de Deus. Ao fazer comunhão plena conosco na hora de nossa entrada na eternidade, Deus dá-nos a plenitude dessa superabundância.

SOLENIDADE DE NOSSO SENHOR JESUS CRISTO, REI DO UNIVERSO

1ª leitura: Ez 34,11-12.15-17
Salmo: Sl 22
2ª leitura: 1Cor 15,20-26.28
Evangelho: Mt 25,31-46

Soberano bendito, Rei dos reis, Senhor dos senhores (1Tm 6,15)

O SENHOR, QUE REINA GLORIOSO, CHAMA-NOS PARA SEU REINO DE GLÓRIA

A festa de Cristo Rei foi instituída pelo papa Pio XI no Ano Santo de 1925, para recordar o XVI centenário da proclamação dogmática, no Concílio de Niceia, de que Jesus Cristo é consubstancial ao Pai. Ensina-nos o Credo, elaborado naquele Concílio (conhecido como 'niceno-constantinopolitano'), que Jesus é "Filho unigênito do Pai, Deus de Deus, luz da luz, Deus verdadeiro de Deus verdadeiro, gerado, não criado, substancial ao Pai. Por ele todas as coisas foram feitas". Naquela ocasião, o Papa marcou a solenidade para o domingo antes da festa de Todos os Santos, para dizer que Jesus Cristo, "primogênito de todas as criaturas" (Cl 1,15), rei e centro de todo o universo, tem como coroa a multidão dos santos.

Na reforma litúrgica, feita em decorrência do Concílio Vaticano II, a festa foi remanejada para o último domingo do Ano Litúrgico, ainda com o sentido de glorioso coroamento. Ensina o documento conciliar *Gaudium et Spes*: "O Verbo de Deus, pelo qual todas as coisas foram feitas, encarnou-se e, como Homem perfeito, salvou toda a humanidade e recapitulou todas as coisas. O Senhor é o fim da história humana, ponto ao qual convergem as aspirações da história e da civilização, centro da humanidade, alegria de todos os corações e plenitude de todos os desejos. A ele é que o Pai ressuscitou dos mortos, exaltou e pôs à sua direita, constituindo-o juiz dos vivos e dos mortos" (n. 45).

É esse Senhor que celebramos hoje, ao mesmo tempo em que recordamos que a convergência para ele de todas as criaturas da terra e do céu (*Ef* 1,10), ainda que tenha sua lógica e necessidade, não é um fato mecânico, é fruto de uma intensa atividade das criaturas, como vimos na parábola dos talentos, que lemos no domingo passado. Atividade que compreendemos na expressão 'Obras de Misericórdia', algumas delas, talvez as principais, exemplificadas pelo Evangelho de hoje.

**Faze isto,
e reinarás**

Com a festa de Cristo Rei encerramos o Ano Litúrgico A. Celebramos hoje a plenitude do Reino. Reino de Cristo, Senhor e Juiz dos vivos e dos mortos. Reino da criatura humana, elevada à dignidade divina e ressuscitada para "uma herança incorruptível, incontaminada e imarcescível no céu" (*1Pd* 1,4). Ao longo de todo o Evangelho, Jesus sempre pôs o amor-caridade como lei suprema para os que quisessem participar do Reino. Hoje nos diz que é por essa lei (sem fazer menção de outras) que seremos julgados dignos ou não de entrar na plenitude do Reino. E o diz com tanta clareza que poderíamos concluir com outra frase sua: "Faze isto, e viverás" (*Lc* 10,28).

Se a festa de hoje tem, sobretudo, o sentido de glorificar a Cristo, "sentado à direita de Deus Pai e acima de tudo o que tem nome para sempre" (*Ef* 1,20-23), a liturgia nos recorda também o nosso destino eterno e as condições para alcançá-lo. Fomos feitos para a glória, somos coerdeiros de Cristo (*Rm* 8,17), se tivermos os mesmos sentimentos dele (*Fl* 2,5). Não há uma predestinação cega ou unilateral. Deus dá às criaturas "graça sobre graça" (*Jo* 1,16), mas quer a colaboração pessoal de cada um. Deus dá a parte maior, às vezes quase tudo, mas jamais somos dispensados de fazer nossa parte.

Reinado certo, mas depois do julgamento

Jesus introduz a lição de hoje, chamando a si mesmo de 'filho do homem', uma expressão profética que indica um enviado de Deus, com poder para reimplantar a justiça e a santidade entre as criaturas. Pouco depois (v. 34), Jesus se chama de rei. Em outras palavras: o julgamento faz parte dos planos de Deus; é um ato que será feito por Jesus Cristo e o fará com todo o poder decisório; e julgará pelas obras boas ou más, que são a concreção do nosso comportamento humano.

Jesus emprega a figura da separação entre cabritos e ovelhas. É um gesto conhecido e comum, já que muitos dos ouvintes de Jesus são pastores de pequenos rebanhos. Os pastores, quando terminava o dia, separavam as ovelhas dos cabritos, porque os cabritos sentiam mais frio, por isso os punham na parte mais protegida do vento. Mas Jesus dá um sentido novo: as ovelhas são as pessoas que fizeram boas obras. Os cabritos, apesar do cuidado especial do pastor, são os que nada fizeram de bom. Esse sentido, provavelmente, Jesus vai buscar no profeta Ezequiel (cfr. a primeira leitura de hoje), que viveu exilado na Babilônia e procurou reanimar a esperança em Deus e a fidelidade a Ele, no povo sofrido, profetizando o restabelecimento da aliança, com Deus novamente morando no meio do povo.

A hora da morte é então comparada ao declinar do dia. Jesus virá, como juiz. Sem dúvida que virá em vestes de misericórdia, porque julgará as criaturas pela misericórdia que tiverem praticado. Sua medida de misericórdia será muito diferente da nossa medida, sobretudo será extremamente justa; as palavras de Jesus hoje não podem deixar dúvidas.

O rosto concreto de Jesus, Filho de Deus

As obras de misericórdia eram conhecidas e enaltecidas no Antigo Testamento. Mas é no Novo que Jesus, o Filho de Deus e Juiz de todos, identifica-se com os necessitados, a quem chama de irmãos (v. 40). Na vida de São Francisco de

Assis, há um episódio muito expressivo. Na fase da conversão, ele se encontra com um leproso no campo. Depois de vencer o nojo, desce do cavalo, dá a esmola pedida e beija o doente. Torna a montar e, ao querer despedir-se, não vê mais ninguém, porque o leproso é o próprio Cristo, que vai ao seu encontro. Cristo se identifica com os pobres mais pobres. Se não servirmos os necessitados, não servimos o Cristo. Não há conversão verdadeira, não seremos discípulos de Cristo e "benditos do Pai" (v. 34), se não tivermos coração e mãos abertas para os necessitados.

Raoul Follereau (1903-1977), apóstolo dos leprosos, escreveu certa vez: "Sonhei que um homem se apresentava diante do Senhor, no Juízo final. Contente, o homem apresentava as mãos e dizia: *Olha, Senhor, observei a tua lei, nada fiz de desonesto, de mau, de impiedoso. Senhor, as minhas mãos estão limpas!* E o Senhor olhou para o homem e disse: *Sem dúvida, estão limpas, mas estão também vazias!*" O Evangelho de hoje, festa de Jesus Cristo Rei, festa do Reino, que nos é destinado, garante-nos que o Reino dos céus só se conquista pela prática das boas obras, nascidas da fé.

Nos números de 31 a 39 do *Documento de Puebla*, os bispos afirmam que, na vida prática, Cristo tem um rosto concretíssimo, que nos questiona: as feições das crianças abandonadas ou golpeadas pela deficiência física ou mental; as feições dos jovens desorientados; as feições dos indígenas, que vivem em situação desumana; as feições dos camponeses sem terra, enganados pelo sistema comercial; as feições dos operários explorados; as feições dos subempregados; as feições dos favelados que devem viver ao lado da ostentação de riqueza; as feições dos velhos abandonados. Tomara que no juízo final – hora em que "Deus nos chama para a glória eterna" (*1Pd* 5,10) – a bondade divina tenha tamanho infinitamente maior que a nossa justiça e misericórdia.

SOLENIDADES DO SENHOR QUE OCORREM NO TEMPO COMUM

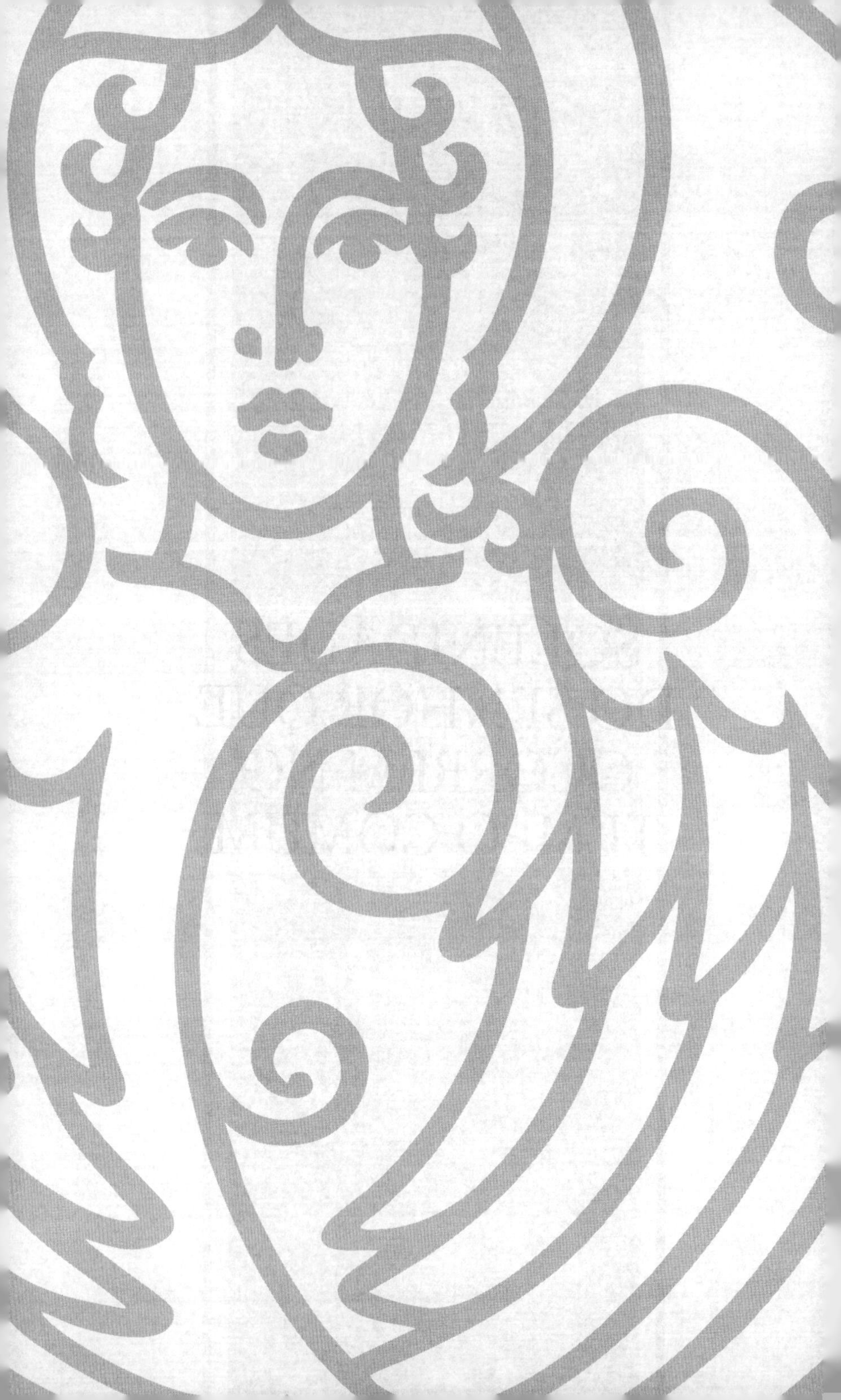

SOLENIDADE DA SANTÍSSIMA TRINDADE

1ª leitura: Êx 34,4b-6.8-9
Salmo: Ct Dn 3,52.53.54.55.56
2ª leitura: 2Cor 13,11-13
Evangelho: Jo 3,16-18

Em Cristo sois integrados na construção para serdes morada de Deus no Espírito (Ef 2,22)

**COM JUSTIÇA VOS LOUVA E BENDIZ
TODO SER QUE CRIASTES, TRINDADE FELIZ!**

A festa da Santíssima Trindade não era conhecida nos primeiros séculos da Igreja, já que toda a liturgia era celebração da Santíssima Trindade. A festa nasceu como uma devoção privada, no século VIII. Roma se opôs à festa, mas ela se espalhou pela Germânia e França e acabou sendo aprovada, em 1334, pelo papa João XXII, para a Igreja universal. Sempre foi celebrada no domingo depois de Pentecostes, com o intuito de mostrar o triunfo da Santíssima Trindade na história da salvação: o Pai criador, o Filho salvador, o Espírito Santo, que renova e refaz todas as coisas.

O Antigo Testamento desconheceu a Trindade divina. Nem podia passar pela cabeça dos rabinos a possibilidade de um Deus-trino, tão ciosos eram do monoteísmo, isto é, de um Deus único, fundamento de toda a religião hebraica, e glorioso, distintivo do povo eleito. Foi Jesus quem revelou que, no Deus único, há três pessoas distintas. Santo Antônio, que não conheceu a festa de hoje, em vários de seus sermões, pregou a fé no Deus-trindade. No sermão do domingo da oitava da Páscoa sobre a aparição de Jesus aos Apóstolos, para dar-lhes o Espírito Santo (Jo 20,19-23), Santo Antônio comentou a saudação de Jesus, repetida duas vezes: *Pax vobis!*, e viu na palavra *Pax* a revelação do mistério trinitário: "Note que na palavra PAX, paz, há três letras e uma sílaba, em que se designa a Trindade e a Unidade: no P, o Pai; no A, primeira vogal, o Filho, que é a voz do Pai; no X, consoante dupla, o Espírito Santo, procedente de ambos. Assim, ao dizer: *A paz esteja convosco*, recomenda-nos Cristo a fé na Trindade e na Unidade".

Mistério eterno
revelado por Jesus

O *Catecismo* nos diz que o mistério da Santíssima Trindade é o dogma de fé central da Igreja católica. Seria, então, de esperar longas, belas e claras páginas sobre ele no Novo Testamento, como temos sobre a Eucaristia, a encarnação de Jesus, a ressurreição. No entanto, em nenhum lugar do Novo Testamento se usa a expressão 'trindade'. Mas se fala muito, e de forma distinta, do Pai, do Filho e do Espírito Santo. E os três juntos, citados nessa ordem, ocorrem em *Mt* 28,19, quando Jesus manda os Apóstolos pelo mundo inteiro batizar todos os povos. A existência de um Deus único, com uma só natureza divina, mas distinto em três pessoas, é revelação de Jesus. A comunidade dos primeiros cristãos, embora celebrasse o mistério, levou tempo para compreender como isso poderia ser possível.

A Igreja foi posta diante de um fato revelado por Jesus. Coube aos teólogos, ao longo da história, aclarar esse fato e elaborar uma doutrina sobre ele. Mas, enquanto se elaborava essa doutrina, a liturgia cantava hinos de louvor à Santíssima Trindade, os cristãos começavam seus trabalhos "em nome do Pai e do Filho e do Espírito Santo", as celebrações solenes do Batismo enalteciam o Deus trino e uno. E o celebrante saudava o povo como Apóstolo Paulo: "A graça de Nosso Senhor Jesus Cristo, o amor de Deus-Pai e a comunhão do Espírito Santo estejam convosco" (*2Cor* 13,13).

**Mistério de amor
que envolve os homens**

O mistério da Santíssima Trindade, embora mistério, é a luz que ilumina todas as verdades da fé. E é um mistério de amor. A Santíssima Trindade é uma comunidade de amor. O Pai cria tudo por amor; o Filho, muito amado pelo Pai (*Mt* 17,5; *Mc* 9,7), constrói no mundo, com sua vida, um reino de amor, e o amor é um dos grandes dons do Espírito Santo. O Evangelho de hoje, tirado do diálogo de Jesus com Nicodemos, recorda o imenso amor (v. 16) de Deus pelas criaturas, sobretudo pela criatura humana; um amor tão grande que vence a barreira do pecado à custa do sangue derramado de seu próprio Filho. Um amor tão grande que quer ter todas as criaturas juntas a si, participando de sua feliz vida eterna (v. 16). De tal modo nos ama Deus, que nos enviou o Espírito Santo em auxílio da fraqueza de nossa fé (*Rm* 8,26), enchendo nosso coração de esperança, avivando a fé em Jesus Cristo, revestindo de tal maneira nossa vida que São Francisco de Assis chega a dizer que é ele que reza em nós e em nós rende louvores e graças a Deus. Então, o Pai já não olha para o nosso pecado e nossa ignorância, mas vê "o próprio Espírito, que advoga por nós em gemidos inefáveis" (*Rm* 8,26).

O pequeno trecho do diálogo com Nicodemos, que lemos hoje, formula o cerne da fé cristã, que é uma resposta da criatura humana a uma proposta de Deus, que nasce do amor, explicita-se na encarnação e morte de Jesus e tem por finalidade dar a todos a vida eterna. Esses elementos são facilmente encontrados no versículo 16. A resposta da criatura humana consistirá em aceitar ou não a missão do Filho. Aceitar ou não exige uma decisão pessoal, que o Evangelho chama de julgamento. Jesus garante que o Espírito Santo nos ajudará a conhecer a verdade (*Jo* 16,13) e a discernir as coisas. Mas não nos tolherá a liberdade. A maneira de respondermos, positivamente, e decidir-nos pela vida eterna é crer em Jesus Cristo, Filho de Deus Salvador. Uma resposta de fé que se transforma em uma atitude amorosa (*Jo* 15,9-10), porque "se me amais, guardareis os meus mandamentos" (*Jo* 14,15).

Façamos o homem
à nossa imagem e semelhança

Sempre houve cuidado extremado da Igreja para não separar as ações e interferências das pessoas da Santíssima Trindade no mundo. Embora lhes atribuamos diferentes missões, é sempre o mesmo e único Deus que age. "Inseparáveis naquilo que são, as pessoas divinas são também inseparáveis naquilo que fazem", ensina o *Catecismo da Igreja Católica* (n. 267). Quando Deus se manifesta na história humana, atribuímos a Deus Pai a onipotência em criar, tanto que rezamos no Credo: "Creio em Deus Pai, todo-poderoso, criador do céu e da terra". E o próprio Jesus atribui ao Pai as obras que faz: "O Pai que habita em mim é que realiza as obras" (*Jo* 14,10). Ao Filho atribuímos o poder de ensinar, de redimir, de fazer comunhão entre a Trindade e as criaturas. Ao Espírito Santo atribuímos a santificação, chamada na Bíblia de 'Justiça' ou 'Justificação', isto é, a capacidade e a coragem de crer na obra redentora, de testemunhá-la diante de todos e de viver em qualquer circunstância da vida presente como membro do Reino dos Céus.

Talvez possamos concluir que, se somos fruto do amor trinitário, se somos destinados à comunhão amorosa e eterna com a Trindade, devemos viver do amor, com amor e para amar. Um amor que nos leve a dar e a dar-nos como Deus Pai nos deu o Filho e com ele toda a misericórdia, bênção e graça. Um amor que nos leve a dedicar gratuitamente a própria vida em benefício dos irmãos, como o fez Jesus, para construir a comunhão fraterna, o Reino de Deus na terra. Um amor-luz santificador, que refaça nossa pessoa e recrie em nós a imagem e semelhança de Deus e nos torne participantes da natureza divina (*2Pd* 1,4).

SOLENIDADE DO SANTÍSSIMO CORPO E SANGUE DE CRISTO

1ª leitura: Dt 8,2-3.14b-16a
Salmo: Sl 147
2ª leitura: 1Cor 10,16-17
Evangelho: Jo 6,51-58

Apesar de muitos, somos um só pão,
um só corpo (1Cor 10,17)

EUCARISTIA: PRINCÍPIO VITAL DA COMUNIDADE CRISTÃ

A festa remonta ao século XIII. A última metade do século XII e a primeira metade do século XIII foram um tempo de contradições em torno do Mistério Eucarístico e do sentido da Comunhão. Havia grande descuido com o tabernáculo e as alfaias sagradas, o que denotava dúvidas sobre a presença real de Jesus na Eucaristia, sobretudo nas 'espécies eucarísticas', guardadas no tabernáculo. O IV Concílio de Latrão (1215) se ocupou do tema. São Francisco de Assis († 1226) passou a seus Frades um grande respeito para com Jesus, presente no tabernáculo, e prescreveu cuidados especiais para com os vasos sagrados, altares e sacrários. Santa Clara († 1243), nos longos anos em que a doença a reteve acamada, costumava tecer e bordar corporais e mandá-los às igrejas pobres, para que a Eucaristia tivesse um invólucro digno do Senhor. Santo Antônio enfrentou os cátaros e albigenses que não acreditavam na presença do Senhor eucarístico. Dessas pregações se conta o milagre da disputa pública entre Santo Antônio e um douto albigense. O herege propôs a Santo Antônio deixar um burro três dias sem comer. Passado esse tempo, ele traria feno ao burro e Santo Antônio viria com a Eucaristia. Se o burro deixasse de comer em respeito à hóstia consagrada, ele acreditaria. E na praça pública aconteceu o resultado: o burro dobrou os joelhos diante da Eucaristia.

Dentro desse ambiente hostil à Eucaristia, uma religiosa agostiniana, a beata Juliana (1193-1258), na diocese de Liège, França, teria tido uma visão de Jesus, em que ele pedia uma festa pública ao seu Mistério eucarístico. O bispo diocesano instituiu a festa em âmbito regional. Outros bispos o acompanharam. Entre os teólogos que examinaram as visões da religiosa, estava o futuro papa Urbano IV que, em 1264, estendeu a festa a toda a Igreja, com o nome de "Corpus Christi", e dotou a celebração de belíssimos textos poéticos, de intenso conteúdo teológico, elaborados por Santo Tomás de Aquino; textos até hoje clássicos.

O papa Pio IX, em 1849, em agradecimento ao feliz retorno do exílio, instituiu a festa do Preciosíssimo Sangue de Cristo e a fixou no dia 1º de julho. A reforma litúrgica, efetuada depois do Concílio Vaticano II, uniu as duas festas. A festa de hoje passou então a chamar-se Solenidade do Santíssimo Corpo e Sangue de Cristo.

Raiz e ápice da comunidade

A festa de hoje poderia ser chamada a festa da presença de Jesus Cristo na comunidade cristã. Por isso mesmo se faz a procissão do Santíssimo, passando pelas principais ruas da cidade, especialmente ornadas. Celebra-se, sim, a presença de Cristo na hóstia consagrada, mas se celebra, sobretudo, a Eucaristia como raiz e ápice da comunidade (*Lumen Gentium*, 11). Raiz porque, como a planta, a comunidade se alimenta e cresce por meio da Eucaristia, "Pão da vida" (*Jo* 6,35). Ápice, ponto mais alto, porque a comunidade não tem outra coisa mais preciosa nem outra escada mais segura para encontrar-se com o seu Deus e entrar em comunhão com ele.

Cristo, sempre presente na comunidade

Quando Jesus, Filho de Deus, encarnou-se no seio de Maria e nasceu na noite de Natal, tinha uma presença física na comunidade de seu tempo, que se percebia por um ou por todos os sentidos do corpo. O exemplo do Apóstolo Tomé é muito ilustrativo: "Se não vir nas mãos os sinais dos cravos e não puser meu dedo em suas chagas, não acreditarei" (*Jo* 20,25). Queria ver com os olhos do corpo e apalpar com o tato a presença física. Jesus lhe disse: "Felizes os que não viram e creram!" (*Jo* 20, 29). Porque, depois de sua ressurreição, não houve mais presença física de Jesus na terra, embora ele continue presente na comunidade: "Estarei convosco todos os dias até o fim do mundo" (*Mt* 28,20).

A presença de Jesus na comunidade não é perceptível pelos sentidos. De que presença se trata então? Há dois outros modos de Cristo estar presente no meio da comunidade. Uma, que chamamos de *presença espiritual*. Como Deus, Jesus está presente em toda a parte. À semelhança do vento, sopra onde, quando e como quer (*Jo* 3,8). Como redentor está presente e sempre operante na comunidade, porque ele é a cabeça viva de um corpo vivo, que é a Igreja (*Cl* 1,18). Somos o corpo vivo do Senhor (*Rm* 12,5). Estamos integrados em uma única construção harmoniosa (*Ef* 2,22), em que Cristo é o fundamento e é tudo para todos (*Cl* 3,11). Essa presença acontece de modo muito particular nos atos litúrgicos, tanto na pessoa do ministro, quanto na palavra que é anunciada e no ato de louvor, pedido e adoração que sobe ao céu. Podemos dizer que toda oração que fazemos passa por Jesus para chegar ao seu destino e, ao chegar aos céus, nossa oração já não se distingue da oração do próprio Jesus.

A outra presença de Jesus, que também escapa aos sentidos, é a presença no Pão e no Vinho consagrados. Os nossos sentidos alcançam os sinais, não a presença. A essa presença chamamos de *presença sacramental*. Embora de forma misteriosa, isto é, acima da compreensão humana, é uma presença real e verdadeira. Ensina o *Catecismo da Igreja Católica*: "O modo de presença de Cristo sob as espécies eucarísticas é único. Ele eleva a Eucaristia acima de todos os sacramentos e faz com que ela seja como que o coroamento da vida espiritual e o fim ao qual tendem todos os sacramentos. No sacramento da Eucaristia estão contidos verdadeira, real e substancialmente o Corpo e o Sangue junto com a alma e a divindade de Nosso Senhor Jesus Cristo e, por conseguinte, o Cristo todo. Essa presença chama-se *real* não por exclusão, como se as outras não fossem reais, mas por antonomásia, porque é substancial e porque por ela Cristo, Deus e homem, torna-se presente completo" (n. 1374).

A Eucaristia faz a comunidade

A Eucaristia é o coração da comunidade cristã, seja no sentido de ser a parte central, que une a todos, seja no sentido de ser, como o faz o coração, a distribuidora do sangue da vida comunitária. Assim como podemos dizer que sem a Eucaristia a comunidade perderia sua força de ser, também podemos dizer que sem a Eucaristia a comunidade jamais chegaria a ser "um só coração e uma só alma" (At 4,32), uma comunhão com Deus (Jo 17,21).

É a Eucaristia que faz a comunidade. A passagem do Cristo sacramentado pelas ruas da cidade hoje deve refazer na sociedade o sentido da vida diária, o sentido do trabalho, o sentido de suas obras de caridade e filantropia. A rua tem muito mais a ver com atividades do que com contemplação. O Cristo sacramentado hoje, em plena rua, à frente dos negócios, bares, fábricas e casas, recorda que atividade e contemplação constituem um binômio vital, inseparável e fecundo. Nosso trabalho não está separado da oração. A oração não é fuga da atividade. Na oração encontramos o verdadeiro sentido do trabalho. No trabalho celebramos a eucaristia da vida.

SOLENIDADE DO SAGRADO CORAÇÃO DE JESUS

1ª leitura: Dt 7,6-11
Salmo: Sl 102
2ª leitura: 1Jo 4,7-16
Evangelho: Mt 11,25-30

Farei de vós um só coração e vos darei um espírito novo (Ez 11,19)

CORAÇÃO DE JESUS: ENCARNAÇÃO DA MISERICÓRDIA E DO AMOR DE DEUS

A festa do Sagrado Coração de Jesus tem duas dimensões: uma, a misericórdia de Deus encarnada em Jesus de Nazaré, e, ligado à misericórdia, o tema do perdão; outra, a reparação pelos pecados individuais e da sociedade. A dimensão da misericórdia era celebrada na figura do Bom Pastor, uma figura muito presente nos evangelhos: o pastor que conhece as ovelhas pelo nome (*Jo* 10,3), o pastor que procura a ovelha perdida (*Lc* 15, 4), o pastor que põe ternamente a ovelha encontrada nos ombros (*Lc* 15, 5), o pastor que faz festa por ter recuperado a ovelha (*Lc* 15,6), o pastor que dá a vida pelas ovelhas (*Jo* 10,15), sendo sempre a ovelha símbolo da criatura humana, pecadora. A dimensão reparadora nasceu à medida que se foi compreendendo que, assim como Jesus ofereceu a vida em resgate dos pecados cometidos pelas criaturas (*Hb* 2,17), também nós podemos 'pagar' os pecados do próximo, podemos apresentar a Deus amor, onde há ódio e vingança; pureza de coração, onde há devassidão e ganância; piedade e adoração, onde há desprezo e ateísmo.

A Igreja sempre teve cuidado em não celebrar partes separadas do corpo do Senhor. Não impede que se tenha devoção, por exemplo, à sagrada face de Jesus ou à chaga do ombro, mas sempre em caráter privado. Por isso, ela demorou muito em aceitar uma festa pública ao Coração de Jesus. E quis que o Coração de Jesus viesse sempre com a figura do Senhor, para lembrar que não celebramos um órgão do corpo, mas o amor misericordioso encarnado na pessoa de Jesus.

A devoção ao Coração de Jesus começou com os místicos dos séculos XI e XII, que encorajavam os fiéis a meditar sobre a Paixão do Senhor, a venerar as sagradas chagas e a refugiar-se no coração aberto pela lança do soldado (Jo 19,34). São Boaventura (1218-1274), por exemplo, pode ser considerado um dos maiores místicos devotos do Coração de Jesus. A primeira igreja dedicada ao Sagrado Coração, de que se tem memória, data de 1585 e foi levantada no Brasil. Ao longo do século XVII, a devoção se propagou, sobretudo a partir de São João Eudes (1601-1680), que conseguiu a aprovação da festa para as casas de sua Congregação, e de Santa Margarida Maria Alacoque (1647-1690), que teve visões de Jesus com o coração flamejante à vista sobre o peito, como são as imagens hoje do Sagrado Coração. A Igreja passava por uma fase difícil: o bispo holandês Jansênio (1585-1638) havia começado um movimento teológico, que queria ser de purificação da religião, mas que acabou sendo herético em muitas de suas teses e condenado por vários papas. A devoção ao Coração de Jesus voltava à universalidade da graça, isto é, que Deus é misericordioso para com todos, que se encarnou para salvar a todos, que não há pecado no mundo que não possa ser perdoado pelo sangue redentor de Cristo. O beato Cláudio de la Colombière, jesuíta, confessor de Santa Margarida, fez-se aval da santa contemplativa, e a devoção se propagou sempre mais, unida à promessa de graças especiais aos que comungassem durante nove primeiras sextas-feiras seguidas. Os bispos poloneses conseguiram, em 1765, a festa para toda a Polônia. Só em 1856, o papa Pio IX permitiu a festa para a Igreja universal. Leão XIII consagrou o mundo ao Sagrado Coração. E Pio X prescreveu que a consagração fosse renovada todos os anos, diante do Santíssimo Sacramento.

Humildade e mansidão:
características da vocação cristã

A liturgia teve boas razões para escolher como Evangelho da Missa do Sagrado Coração de Jesus esse trecho de Mateus. É uma autorrevelação de Jesus sobre sua origem divina, sua missão na terra e o caminho que a criatura humana deve percorrer para revestir-se da misericórdia de Deus e entrar em comunhão com o Senhor. Jesus fala explicitamente de seu coração, que é 'manso e humilde'. A Bíblia fala muito do coração. Mas sempre entendido como a totalidade da pessoa humana. Assim, quando Deus "endureceu o coração do Faraó" ($Êx$ 11,10), foi a pessoa de Faraó que disse 'não' a Moisés e Aarão. Ou quando o Salmo diz: "Meu coração se rejubila com a salvação" (Sl 13,6), é a pessoa do salmista, sou eu inteiro que me rejubilo. Ou quando Paulo escreve aos Efésios: "Deus ilumine os olhos do vosso coração" (Ef 1,18), não pensamos em um coração que tenha dois olhos, mas em uma pessoa que percebe e se deixa sensibilizar pela fé, pela esperança e pela caridade.

Assim, quando Jesus diz que tem um coração manso e humilde, é ele inteiro que encarna a mansidão e a humildade. Assim como Jesus se apresenta cheio de mansidão e humildade, também a criatura humana deveria ser reconhecida por uma vida não violenta, uma vida simples e humilde, feita de compreensão para com todos. Jesus põe a humildade e a mansidão como condição para compreender sua pessoa e sua missão na terra. Não no sentido de Jesus excluir gente, mas no sentido de que, assim como uma planta não cresce sobre a pedra nua, também a pessoa humana não se embebe de Deus e não cresce em santidade e não caminha para o céu, se não for humilde e não violenta.

A universalidade do amor de Deus

Jesus sabe que a vida apresenta seus fardos pesados e momentos de grande fadiga. Que até mesmo os 10 Mandamentos podem tornar-se impraticáveis, quando falta a abertura para as coisas de Deus. Jesus põe-se à nossa disposição para nova força, ele que é Vida, para fazer-nos compreender as coisas certas, ele que é Verdade, para fazer-nos encurtar distâncias, ele que é Caminho (Jo 14,6). Mas nos pede o evidente: um coração simples e humilde. Coisa evidente, porque o orgulhoso jamais se deixa ajudar e jamais se deixa ensinar. A essas pessoas sem humildade, autossuficientes, Jesus chama ironicamente de 'sabidos' e 'entendidos', na verdade, incapazes de compreender e avaliar "a largura, o comprimento, a altura e a profundidade do amor de Cristo" (*Ef* 3,18-19), derramado sobre as criaturas, tornando-as participantes da plena comunhão com Deus (*Ef* 3,19). Exatamente essa plenitude de amor e de comunhão nós contemplamos no Sagrado Coração de Jesus, que a ladainha chama de 'Fornalha de amor', fornalha que pode destruir nossos pecados, fornalha de onde parte aquele fogo divino redentor que Jesus veio trazer à terra e gostaria que incendiasse o mundo (*Lc* 12,49).

Ficou dito no início que a devoção ao Sagrado Coração de Jesus se expandiu em um tempo em que alguns teólogos ensinavam que só poucos alcançariam a salvação. Uma das características da salvação trazida por Jesus é sua universalidade. Ninguém está excluído da redenção, a não ser que se autoexclua. Jesus, no Evangelho da festa de hoje, convida todos a participar do Reino. São João Crisóstomo, ao comentar o convite: "Vinde a mim vós todos" (v. 28), detém-se no *todos*: "Não só os chefes, mas também os súditos; não só os ricos, mas também os pobres; não só os livres, mas também os escravos; não só os homens, mas também as mulheres; não só os jovens, mas também os velhos; não só os sadios, mas também os estropiados e mutilados", porque os dons do Senhor não conhecem classes sociais. O que o Senhor pede é que todos sejam como crianças (v. 25): sem maldade, sem o orgulho da autossuficiência, sem a exigência violenta de quem se julga dono do mundo. Simplesmente como "crianças, que provaram que o Senhor é bom" (*1Pd* 2,3).

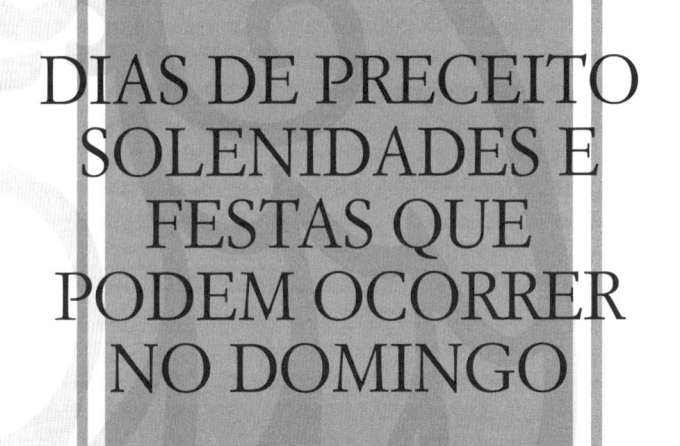

DIAS DE PRECEITO SOLENIDADES E FESTAS QUE PODEM OCORRER NO DOMINGO

SOLENIDADE DA IMACULADA CONCEIÇÃO DE NOSSA SENHORA

1ª leitura: Gn 3,9-15.20
Salmo: Sl 97
2ª leitura: Ef 1,3-6.11-12
Evangelho: Lc 1,26-38

Ave, Maria, cheia de graça!
O Senhor está contigo! (Lc 1,28)

ÚNICA ENTRE OS NASCIDOS DE MULHER A TER CONCEPÇÃO IMACULADA

Pio IX, ao proclamar, em 1854, o dogma da Imaculada Conceição, mandou que se celebrasse sua festa como dia de preceito, isto é, dia santo, com obrigação de missa. Por mais de um século, foi feriado e dia santo no Brasil. O feriado foi abolido, mas a Conferência Episcopal do Brasil conservou o dia santo. Quando o dia 8 de dezembro cai em domingo, a festa da Imaculada Conceição prevalece sobre a liturgia do Advento.

A festa da Imaculada Conceição se celebrava desde o início do século VIII, no dia 9 de dezembro. Primeiro se celebrou nos mosteiros da Palestina, depois passou a ser celebrada na Inglaterra, na Irlanda, na Itália, na França. Ao chegar ao Ocidente, a festa passou para o dia 8. Nem todos os teólogos estavam de acordo com a festa, como, por exemplo, São Bernardo (1091-1153), apesar de famoso teólogo mariano, e Santo Tomás de Aquino (1228-1274), talvez o mais respeitado teólogo de todos os tempos. Em 1263, os Franciscanos introduziram a festa para toda a Ordem, que se tornou a grande difusora da Imaculada Conceição. Seus melhores teólogos se puseram a aprofundar a teologia desse singular privilégio de Maria. Tornou-se comum os jovens Frades se consagrarem à Imaculada Conceição e fazerem voto de defendê-la até o derramamento do sangue, por isso costumavam assinar com o próprio sangue a fórmula da consagração. Um exemplo disso temos em São Frei Galvão (1739-1822), que se consagrou como "filho e escravo perpétuo" da Imaculada Conceição.

Em 1476, o papa Xisto IV colocou a festa no calendário da Igreja romana e aprovou textos próprios para a festa. Finalmente, no dia 8 de dezembro de 1854, Pio IX proclamou dogma de fé a imaculada conceição de Maria e mandou que a Igreja universal a celebrasse como dia santo.

Concebida imaculada,
concebeu virgem e viveu cheia de graça

É preciso não confundir quatro fatos: a concepção imaculada da criança Maria; a concepção na jovem Maria, imaculada, do Filho de Deus, por obra e graça do Espírito Santo; o fato de Maria jamais ter pecado; e a virgindade de Maria. Hoje, celebramos o primeiro fato, lembrado na invocação popular: "Ó Maria, concebida sem pecado original, rogai por nós, que recorremos a vós!" Maria foi preservada de qualquer mancha de pecado, em vista de seu Filho. Tornou-se, assim, a primeira criatura humana a ser redimida por Jesus, antes mesmo que fosse concebida, em vista de seu futuro papel de Mãe de Deus. O privilégio da maternidade divina é a razão de ser de sua concepção imaculada. Por isso, o anjo Gabriel pôde chamá-la de *cheia de graça*. Como diz o *Catecismo da Igreja* (n. 492): "Mais do que qualquer outra pessoa criada, o Pai a abençoou com toda a sorte de bênçãos espirituais, nos céus, em Cristo (*Ef* 1,3). Ele a escolheu desde antes da criação do mundo, para ser santa e imaculada na sua presença, no amor (*Ef* 1,4)".

A primeira das criaturas redimida por Cristo

Para chegar à clareza do dogma, os teólogos tiveram de caminhar longe e fundo. Dois eram os pontos-chave do problema: a universalidade do pecado original e a universalidade da redenção de Cristo. Os dois pontos estão estreitamente ligados. Não seria universal a redenção de Cristo, se uma pessoa tivesse sido excluída. Não seria universal o pecado original, se um ser humano dele tivesse ficado isento. Em nenhum texto bíblico há uma porta de saída. Tanto o pecado original quanto a redenção universal, trazida por Cristo, são verdades de fé. Nenhum outro dogma pode contradizê-las.

Pela lógica, Maria não podia ser isenta da redenção universal de Cristo. Mas a lógica faz-nos deduzir também que não era possível a Mãe do Filho de Deus ter sido manchada, ainda que por instantes, de alguma sombra de pecado. Os teólogos usam a expressão 'redenção preventiva' para Maria. Ela normalmente teria sido redimida por Cristo, mas, em vista de sua maternidade, Cristo antecipou para ela a redenção. Maria é, portanto, a primeira entre as criaturas redimidas. Foi pela graça de Cristo que Maria ficou imune. Di-lo com muita clareza o papa Pio IX, ao proclamar o dogma da Imaculada Conceição: "Com a autoridade de Nosso Senhor Jesus Cristo, dos bem-aventurados Apóstolos Pedro e Paulo e com a nossa autoridade, declaramos, pronunciamos e definimos: a doutrina que afirma que a beatíssima Virgem Maria, no primeiro instante de sua concepção, por singular graça e privilégio de Deus onipotente, em vista dos méritos de Jesus Cristo, Salvador do gênero humano, foi preservada, imune de toda a mancha do pecado original, foi revelada por Deus, por isso deve ser crida firmemente e inviolavelmente por todos os fiéis".

Maria Imaculada Mãe do Redentor

Como lembrança do dogma da Imaculada Conceição, foi erguida em Roma, na Praça Espanha, uma coluna comemorativa com a estátua da Imaculada no alto. E, desde 1854, no dia 8 de dezembro, o Papa costuma ir de tardezinha àquela praça para homenagear Maria em sua imaculada conceição. Acompanha-o o povo romano. Em 1998, João Paulo II dirigiu a Nossa Senhora Imaculada uma prece, da que destacamos este trecho: "Ó Maria, desde o primeiro instante da existência, foste preservada do pecado original, em virtude dos méritos de Jesus, de quem deverias tornar-te a mãe. Sobre ti o pecado e a morte não tiveram poder. Desde o momento mesmo em que foste concebida, gozaste do singular privilégio de ser repleta da graça do teu Filho bendito, para seres santa como ele é santo. Por isto o mensageiro celeste, enviado para te anunciar o desígnio divino, dirigiu-se a ti, saudando-te: 'Alegra-te, cheia de graça' (Lc 1,28). Sim, ó Maria, tu és cheia de graça, a Imaculada Conceição".

A festa da Imaculada Conceição cai sempre no Advento, tempo que nos prepara para o Natal. Se é Jesus a figura central desse tempo, sabemos que ele nos vem por Maria. Ele não é um fenômeno caído ocasionalmente do céu. Ele vem do céu, sim, vem de Deus, na plenitude dos tempos (Gl 4,4), por obra e graça do Espírito Santo, mas nasce de uma mulher. E assim como Maria-mãe aguardou ansiosamente o nascimento do bendito fruto de seu ventre, assim também nós, que cremos que aquele que nascerá é o Filho de Deus redentor, devemos esperá-lo com os mesmos sentimentos de Maria.

A festa, celebrada no tempo do Advento, toma ainda outro significado. Lembra-o Paulo VI, na exortação sobre *O Culto à Virgem Maria* (n. 3 e 22): ela é proposta como imagem e modelo da Igreja, como a imagem puríssima, que a Igreja inteira deseja ser para o Cristo, que vem, e para os fiéis reunidos em nome do Senhor, como a esposa adornada para receber o seu esposo, Jesus Cristo (Ap 21,2). Assim, ao mesmo tempo que a Igreja celebra o privilégio da Imaculada Conceição, espelha-se nela para ser, em Cristo, a mãe de muitos filhos, a realização do Reino dos Céus na terra.

FESTA DA APRESENTAÇÃO DO SENHOR

1ª leitura: Ml 3,1-4
Salmo: Sl 23
2ª leitura: Hb 2,14-18
Evangelho: Lc 2,22-40 ou
Lc 2,22-32

Através da tua luz vemos a luz (Sl 36,10)

LUZ DAS NAÇÕES E GLÓRIA DO POVO

Algumas festas que celebram um mistério da vida do Senhor, se caírem em dia de semana, permanecem 'festas', e, na missa, além do Evangelho, lê-se uma só leitura, que se pode escolher entre as duas propostas. Se a festa cair em dia de domingo, torna-se 'solenidade', ocupa a Liturgia dominical e se fazem duas leituras e o Evangelho. Assim como a de hoje, temos a Transfiguração do Senhor (6 de agosto), Exaltação da Santa Cruz (14 de setembro), Dedicação da Basílica do Santíssimo Salvador (9 de novembro). Tem igual privilégio a festa de São João Batista (24 de junho).

Durante vários séculos, essa festa se chamou 'Purificação de Maria', porque a apresentação do filho no templo comportava também um ritual de 'purificação' da mãe (*Lv* 12,1-6). Como a palavra 'purificação' podia fazer pensar em alguma mancha de pecado de Maria Imaculada, a festa retomou o seu motivo central: a consagração de Jesus no templo, como mandava a lei de Moisés, a respeito de todo e qualquer primogênito. A festa é das mais antigas da Igreja. Sabe-se por documentos do ano 380 que a festa era celebrada com muita solenidade. A partir de 542 era festa obrigatória em todo o Oriente. A partir do século VII, tornou-se obrigatória também no Ocidente. Em Roma, a festa coincidia com uma procissão penitencial (a mais antiga procissão oficial da Igreja) que se fazia, presidida pelo Papa, à Basílica de Santa Maria Maior; uma procissão noturna, à luz de velas. Daí ter a festa, reforçando o caráter mariano, e ter aparecido, já no décimo século, o costume de benzer velas. A partir de 1997, o papa São João Paulo II acrescentou mais uma razão para a festa, declarando o dia 2 de fevereiro Dia Mundial da Consagração Religiosa e de Orações especiais pelas pessoas consagradas.

Um sentido quaresmal no oferecimento do Menino

Pelo conteúdo das leituras, a festa tem muito de quaresmal. A começar com a profecia de Simeão sobre a espada que traspassará o coração de Maria por causa do filho Jesus, nascido como sinal de contradição, para ser desgraça e ressurreição de muitos (*Lc* 2,34). O profeta Malaquias fala do Senhor, que virá como um lavador para lavar a roupa suja da humanidade, como um fogo para consumir os pecados, como um fundidor para transformar a ganga bruta, existente no coração humano em ouro e prata finos, a ponto de a criatura poder de novo oferecer ao Senhor um sacrifício agradável a Deus (*Ml* 3,2-4). A Carta aos Hebreus fala da libertação do pecado, trazida por Cristo, vencedor do demônio e da morte, Deus misericordioso, que expiou os pecados do povo (*Hb* 2,14-17).

Nesse contexto, compreende-se tanto a procissão penitencial quanto as velas acesas, símbolo da luz, que é o Cristo, como cantou o velho Simeão: "Luz para iluminar os povos" (*Lc* 2,32). Luz significa salvação, "salvação, trazida para todos" (*Lc* 2,30-31). Com a chegada de Jesus, com a purificação brotada de seu sangue na cruz, a criatura humana reencontrou a amizade com Deus, obteve a suspirada salvação (luz) e pode viver em paz (*Lc* 2,29) a vida terrena e a vida eterna.

A glória de Deus na pequenez da criança

A festa de hoje celebra um acontecimento de Jesus menino. Um acontecimento em si normal, que ocorria sempre que nascia um primogênito. Moisés mandara que os primogênitos fossem oferecidos ao Senhor (*Êx* 13,2) e também as primícias masculinas dos animais (*Êx* 13,12). José e Maria obedecem à lei. Mas que imenso significado toma o oferecimento a Deus desse primogênito de Maria! Um momento corriqueiro transforma-se em farol de luz sobre toda a história humana. O simbolismo da apresentação assume o tamanho da missão de Jesus. É oferecido ao templo aquele que estava destinado a ser o novo templo de Deus na terra. É oferecido a Deus aquele que se tornaria o único sacrifício redentor da humanidade. É resgatado aquele, cuja vida se tornaria o preço do resgate.

Quando a Arca fazia sua entrada solene no meio da assembleia, cantava-se o salmo 24, cujos versículos diziam: "Levantai-vos, velhos pórticos, para que entre o Rei da glória, o Senhor todo-poderoso" (*Sl* 24,7-8). A Arca era o símbolo da presença de Deus na comunidade. Ao chegar Jesus ao templo, hoje, a Igreja canta o mesmo salmo antes da proclamação do Evangelho. A presença de Deus já não é simbolizada por uma arca ricamente ornada, mas pelo Filho divino de Maria. Chega ao templo na fragilidade de uma criança comum, mas é sempre o Rei da glória, a quem céus e terra abrem respeitosos as portas. O "Senhor forte e poderoso" (*Sl* 24, 8) entra no templo de Deus nos braços de Maria. Como nos braços de Maria, mais tarde, descerá da cruz. A liturgia lembra muito bem a unidade entre Mãe e Filho, como a cera e o pavio, que ilumina. Diferentes e, ao mesmo tempo, unidos e inseparáveis na missão.

Quando Deus será a nossa luz sem ocaso

O costume de benzer as velas e com elas acesas fazer uma procissão hoje chegou a dar um nome popular à festa: Candelária, ou Nossa Senhora das Candeias. Há uma ligação entre a Apresentação do Senhor no templo, a vela acesa na mão e nossa apresentação diante de Deus na morte. Daí o costume de muitas famílias colocarem na mão do agonizante uma vela acesa. Ela lembra o Batismo, ela lembra o Cristo, luz e salvação nossa, que professamos durante a vida e que queremos que seja nosso introdutor no templo eterno dos céus.

A ligação vem também por causa do velho Simeão, que canta ao ver o Menino: "Senhor, posso morrer em paz, porque meus olhos viram a salvação" (Lc 2,29). O mesmo símbolo têm as velas acesas em torno do caixão de um defunto. A morte não é treva, quando Cristo ilumina a passagem da morte. O Apocalipse, que é a descrição simbólica da história da comunidade cristã, diz-nos, em seu último capítulo (quando terminam todas as maldades e maldições, quando tudo se torna puro e límpido como o cristal, quando se refaz a árvore da vida, porque sobre ela estará assentado o Trono de Deus), que "não haverá noite nem necessidade da luz das lâmpadas ou da luz do sol, porque o Senhor Deus será a nossa luz e nós reinaremos para sempre com ele" (Ap 22, 1-5).

São várias as razões porque a festa de hoje passou a ser a festa da Consagração religiosa. Os religiosos e as religiosas como que encarnam toda a esperança da humanidade de encontrar-se e viver com o seu Senhor, como os velhos Simeão e Ana. São as testemunhas dessa possibilidade. Deus fez à humanidade o dom de seu Filho. Hoje, o Filho apresenta-se ao Pai, primogênito de todas as criaturas, oferecendo-se à disposição de sua vontade. O religioso, a religiosa põem-se, como Jesus e Maria, por inteiro na mão de Deus (pelo voto de castidade), para serem os instrumentos de sua vontade (pelo voto de obediência) e viverem o desapego e a gratuidade (pelo voto de pobreza). E nessa consagração, exatamente como aconteceu com Jesus, consagram toda a comunidade e tornam-se para os cristãos sinais de contradição (Lc 2,34) e, ao mesmo tempo, a luz do povo (Lc 2,32).

SOLENIDADE DA NATIVIDADE DE SÃO JOÃO BATISTA

1ª leitura: Is 49,1-6
Salmo: Sl 138
2ª leitura: At 13,22-26
Evangelho: Lc 1,57-66.80

Um homem enviado por Deus, de nome João (Jo 1,6)

TU, MENINO, SERÁS CHAMADO PROFETA DO ALTÍSSIMO

A liturgia do domingo cede o lugar à festa de São João Batista, primo segundo de Jesus por parte de mãe e destinado por Deus a preparar a chegada de Jesus como Messias. Os dois tinham somente seis meses de diferença de idade (Lc 1,36), mas o Evangelho deixa bem clara a grande diferença entre os dois: João era um profeta, o maior de todos (Lc 7,28), mas simplesmente profeta, isto é, alguém de quem Deus se serve para reafirmar sua presença santificadora e onipotente. Jesus era mais que profeta, era a própria encarnação de Deus entre as criaturas, o Filho de Deus (Lc 1,34), o próprio Deus (Jo 10,30; 14,10) em carne humana.

A tradição, viva desde os primeiros séculos, sempre viu o berço de João Batista na pequena cidade de Ain Karem, hoje a sete e meio quilômetros a oeste de Jerusalém, onde uma bela basílica recorda a cena da Visitação de Maria a Isabel e a tradição teológica celebra a purificação de João no seio de sua mãe, expressa nas palavras de Isabel: "Assim que escutei a tua saudação, a criança estremeceu de alegria em meu seio" (Lc 1,44).

O grande encontro entre Jesus e João deu-se às margens do rio Jordão, na hora do batismo de Jesus, feito por João (Mt 3,13-17; Mc 1,9-11; Lc 3,21-22; Jo 1,31-34). Nesse momento, os evangelistas não deixam nenhuma dúvida sobre a diferença dos dois. A Igreja costuma celebrar seus santos no dia de seu nascimento para o céu, ou seja, no dia de sua morte. Abre uma exceção para São João. Desde o século IV, a festa celebra-se no dia 24 de junho, seis meses antes do Natal.

João, a aurora
Cristo, o sol

O nascimento de João é misterioso. Nasce de pais velhos, já passados da idade de conceber e procriar (Lc 1,18). No entanto, seu nascimento é prenúncio de uma idade nova, de novos céus e nova terra (Ap 21,1). De fato, João (Batista é apelido que lhe deram os evangelistas, porque usava o rito de batizar, isto é, de lavar com água ou mergulhar na água, como símbolo da purificação dos pecados e início de uma conversão) é o último dos grandes homens do Antigo Testamento e prepara o Novo, como a aurora indica a chegada do sol. João Batista é como uma porta, pois fecha o Antigo Testamento e abre o Novo.

João nasce de pais velhos, como se nascesse do fundo do Antigo Testamento, para preparar o Novo, como se todo o Velho Testamento fosse preparação para a missão de Jesus. Seu pai, Zacarias, estava mudo, símbolo da incapacidade do Velho Testamento de cantar toda a glória e o louvor de Deus. Volta Zacarias a falar para marcar a missão de João: "Serás caminho para aquele que é nossa salvação" (Lc 1,76-77).

Celebrar João Batista é celebrar uma parte expressiva do mistério de Jesus de Nazaré, Filho de Deus, que veio ao mundo para iluminar (isto é, para salvar) os que estavam envelhecidos e mudos na sombra da morte (Lc 1,79).

Caminhará
à frente do Senhor

João Batista é chamado de *precursor* de Jesus, que reconheceu essa missão específica (Lc 7,27). Precursor é aquele que caminha na frente. O pai Zacarias já dissera dele: "Caminhará à frente do Senhor" (Lc 1,76). Caminhar tem sentido de movimento. Jesus foi um mestre itinerante e chegou a chamar-se de "caminho" (Jo 14,6). Há em toda a vida e doutrina de Jesus um sentido dinâmico, um 'ainda por fazer', um 'ainda por chegar'. Até mesmo na grande promessa feita sobre a perenidade da Igreja, Jesus usou o verbo no futuro: "edificarei" (*Mt* 16,18), que significou que ela estaria sempre em construção. O estar sempre em construção é característico do Reino de Deus.

A pessoa de João Batista nos poderia lembrar esse sentido dinâmico do cristianismo, porque também nós devemos *caminhar*. Não na frente, mas com ele. E não apenas na juventude, ou com ânimo de juventude, mas, sobretudo, na idade madura, quando a tendência é ir-se acomodando, ir-se contentando com o que se conquistou. Não se trata de ser borboleta em jardim. Mas de estar atento a todos os passos de Jesus e acompanhá-lo. O mistério de Jesus e tudo o que o envolve é uma permanente 'novidade'. Não é por acaso que se chama 'boa-nova', ou, no termo bíblico: *Evangelho*. O cristianismo não tem apenas a medida histórico-temporal da vida física de Jesus e dos Apóstolos.

O maior e o menor
ao mesmo tempo

João Batista jamais quis ser um mestre paralelo a Jesus, jamais lhe disputou o lugar messiânico. Apresentou-se como seu servo, quando disse que não era digno de carregar-lhe ou calçar-lhe as sandálias (*Mt* 3,11; *Lc* 3,16). A sandália era símbolo do poder. João afirmou não ser digno de se aproximar do poder de Jesus nem de repartir com ele qualquer autoridade. Quando Jesus lhe pediu o batismo, João declarou: "Eu é que devo ser batizado por ti e tu vens a mim?" (*Mt* 3,14). E João obedeceu prontamente, porque via em Jesus o seu Senhor. Por outro lado, Jesus lhe deu um elogio inaudito: "de ventre de mulher não nasceu outro homem maior que João" (*Mt* 11,11; *Lc* 7,28).

Essa lição de humildade é outra grande lição de João Batista. No fundo do coração de cada pessoa humana, existe, menos ou mais forte, o desejo de ocupar o lugar de Jesus. Não é raro lermos o Evangelho apenas para 'ver o que me serve'. Isso significa que eu quero fazer o meu caminho, quero ser o mestre de mim mesmo. Essa atitude, na verdade, é expressão de orgulho. No momento em que Jesus elogiou

João, acrescentou: "O menor do Reino dos céus é maior que João". Isto quer dizer: quanto mais humildemente se recebe a pessoa e a doutrina de Jesus, tanto mais perto se estará dele. Talvez fosse bom lembrar que humildade não é nem timidez nem passividade. João foi corajoso (*Mt* 14,4), para não dizer fogoso (*Mt* 3,7) e homem de iniciativas (*Mc* 1,4; *Lc* 3,7-14).

É de João Batista uma das mais completas definições de Jesus de Nazaré: "O cordeiro de Deus, que tira os pecados do mundo" (*Jo* 1,29); definição lembrada todos os dias pela Igreja, ao apresentar ao povo a hóstia consagrada para a comunhão. Quem pode tirar os pecados, senão Deus? – perguntavam-se os escribas e fariseus estarrecidos (*Mc* 2,7). Ao atribuir a Jesus o poder de perdoar pecados, João Batista afirmava seu poder divino. Um poder que Jesus mostrou não com raios e trovões como o Pai no Monte Sinai (*Êx* 19,16), mas no derramamento silencioso do sangue na cruz. Daí a comparação ao cordeiro pascal (*Êx* 12,21-28), ao manso cordeiro levado ao matadouro (*Is* 53,7). O nome 'João' significa 'Deus é propício'. E sua missão foi anunciar a chegada da misericórdia do Senhor (*Lc* 1,72), o tempo da graça (*Lc* 4,19), o tempo da salvação (*Lc* 3,6), trazida pela encarnação da bondade de Deus, vinda do alto como um sol, que ilumina a todos e a todos guia pelos caminhos da paz (*Lc* 1,78-79).

SOLENIDADE DE SÃO PEDRO E SÃO PAULO, APÓSTOLOS

1ª leitura: At 12,1-11
Salmo: Sl 33
2ª leitura: 2Tm 4,6-8.17-18
Evangelho: Mt 16,13-19

Testemunha dos sofrimentos de Cristo e participante da glória que há de vir (1Pd 5,1)

SOBRE TI, PEDRO, EDIFICAREI A MINHA IGREJA

A festa de São Pedro e São Paulo, celebrada no calendário no dia 29 de junho, no Brasil passa ao domingo e ocupa o lugar da liturgia dominical. Desde os tempos das catacumbas, a Igreja sempre festejou juntos Pedro e Paulo. Como São Paulo é celebrado também no dia 25 de janeiro, hoje os textos litúrgicos se referem mais a São Pedro, primeiro papa, fundamento da Igreja. Seu nome era Simão. Jesus o apelidou de Pedro, isto é, pedra, ao lhe dizer que, sobre ele, fundaria a Igreja (*Mt* 16,18).

De Pedro a Francisco tivemos 268 papas. Todos eles fundamento (pedra) da Igreja como Pedro. Jesus poderia ter feito sozinho a Igreja e sozinho mantê-la. Mas quis repartir o trabalho, a responsabilidade e o poder. Permanece sempre presente (*Mt* 28,20). Paulo dirá, na Carta aos Efésios: "Jesus Cristo foi e é a pedra principal do edifício. É nele que o edifício se une e cresce" (*Ef* 2,20-21).

Primeiro Papa, crucificado como Jesus

O Novo Testamento fala muito mais de Pedro do que de Nossa Senhora. Sabemos que era galileu (*Mc* 14,70), que tinha um irmão, também Apóstolo, de nome André (Mt 10,2) e era pescador de profissão no mar da Galileia (Mt 4,18). Seu pai se chamava Jonas (Mt 16,17) ou João (Jo 1,42). Na época em que conheceu Jesus, morava em Cafarnaum (Mc 1,29), era casado e sua sogra morava com ele (Mc 1,29). Pedro atendeu prontamente o chamado de Jesus (Mt 4,20). Junto com João e Tiago teve o privilégio de assistir à Transfiguração de Jesus (Mc 9,2) e à ressurreição da filha de Jairo (Mc 5,37-43). O Evangelho conta hoje sua investidura como responsável pela futura Igreja (Mt 16,13-20).

Mas há um episódio na vida de Pedro que o marcou muito: sua tríplice traição na noite de quinta-feira (Mt 26,69-75), apesar de prevenido por Jesus (Mt 26,33-35) e da solene promessa poucas horas antes, caminhando para o Monte das Oliveiras: "Ainda que tenha de morrer contigo, não te negarei" (Mt 26,35). A negação de Pedro é crime comparável ao de Judas. Porém, enquanto Judas entrou no desespero (Mt 27,3-5), Pedro entrou no caminho da conversão (Mt 26,75). Jesus não lhe tirou o mandato, mas voltou a confirmá-lo depois da ressurreição (Jo 21,15-17).

Após Pentecostes, assumiu de fato a direção dos Apóstolos e foi ele quem presidiu a eleição de Matias, para substituir Judas (At 1,21-26). Pregou na Galileia, Samaria e Judeia (At 9,31ss). Teve a força dos milagres a ponto de ressuscitar mortos (At 9,36-43). Depois de uma visão, compreendeu que também os pagãos tinham direito ao batismo (At 10,34-48). Preso, foi libertado milagrosamente (At 12,1-17). Tomou a palavra no primeiro Concílio da Igreja, em Jerusalém (At 15). Viajou para Antioquia. Mais tarde chegou a Roma, onde viveu por alguns anos até ser martirizado entre os anos 64 e 67, durante a perseguição de Nero. A tradição conta que, no momento da execução na cruz, ele se teria lembrado de Jesus e, por respeito ao Mestre, teria pedido para ser crucificado de cabeça para baixo. Naquela mesma perseguição, também Paulo foi martirizado em Roma. Não podendo ser crucificado, porque era cidadão romano (At 22, 25-26), Paulo foi decapitado.

**Chaves para abrir,
chaves para fechar**

Segundo Mateus, o episódio da entrega do Papado a Pedro aconteceu em Cesareia de Filipe (Mt 16,13). A cidade fora fundada dois ou três anos antes de Cristo, sobre uma antiga vila, bem junto às nascentes do rio Jordão, onde havia um templo dedicado ao deus-pão. Era já fora do território hebreu. Jesus chama a si mesmo de 'Filho do Homem'. Mais vezes nos evangelhos Jesus se chama com esse nome. A expressão encontra-se, muitas vezes, no Antigo Testamento. Só em Ezequiel ocorre 90 vezes. Ela tem diferentes significados, que vão desde "criatura pequena" (*Sl* 8,5) até a misteriosa figura, prevista por Daniel profeta (*Dn* 7,13ss), andando por sobre as nuvens (isto é, revestido de poder divino), a quem é dada toda a glória real, a quem todos os povos servem submissos e cujo reinado não terá fim. A figura cai bem para Jesus, porque se faz criatura humilde, a ponto de a Liturgia da Paixão aplicar a ele o versículo do Salmo 22: "Sou um verme: nem mais pareço homem" (*Sl* 22,7). No entanto, ao mesmo tempo, é o Filho de Deus, enviado do Pai para recriar a humanidade e fazer de todas as criaturas um reinado capaz de dar ao Criador toda a honra e toda a glória. Na passagem do Evangelho de hoje, Jesus parece associar a Igreja inteira a seu reinado.

A figura das chaves simboliza a autoridade sobre a cidade, sobre a casa, sobre a Igreja. Lembremos que as cidades respeitadas eram muralhadas, tinham portas e porteiros. Sabe-se da literatura profana que a chave da porta principal de algumas cidades era tão grande que só se carregava às costas. Toda a mentalidade religiosa e mítica antiga imaginava os céus e os infernos com grandes portais. Ter a chave significava ter o poder de decidir quem pode e quem não pode entrar ou sair, em sentido real e em sentido simbólico. Assim, quando Deus tirou o poder a Sobna e passou-o a Eliaquim, disse, por meio do profeta Isaías: "Eu porei o poder em suas mãos... Porei as chaves da casa de Davi sobre seus ombros; ele abrirá e ninguém fechará, ele fechará e ninguém abrirá" (*Is* 22,21-22). As palavras ditas por Jesus a Pedro são muito parecidas, sendo que a nova Casa de Davi, a nova aliança, é chamada por Jesus de *Reino dos céus*. Pedro, portanto, poderá permitir ou impedir o acesso ao Reino, à comunidade cristã. A figura do 'atar e desatar' reforça o símbolo das chaves. O fato de Jesus usar dois verbos antônimos em uma figura que reforça a primeira (as chaves) significa dizer três vezes a mesma coisa, ou seja, dizer com autoridade, sem deixar nenhuma dúvida.

Pedro pecador, apóstolo da esperança

Pedro representa a pessoa humana, pecadora e santa, ao mesmo tempo, com uma sede incontida de Deus e capaz de pesadas traições. Cada um de nós tem essa experiência. O Apóstolo Paulo expressa isso em uma de suas cartas: "Em mim mora o pecado. Não faço o bem que quero e sim o mal que detesto" (Rm 7,17-19). As fraquezas e grandezas de Pedro podem servir-nos de consolo e estímulo. Deus não fundou a Igreja sobre anjos, mas sobre uma pessoa de carne pecadora e espírito possuído de grande amor e esperança. Mesmo depois de Pentecostes, Pedro mostrou-se fraco e inconstante (Gl 2,11). Mas o amor lhe era maior que o pecado: "O amor cobre a multidão dos pecados" (1Pd 4,8). A esperança é superior ao desânimo. E foi pelo caminho da esperança que andou, contrariamente a Judas, que preferiu o desespero. Por três vezes na primeira Carta, Pedro refere-se à esperança: "Nosso Senhor Jesus Cristo, em sua grande misericórdia, regenerou-nos para uma viva esperança" (1,3); "Ponho toda a esperança na graça" (1,13); "Nossa esperança esteja em Deus" (1,21). Judas e Pedro pecaram gravemente. A um o desespero levou à forca (Mt 27,5). A outro a esperança levou à "glória imarcescível do céu" (1Pd 1,4).

FESTA DA TRANSFIGURAÇÃO DO SENHOR

1ª leitura: Dn 7,9-10.13-14
Salmo: Sl 96
2ª leitura: 2Pd 1,16-19
Evangelho: Mt 17,1-9

A Cristo a glória, agora e na eternidade (2Pd 3,18)

TESTEMUNHAS OCULARES DA GLÓRIA, TESTEMUNHAS DA PAIXÃO

Esta é uma das festas do Senhor que, se cair em domingo, substitui a Liturgia dominical. O Evangelho ocorre também no segundo domingo da Quaresma, ano A. A festa celebrou-se primeiro no Oriente, já no V século, e era celebrada como 'a Páscoa do verão'. E como a primeira grande manifestação (epifania) de Jesus era celebrada no dia 6 de janeiro, no inverno, essa segunda passou a celebrar-se também em dia 6 de agosto, em pleno verão da Europa e Médio Oriente. No Ocidente, ela entrou no século X e, em 1457, o papa Calixto III a estendeu à Igreja universal.

A Liturgia bizantina expressa muito mais a teofania contida na festa de hoje do que a Liturgia romana. Bastaria comparar as duas orações. Damos a bizantina: "Ó Cristo Deus, tu te transfiguraste sobre o monte e os teus discípulos puderam contemplar a tua glória na medida de sua possibilidade, para que depois, vendo-te crucificado, pudessem testemunhar que a tua paixão era voluntária e anunciassem ao mundo que tu és verdadeiramente o esplendor do Pai".

**Que o mundo creia
que tu me enviaste**

A oração da Liturgia bizantina expressa bem o sentido e a razão da festa. Começa chamando Jesus de 'Cristo Deus' e termina chamando-o 'esplendor do Pai'. Uma confissão da divindade de Jesus no tempo em que, apesar de visto apenas em seu corpo humano, era o 'Cristo', isto é, o ungido, o enviado de Deus no mundo. A transfiguração teve, certamente, entre suas razões convencer os Apóstolos de que Jesus era o Messias. Pedro o confessara em tom solene e consciente (Mt 16,16). Os Apóstolos também o haviam proclamado (Mt 14,33). Os milagres de Jesus tiveram como finalidade convencer o povo de que ele era o enviado do Pai. Jesus provocou o povo a confessar a sua divindade ao ressuscitar Lázaro. No momento de chamar o morto para fora da sepultura, Jesus disse em voz alta que fazia o milagre: "por causa da multidão que me rodeia, para que creiam que tu me enviaste" (Jo 11,42).

É impressionante como Jesus volta ao fato de ele ser o enviado do Pai no momento da despedida, na Última Ceia. Todo o capítulo 17 de João, em forma de oração, é um pedido ao Pai para abrir os corações e a compreensão dos Apóstolos a essa verdade fundamental, sem a qual se frustraria toda a sua missão: "A vida eterna consiste em que te conheçam a ti, um só Deus verdadeiro, e a Jesus Cristo que enviaste" (Jo 17,3). Sete vezes nessa oração insiste Jesus sobre a verdade de ser ele o enviado do Pai, sendo um só com o Pai (Jo 17,11.22-23), tendo tudo em comum com o Pai (v. 10), existindo com o Pai antes que o mundo fosse criado (v. 5) e retornando ao Pai para ser um só com ele (v. 11). Só crendo em Jesus como enviado do Pai, os Apóstolos poderiam continuar a missão de Jesus (v. 18), serem seus enviados ao mundo "para que o mundo creia que tu me enviaste" (v. 21). A paixão e a cruz poderiam desdizer a divindade de Jesus, porque não se podia nem se pode imaginar um Deus morto. A transfiguração deveria dar aos Apóstolos a certeza da glória, ofuscada temporariamente pela paixão e morte, mas que ele reassumiria, porque era dele desde antes da criação do mundo.

A glória do Senhor passou pelo sangue redentor

Quando a oração diz que Jesus é o esplendor do Pai, diz o mesmo que glória do Pai. Também o estribilho do Salmo Responsorial (Sl 97) da nossa missa fala do esplendor do rosto de Cristo, como glória do Pai. Seria muito difícil, senão impossível, imaginar glória sem luz. Por isso o evangelista diz que "seu rosto brilhava como sol e suas vestes se tornaram brancas como a luz" (v. 2). O mesmo Cristo que, na Última Ceia, disse: "Glorifica-me junto a ti, concedendo-me a glória que tinha junto contigo antes que o mundo fosse criado" (Jo 17,5), afirmou ser a luz do mundo (Jo 8,12; 9,5). No monte Sinai, Deus apareceu envolto em uma nuvem resplandecente como um fogo (Êx 24,15-17), falou do meio da nuvem e estabeleceu uma aliança com o povo por meio de Moisés. E Moisés aspergiu o povo com o "Sangue da aliança que o Senhor fez conosco" (Êx 24, 8). No monte da Transfiguração, "uma nuvem brilhante os envolveu", e Deus falou do meio da nuvem, confirmou a divindade do Filho (v. 5).

A comparação não é minha é da Carta aos Hebreus: "Moisés, ao concluir a proclamação de todos os mandamentos da Lei, tomou o sangue e aspergiu com o sangue não só o próprio livro, mas também todo o povo, dizendo: *Este é o sangue do testamento que Deus nos ordenou*" (Hb 9,19-20). E a Carta aos Hebreus acrescenta a famosa frase: "Não há remissão sem efusão de sangue" (Hb 9,22). Os Apóstolos seriam os mensageiros da nova Aliança de Deus com o novo Povo. O sangue a ser derramado pela remissão dos pecados seria o sangue do próprio Filho de Deus.

Parece evidente pela narração de Mateus que os Apóstolos não entenderam logo o significado da Transfiguração. E o máximo que eles viram da glória do Senhor foi 'na medida de sua possibilidade', como lembra a oração litúrgica bizantina; de sua possibilidade agora. Porque, mais tarde, eles se tornaram as testemunhas da morte e ressurreição do Senhor (At 3,15).

Aceitou voluntariamente a morte e ressuscitou ao terceiro dia

A oração bizantina que tomamos como base de nossa reflexão sobre a Transfiguração dá mais outra razão do Cristo transfigurado: "para que depois, vendo-te crucificado, pudessem testemunhar que a tua paixão era voluntária". Tanto os escritores do Novo Testamento quanto os Padres Apostólicos (os santos escritores que foram discípulos dos Apóstolos) e os Santos Padres (os grandes autores cristãos dos primeiros séculos) insistem sobre a morte voluntária de Jesus, isto é, que ele tenha assumido a passagem pela morte com a consciência de que por ela viria a redenção e a vida. Acredito que Jesus, durante sua vida pública, tenha tido dificuldade em compreender a vontade do Pai, porque esta é uma condição de todas as criaturas e Jesus é o primogênito delas (Cl 1,15). São Paulo chama a vontade de Deus de 'mistério' (Ef 1,9). À beira do poço de Jacó, Jesus afirmou que seu "alimento era fazer a vontade daquele que o mandara ao mundo" (Jo 4,34). E também: "O Pai me ama, porque dou a minha vida para de novo a retomar. Ninguém a tira de mim. Sou eu mesmo que a dou. Tenho o poder de dá-la e retomá-la" (Jo 10,17-18).

A bela oração bizantina lembra que, além de testemunhar a morte de Cristo, os Apóstolos tinham a missão de anunciar ao mundo inteiro a sua ressurreição, a maior de todas as teofanias, a prova perfeita de sua divindade, o fundamento e razão de ser da fé cristã. 'Testemunhas da Ressurreição' é sinônimo de Apóstolos, para o livro dos Atos (At 1,22). São Pedro, na segunda leitura de hoje, mostra que aprendeu a grande lição da Transfiguração e tinha muita consciência da missão recebida, quando escreveu: "Não nos baseamos em fantasias e mitos quando vos anunciamos Jesus Cristo, mas com a autoridade de quem foi testemunha ocular de sua majestade" (2Pd 1,16).

SOLENIDADE DA ASSUNÇÃO DE NOSSA SENHORA

1ª leitura: Ap 11,19a;12,1.3-6a.10ab
Salmo: Sl 44
2ª leitura: 1Cor 15,20-27a
Evangelho: Lc 1,39-56

Uma mulher revestida do sol (Ap 12,1)

ASSUNÇÃO: FESTA DE MARIA
FESTA DA GLORIFICAÇÃO HUMANA

Desde que o Brasil eliminou o feriado de 15 de agosto, a festa da Assunção de Maria, celebrada na Igreja universal nessa data, passou para o domingo seguinte. A festa não podia ficar esquecida no meio da semana, não só porque celebra a glorificação de Maria, mas também porque nos recorda uma das verdades fundamentais da fé cristã: nosso destino imortal, nossa ressurreição, nossa glorificação, nosso 'mergulho' na eternidade de Deus.

Maria, assunta ao céu em seu corpo, diz o que acontecerá 'no fim dos tempos' a cada um dos que creu no Senhor Jesus. Maria assunta é a imagem e a consoladora garantia da realização do sonho humano: viver para sempre, destino de todos aqueles que Cristo fez irmãos, ao ter com eles "em comum o sangue e a carne" (Hb 2,14; Gl 4,4). Olhando Maria glorificada no céu, a Igreja contempla o futuro certo que a espera. O prefácio da missa de hoje o diz belamente: "Elevada à glória do céu, aurora e esplendor da Igreja triunfante, Maria é consolo e esperança de todo o povo ainda em caminho". O povo chama a Virgem assunta de Nossa Senhora da Glória.

Assunta em corpo e alma ao céu

No dia 1º de novembro de 1950, Pio XII proclamou verdade de fé que a "Imaculada Mãe de Deus, a sempre Virgem Maria, terminado o curso de sua vida terrestre, foi assunta em corpo e alma à glória celeste". Isso não significa que a festa da Assunção tenha começado em 1950. Apenas que, naquele ano, o que o povo sempre acreditara e celebrara foi declarado dogma de fé, verdade da qual ninguém mais poderia duvidar, embora ela pudesse ainda ser aprofundada por novos estudos.

A festa da Assunção é a mais antiga festa de Maria e acontece sempre no dia 15 de agosto. Por que nesse dia? Talvez seja a data da consagração da Igreja chamada 'Dormição de Maria', em Jerusalém. Remonta ao século V. Não sabemos quando Maria terminou sua peregrinação terrestre. Não há nenhuma palavra a respeito nos Atos dos Apóstolos nem nas Cartas dos Apóstolos. Há lendas que a fazem morrer em Éfeso, no litoral oeste da Ásia Menor, para onde a teria levado João evangelista. Há estudos históricos que dizem ser quase certo que Maria terminou seus dias em Jerusalém e ter sido sepultada no Getsêmani, onde se localizava o cemitério comum. Quem visita o Jardim das Oliveiras, logo à entrada, encontrará a antiga Igreja da Assunção. Um apócrifo, intitulado *Trânsito de Maria*, escrito em Jerusalém, copiado e recopiado pelos peregrinos, ajudou a difundir a festa, que Roma aceitou já no século VI. O papa São Gregório Magno († 604), chamou a festa de 'Assunção de Maria'.

Se a Assunção em corpo e alma ao céu se deu antes da morte ou depois da morte, é uma questão aberta na Igreja, isto é, tanto podemos aceitar que Maria morreu, como aceitar que ela não morreu. O povo sempre falou em 'dormição de Maria', evitando a palavra 'morte'. Observemos o texto da verdade de fé que transcrevemos há pouco: ele não fala em morte, mas em 'terminado o curso de sua vida terrena'. Nada tira da grandeza de Maria, se ela se sujeitou à lei da morte.

Teólogos e povo unidos na verdade de fé

Se a assunção de Maria não está explicitamente contada em nenhum livro do Novo Testamento, como sabemos que ela foi elevada ao céu em corpo e alma? A igreja não pode inventar verdades novas. Mas todas as verdades reveladas podem ser vistas de maneira nova, se os estudos trouxerem maior luz que deixe ver melhor o alcance da verdade. Essa é a tarefa dos teólogos.

O dogma de fé da Assunção de Maria se fez claro à medida que o estudo teológico chegava, vindo de muitos lados, à mesma conclusão. E o povo, com sua sabedoria histórica, seguindo os mestres ou antecedendo-se a eles, "iluminados pela graça e abrasados de amor para com aquela que é Mãe de Deus e nossa Mãe dulcíssima, compreendeu cada vez com maior clareza a maravilhosa harmonia existente entre os privilégios concedidos por Deus àquela que o mesmo Deus quis associar ao nosso Redentor" (Pio XII, *Sobre a Assunção de Nossa Senhora*, 14). O dogma da Assunção é, portanto, fruto de séculos de estudo atento, partindo sempre da maternidade divino-humana de Maria e da devoção sincera do povo, desde os primeiros tempos da Igreja.

Santo Antônio († 1231) tem um sermão inteiro à Assunção de Maria, no qual deixa muito clara a dependência da assunção com a encarnação do Filho de Deus. A certa altura diz: "Esta nossa gloriosa Ester foi levada hoje pelas mãos dos anjos aos aposentos do rei Assuero, isto é, ao tálamo etéreo, onde reside em trono de estrelas o Rei dos reis, felicidade dos anjos, Jesus Cristo, o qual amou a gloriosa Virgem acima de todas as mulheres, de quem recebeu a carne. Ela encontrou, diante dele, graça e misericórdia, acima de todas as mulheres. Ó inestimável dignidade de Maria! Ó inenarrável sublimidade da graça! Ó inescrutável profundidade da misericórdia! Nunca tanta graça nem tanta misericórdia foi nem pode ser concedida a um anjo ou a um homem, como a Maria Virgem Santíssima, que Deus Pai quis que fosse Mãe de seu próprio Filho, igual a si, gerado antes de todos os séculos! Verdadeiramente superior a toda a graça foi a graça de Maria Santíssima, que teve um filho com Deus Pai e por esse motivo mereceu ser hoje coroada no céu".

Da pobreza da morte
à riqueza da glória

Há uma pergunta que se faz frequentemente: por que se fala em *ascensão* de Jesus e *assunção* de Maria? Ascensão vem do verbo *ascendere*, que significa subir, elevar-se. Jesus subiu aos céus com seu próprio poder, porque era Deus. Assunção vem do verbo *assumere*, que significa assumir, levar consigo. Maria foi assumida por Deus, foi elevada pela força de Deus, porque, embora santíssima, era criatura humana, dependente como todas as criaturas. Como os anjos (sempre em linguajar humano) são os carregadores do trono de Deus e os cumpridores de suas missões, a piedade popular 'viu' a multidão dos anjos carregando Maria, útero de Deus na terra, à glória dos céus.

Outra pergunta: por que na festa da Assunção se lê o Evangelho da Visitação de Maria a Isabel e o Cântico do Magnificat? Normalmente, o Evangelho documenta as razões da celebração litúrgica. Como não há no Evangelho nenhum trecho que fala da assunção de Maria, a Igreja foi buscar uma página que falasse das grandezas de Maria. Ora, a grandeza maior de Maria é ser Mãe de Jesus, Mãe de Deus. Isabel reconheceu a maternidade divina de Maria (*Lc* 1,43) e a declarou, por isso, "bendita entre todas as mulheres" (*Lc* 1,42). E elogiou Maria por ter acreditado no Senhor (*Lc* 1,45). A assunção é a glorificação dessa fé sólida de Maria, e a coroação consequente de sua maternidade. E o Cântico do Magnificat (*Lc* 1,47-55) chega à plenitude das razões na glorificação em corpo e alma daquela que, por ter sido serva perfeita do Senhor, foi elevada à maternidade divina.

FESTA DA EXALTAÇÃO DA SANTA CRUZ

1ª leitura: Nm 21,4b-9
Salmo: Sl 77
2ª leitura: Fl 2,6-11
Evangelho: Jo 3,13-17

*Não quero gloriar-me a não ser na
Cruz de Nosso Senhor Jesus Cristo (Gl 6,14)*

QUANDO EU FOR EXALTADO NA CRUZ ATRAIREI TODOS A MIM

Liturgicamente a festa é considerada como 'festa do Senhor'. Por isso, quando cai em domingo, ocupa o lugar da liturgia dominical. A festa é muito mais popular no Oriente que no Ocidente. Historicamente, prende-se à inauguração da Basílica da Ressurreição, depois conhecida como Basílica do Santo Sepulcro, em Jerusalém, no ano 335. A Basílica foi mandada construir pelo imperador Constantino († 337) sobre o Calvário, abrangendo a sepultura de Jesus. Consagrada no dia 13 de setembro de 335, no dia 14, recebeu as Relíquias da Santa Cruz, descobertas pela imperatriz Santa Helena, no dia 14 de setembro de 320. A festa repetia-se todos os anos com grande solenidade. Outras igrejas do Oriente passaram a celebrá-la também. No Ocidente a festa começou a entrar na Liturgia só no século VII, a começar pela Basílica do Latrão, a catedral do Papa.

Sendo a Cruz o símbolo maior do cristianismo e estando ela estreitamente ligada à Paixão do Senhor a tal ponto de recordar sempre o Cristo crucificado, é justo que seja celebrada, exaltada e venerada. Na Liturgia das Horas, lê-se hoje um sermão de Santo André de Creta, que viveu no século VIII. A certa altura, prega ele: "Se não houvesse a Cruz, Cristo não seria crucificado. Se não houvesse a Cruz, a vida não seria pregada ao lenho com cravos.

Se a vida não tivesse sido cravada, não brotariam do lado as fontes da imortalidade, o sangue e a água, que lavam o mundo. Não teria sido rasgado o documento do pecado, não teríamos sido declarados livres, não teríamos provado da árvore da vida, não se teria aberto o paraíso. Se não houvesse a Cruz, a morte não teria sido vencida e não teria sido derrotado o inferno".

O primeiro gesto feito pelo padre na celebração do batismo é traçar o sinal da cruz na cabeça do batizando. A Cruz de Jesus nos acompanha ao longo de toda a vida. Ela estará à cabeceira de nosso caixão, provavelmente, entre nossas mãos no velório, e marcará nossa sepultura. A nova aliança com Deus foi selada com o sangue de Jesus na Cruz. Pela Cruz nos vieram todos os bens da salvação. Nos braços da Cruz entraremos na glória. Por isso, com razão, canta a Liturgia de hoje: "Santa Cruz adorável, de onde a vida brotou, nós, por ti redimidos, te cantamos louvor!"

Cruz de morte,
Cruz de glória

Junto com a imagem do Crucificado, ao contemplarmos a Cruz, vem-nos logo a ideia da humilhação. Antes do Calvário, a Cruz estava ligada à ideia da maldição (*Gl* 2,13), da vergonha, da execração. Tanto que a legislação romana proibia o suplício da Cruz a seus cidadãos. O historiador romano Tácito chama a Cruz de 'suplício dos escravos'. Depois do Calvário, a Cruz nos lembra aquilo que a teologia paulina chamou de kenosis, isto é, uma humilhação extrema, um autoesvaziamento de toda a dignidade que, imediatamente, Deus recompensou com o máximo de glória e honra. Lembra-o a segunda leitura: Jesus "aniquilou-se a si mesmo, fez-se obediente até a morte e morte na Cruz. Por isso Deus o exaltou e lhe deu um nome acima de todo nome" (*Fl* 2,7-9).

Dás a todos a vida,
doce lenho vital

Tanto o Evangelho quanto a primeira leitura falam da serpente do deserto, símbolo da vida humana. Estéril, se do alto não vier a chuva. A humanidade precisa da graça e da força divinas para ser fecunda. Em outras palavras: a terra depende do céu, a criatura depende do Criador. No deserto, o povo revoltou-se contra o Senhor (*Nm* 21,5), murmurou contra Deus, ou seja, pecou. Repetiu o comportamento dos primeiros pais (*Gn* 3). Volta a figura da serpente. No paraíso ela destruiu a felicidade das criaturas (*Gn* 3,17-19). No deserto, seu veneno espalhou a morte nos acampamentos (*Nm* 21,6). O povo arrependeu-se de ter pecado. Deus teve compaixão: mandou Moisés fazer uma serpente de bronze e pô-la no alto de um poste, no centro do acampamento. Quem encarasse a serpente de bronze se curaria (*Nm* 21,8-9). Um simbolismo sobre o outro. Da serpente viera o castigo, da serpente viera a morte. Olhando a serpente, nasce o arrependimento, olhando a serpente, vem a cura.

Jesus retoma os símbolos. Apenas que no lugar da serpente estaria ele, pregado na Cruz. Da Cruz vinha a maldição e a morte. Da Cruz virá a bênção, a salvação e a vida eterna (*Jo* 3,14-15). Ao escutarem a serpente e crerem em sua palavra, Adão e Eva foram castigados com a morte. Ao escutar Jesus e crer em suas palavras, teremos a vida: "Todo o que nele crer, possuirá a vida eterna" (v. 15). Mais: no deserto os israelitas curaram apenas o corpo. Da Cruz vem a cura do corpo e da alma. É a criatura humana inteira que encontra redenção, porque "nela esteve suspensa a salvação do mundo".

A serpente de bronze não era um ídolo. O livro da Sabedoria corrige qualquer interpretação idolátrica: "Quem se voltava para o sinal era salvo, não pelo que via, mas por ti, que és o salvador de todos" (*Sb* 16,7). Assim também a Cruz não é uma divindade, mas seu valor vem do Deus que nela foi pregado. Como reza a Liturgia das Horas: "Ó Cruz gloriosa, dos teus braços pendeu o mais precioso dos tesouros!" Na solene liturgia da Sexta-feira Santa, ao desvelar a Cruz e o crucificado diante da assembleia, canta-se: "Eis o lenho da Cruz, da qual pendeu a salvação do mundo", e todos dobram o joelho e cantam em resposta: "Vinde, adoremos!" Adoramos o Cristo, Deus e Senhor, que, pregado na Cruz, tornou-se "nossa salvação, vida e ressurreição" (Antífona da entrada).

Cruz: escada que une a terra ao céu

A festa de hoje traz a lembrança da Páscoa. Na Vigília pascal, a Igreja canta no *Exsultet*: "Ó noite, verdadeiramente gloriosa, que une a terra ao céu, o homem ao seu criador!" Exatamente isso se poderia dizer da Cruz: medonha como a noite, torna-se gloriosa. Ao mesmo tempo em que plantada no chão, ergue-se às alturas, unindo terra e céu, e abre os braços, seja para tudo receber do alto, seja para tudo oferecer a Deus. Pelo mistério da Cruz, o Filho de Deus desce do alto, assume a condição humana em tudo, menos no pecado (*Hb* 4,15), e, pelo mesmo mistério da Cruz, sobe às alturas acompanhado das criaturas libertas e redimidas. É essa descida e é essa subida que o Evangelho nos recorda com palavras postas na boca de Jesus (v. 13).

O livro do Gênesis conta que o patriarca Jacó sonhou com uma "escada apoiada no chão e com a outra ponta tocando o céu; por ela subiam e desciam os anjos de Deus; e no alto da escada estava o Senhor" (*Gn* 28,12-13). Vejo nessa maravilhosa escada de Jacó a Cruz de Jesus. Todos os santos sabem que não há outro caminho que possa devolver a criatura humana ao Criador, porque todos os possíveis caminhos passam pela Cruz. Santo Antônio chama a Cruz de 'chave da porta do céu'. De fato, com a Cruz, Jesus reabriu os céus para as criaturas. Carregando a Cruz atrás de Jesus e crucificando-se com ele, a criatura humana alcança a mesma glória reservada ao Filho de Deus.

FESTA DE NOSSA SENHORA DA CONCEIÇÃO APARECIDA

1ª leitura: Est 5,1b-2;7,2b-3
Salmo: Sl 44
2ª leitura: Ap 12,1.5.13a.15-16a
Evangelho: Jo 2,1-11

Deitei raízes no povo glorioso (Eclo 24,12

VEM CONOSCO, VEM CAMINHAR, VIRGEM MÃE APARECIDA

A história de Nossa Senhora Aparecida começou em 1717, quando três pescadores, pescando no Rio Paraíba com rede, resgataram uma pequena imagem de Nossa Senhora da Conceição (de apenas 36 cm). Em uma redada 'pescaram' o corpo sem a cabeça. Em outra, levantaram a cabeça. Em seguida, fizeram uma pesca abundante, ou melhor, milagrosa, porque antes de encontrarem a Virgem nada haviam pescado.

O culto à Imaculada Conceição Aparecida começou logo em seguida. Da casa do pescador a Virgem passou a um oratório, do oratório foi levada a uma capela, da capela foi entronizada solenemente na igreja, hoje conhecida como Basílica Velha. Em 1929, o papa Pio XI declarou Nossa Senhora Aparecida Rainha e Padroeira do Brasil. A nova Basílica começou a ser construída em 1955. A festa de Nossa Senhora Aparecida celebrou-se primeiro no 2º domingo de maio, depois no dia 11 de maio, por vários anos foi comemorada junto com o dia da Pátria, 7 de setembro, e, finalmente, fixou-se no dia 12 de outubro. A partir de 1982, o dia 12 de outubro foi declarado feriado nacional.

Maria tem papel insubstituível na história da salvação

Em 1964, logo depois de assinar o documento *Lumen Gentium*, que trata da Igreja, o papa São Paulo VI proclamou Maria Mãe da Igreja. Dissera o documento: "Maria brilha aqui na terra como sinal de esperança segura e de conforto para o povo de Deus em peregrinação" (n. 68). Exatamente isso queremos que Maria seja para o povo brasileiro. Exatamente isso exprime o Evangelho que lemos hoje na missa: a intercessão de Maria nas Bodas de Caná. As bodas são o símbolo da família humana. Maria está presente e atenta a todas as necessidades. Maria intercede junto ao Filho e consegue dele que a água (nossa vida cotidiana) se transforme em vinho (obras meritórias para a salvação). Maria tem um papel importantíssimo na história da salvação. Por história da salvação entendemos a presença de Deus na história dos homens: Deus faz história com a criatura humana, dialoga com ela, faz propostas, oferece ajuda, abençoa e até castiga. A história da salvação começa com a criação, toma rumo com a aliança entre Deus e Abraão, solidifica-se no Sinai com os Mandamentos, alcança o ponto culminante na Encarnação, Morte e Ressurreição de Jesus e no dom de Pentecostes. Continua caminhando para o ponto final, que a Igreja chama com o nome grego de *parusia*, quando o Cristo voltará glorioso para entregar ao Pai uma Igreja purificada e vitoriosa sobre o mal.

Vivemos em plena história da salvação. Todos os fatos políticos, sociais, econômicos, religiosos, ideológicos, científicos se prendem e se misturam à história da salvação. É por meio da vida cotidiana que Deus continua salvando e santificando o mundo. Quando pregamos e vivemos o Evangelho, quando damos ou recebemos os Sacramentos, quando testemunhamos o amor fraterno, cooperamos com o Espírito Santo, que é o grande agente da salvação, para que todos tenham a vida em Cristo (*Jo* 10,10) e se cumpra a vontade do Pai que todos sejam salvos (*Mt* 18,14).

Podemos repetir na vida os passos de Maria

Tudo seria bem mais fácil, não houvesse uma outra história entrelaçada com a nossa, a história do mal, a história do pecado. Temos a experiência de nossa vida: mistura de esperança e angústia, alegria e tristeza, luta e vitória, querer e não querer, ser e não ser, ter e não ter. No meio de tudo isso, realiza-se a história de nossa salvação. No meio de tudo isso, por ter passado por tudo isso e ser feita de nossa carne e de nosso sangue, apesar de sem pecado desde a conceição, está Maria, já vitoriosa, como exemplo de como devemos viver, como exemplo de como seremos.

Os evangelhos são muito parcimoniosos nos dados biográficos de Maria, mas nos dão a certeza de que ela é fundamental no plano de Deus em referência à humanidade. A visitação de Maria a Isabel, sua atuação em Caná, sua presença no Calvário e no Cenáculo não são apenas episódios da vida privada ou social de uma mulher judia, ligada pela maternidade a Jesus de Nazaré. Eles indicam, proclamam e marcam o papel insubstituível que ela exerce na história da salvação.

A visitação de Maria a Isabel se repete cada vez que nós visitamos desinteressadamente alguém, para consolar e levar a paz e o bem de que falava São Francisco. Sobretudo quando levamos para alguém o Sumo Bem, que é Deus, quando encarnamos para o irmão necessitado e perturbado o Cristo, nossa paz (Ef 2,14). O episódio de Caná acontece sempre que, tocados pela necessidade do próximo, aliviamos seu sofrimento e o ajudamos a contornar ou superar suas dificuldades. E tanto melhor será o vinho (boa obra), quanto mais gratuitamente ajudamos os irmãos. Em cada missa que celebramos tornamos presente o Calvário, em que Maria nos é dada por Mãe. A cena do Cenáculo se repete aqui e agora, quando a comunidade cristã se reúne para louvar a Deus e pedir-lhe luz e força para a caminhada de cada dia.

Companheira inseparável de nosso destino

Quando dizemos que Maria está no centro da história da salvação, não apenas professamos seu papel como Mãe do Redentor, mas também sua presença maternal no meio das vicissitudes de nossa vida. Disse-o belamente Paulo VI: "Maria é mãe da comunidade cristã não só porque é Mãe de Jesus Cristo e lhe está intimamente associada (...), mas também porque brilha como um modelo de virtudes para toda a comunidade dos eleitos. Como a mãe humana não reduz seu papel a só procriar um novo ser humano, mas o estende ao dever de alimentá-lo e educá-lo, assim também se comporta a Bem--aventurada Virgem Maria" *(Exortação Signum Magnum,* 19). Ao proclamá-la nossa Padroeira, dizemos ao céu inteiro e a toda a terra que a queremos no centro de nossa vida, no centro de nosso credo, companheira inseparável de nosso destino.

Um dia Jesus disse: "Não é aquele que grita *Senhor, Senhor* que é amigo de Deus, mas sim aquele que faz a vontade do Pai" *(Mt* 7,21). Da mesma maneira poderíamos dizer: não é aquele que vive gritando 'Minha Nossa Senhora' que é amigo e devoto de Maria, mas aquele que, como ela *(Lc* 8,21), faz a vontade de Deus; aquele que tem a coragem de, como ela, dizer com consciência: faça-se a sua vontade *(Lc* 1,38); aquele que, esquecido do próprio proveito, procura, como ela, na casa de Isabel *(Lc* 1,39-56) ou nas bodas de Caná *(Jo* 2,1-11) o proveito dos outros; aquele que, como ela, tem a coragem de ficar de pé ao lado da Cruz de Cristo *(Jo* 19,25), prolongada no nosso sofrimento diário; aquele que, como ela no dia de Pentecostes *(At* 1,14), se abre ao Espírito Santo e faz da sua pequena história pessoal de cada dia uma exemplar história cristã, que se estende até o encontro definitivo e amoroso na casa do Pai, onde termina a nossa história da salvação.

SOLENIDADE DE TODOS OS SANTOS

1ª leitura: Ap 7,2-4.9-14
Salmo: Sl 23
2ª leitura: 1Jo 3,1-3
Evangelho: Mt 5,1-12a

Agradecei a Deus: ele vos tornou capazes de participar da herança dos santos (Cl 1,12)

A IGREJA, MÃE DOS SANTOS, CELEBRA HOJE SEUS FILHOS

A festa é muito antiga na Igreja. Nos primeiros séculos se celebravam todos os santos mártires, logo depois de Pentecostes, para dizer que os santos são os frutos melhores da Ressurreição de Cristo e da força do Espírito Santo de Deus. Em Roma, no ano 609, o papa Bonifácio IV consagrou o *Panteon*, até então monumento de memória a todos os deuses pagãos, à Virgem Maria e a Todos os Santos. Como a consagração aconteceu no dia 13 de maio, passou-se a celebrar na igreja romana nesse dia Todos os Santos. A partir do século IX, a festa começou a ser celebrada em outras regiões da Europa, mas no dia 1º de novembro. Aos poucos permaneceu como data única da celebração. A partir da reforma litúrgica do Concílio Vaticano II, em alguns países, como no Brasil, a festa foi deslocada para o primeiro domingo de novembro, desde que o domingo não caia no dia 2, Dia de Finados.

Celebramos todos os santos, os canonizados e os não canonizados, os conhecidos e os desconhecidos, os que morreram mártires e os que confessaram com fidelidade a fé ao longo de sua vida. Celebramos gente nossa, que escutou e pôs em prática o conselho do Senhor, dirigido a todas as criaturas humanas: "Santificai-vos e sede santos, porque eu sou santo!"

(*Lv* 11,44). E os celebramos como irmãos, membros da mesma Igreja, que alcançaram a meta proposta a todos. Na verdade, hoje, a Igreja celebra a si mesma. Ela é a Mãe dos Santos.

O santo não sobe sozinho a escada do céu

O Evangelho das bem-aventuranças é o programa dos que querem ser santos e é a vivência dos que o são. Ninguém é santo por sua própria força. Toda santidade vem de Deus. Com a encarnação de Jesus, a humanidade se embebeu da santidade divina. Cabe a cada um tirar as consequências e produzir os frutos. Podemos dar ao capítulo das bem-aventuranças o título 'O Caminho da Felicidade', ou também 'O Caminho da Santidade', porque a santidade é a plenitude da felicidade.

Santo é o pobre de espírito, isto é, aquele que não se julga autossuficiente, mas se considera um necessitado de Deus, por isso vive com o coração aberto e voltado para o Senhor. Santa é a criatura que pacifica os instintos e sentimentos e coloca-os a serviço de sua caminhada pessoal e comunitária, por isso tem o coração aberto para o próximo, sempre pronto a compreender, a dar, a perdoar. A mansidão é dinâmica. Santo é quem participa de tal modo da vida que está em torno, que canta com os alegres e chora com os tristes e se compadece (= sofre junto) com os que sofrem.

Não há lugar nem momento neste mundo sem sofrimento: há a fome e a sede, há a injustiça e o insulto, há a perseguição e a falsidade, as doenças e as angústias, há o trabalho cansativo e difícil da construção da paz. O santo não se fecha sobre a própria felicidade, não sobe sozinho as escadas do céu. A força que os santos têm hoje de ajudar-nos, eles a adquiriram aqui entre nós, participando de nossas limitações e necessidades, derramando e enxugando lágrimas, corrigindo injustiças e espalhando amor, para que o Reino de Deus pudesse acontecer no dia a dia.

Ajuda-te e Deus te ajudará

Todos somos chamados à santidade. "Esta é a vontade de Deus: a vossa santificação", escreveu o Apóstolo Paulo

(*1Ts* 4,3). A Igreja sempre tem insistido nessa vocação (chamado) de todos. Várias vezes nos documentos do Concílio, ela o reafirma com frases como esta: "Todos os cristãos, de qualquer condição ou estado de vida, são chamados pelo Senhor, cada um por seu caminho, à perfeição da santidade (*Lumen Gentium*, 11). A frase de Jesus: "Sede santos como o Pai celeste é santo" (*Mt* 5,48) é dirigida à multidão no Sermão da Montanha, é dirigida a todos de todas as culturas e todos tempos.

Ouvir o chamado, seguir os passos de Jesus é opção de cada um. Nisso consiste a grande responsabilidade pessoal. É verdade que, por nossas forças somente, jamais seremos santos. Jesus foi claro: "Sem mim nada podeis fazer!" (*Jo* 15,5). Mas com Jesus e nele e por ele podemos alcançar a santidade de Deus. A imagem da videira e dos ramos é muito eloquente: "O ramo não pode dar fruto por si mesmo, se não permanecer na videira. Assim também vós: não podeis dar fruto, se não permanecerdes em mim. Eu sou a videira e vós sois os ramos" (*Jo* 15,4-5). E permanecer em Jesus comporta necessariamente crer nele e cumprir seus mandamentos (*Jo* 14,21). Por outro lado, é também verdade que Deus não age sem nossa vontade e colaboração. A criatura humana nasce e vive ciosa de sua liberdade. E Deus, seu Criador, respeita-a. Deus nos ajuda, se nós nos ajudamos.

Muitas vezes, escutam-se de amigos frases como esta: "O que eu queria já consegui!" ou "Já realizei todos os meus sonhos!" No caminho da santidade não acontece isso, porque "a perfeição cristã só tem um limite, é ser ilimitada", como ensinou São Gregório de Nissa († 395). Se alguém tiver a tentação de pensar: "Já sou santo!", saiba que está longe da santidade. A santidade de Deus é infinita, e nossa meta é a santidade de Deus. A meta da santidade se parece ao horizonte, que se vê, sabe-se que existe e é verdadeiro, mas, quando se chega ao ponto visto, enxergam-se outra imensidão e outros horizontes. O horizonte na prática é inalcançável, enquanto a santidade é alcançável no momento em que o Cristo vier ao nosso encontro na morte, abraçar-nos, lavar-nos os pés e nos apresentar ao Pai.

Aos Santos prestamos o culto de veneração

Aos filhos que caminharam passos grandes no caminho da santificação, a Igreja concede uma honra especial: coloca-os no altar, como modelos, para que todos vejam que é possível viver o Evangelho e imitar de perto a vida de Jesus. Nos primeiros séculos do cristianismo, cada comunidade venerava os seus santos. Alguns eram celebrados em várias comunidades. Só no século X a Igreja começou a exigir uma espécie de processo, depois da morte, para poder-se chamar alguém de santo. Até hoje a Igreja mantém esse costume. É o chamado 'processo de canonização', ou seja, o processo de inscrever alguém na lista (rol, cânon) dos santos.

O culto que nós prestamos a Deus chama-se *adoração*. O culto que nós prestamos aos Santos, incluída Nossa Senhora, chama-se *veneração*. Por ignorância das leis e dos costumes do povo católico, pode alguém confundir as duas formas de culto. O fato de a estátua do santo estar no altar não significa que ela seja objeto de adoração. As imagens devem completar as palavras. Cada santo tem lições e exemplos a nos dar, sobretudo o exemplo de fidelidade a Jesus Cristo e a lição de como louvar e adorar o Senhor, raiz, fonte e razão de toda a santidade. Na verdade, em cada imagem de santo ou de Nossa Senhora vemos nossa missão e nosso destino. Lindamente escreveu São João Damasceno († 749): "A beleza e a cor das imagens estimulam a minha oração. É uma festa para os meus olhos, tanto quanto o espetáculo do campo estimula meu coração a dar glória a Deus".

COMEMORAÇÃO DE TODOS OS FIÉIS DEFUNTOS

1ª leitura: Jó 19,1.23-27a
Salmo: Sl 24
2ª leitura: Rm 5,5-11
Evangelho: Jo 6,37-40

Em Cristo todos reviverão (1Cor 15,22)

**DEIXAREMOS O NOSSO CORPO
PARA IR MORAR JUNTO DO SENHOR (2Cor 5,8)**

A Igreja sempre incentivou a oração e a memória dos mortos. Nos primeiros séculos, a celebração prendeu-se às grandes solenidades. Em alguns lugares, celebrava-se a memória dos mortos na segunda-feira de Pentecostes. Em outros, no dia seguinte à Epifania. O mosteiro de Cluny, na França, que teve imensa influência na renovação da Igreja no século XI, começou a celebrar a Missa para os Mortos no dia seguinte à festa de Todos os Santos, para reforçar a catequese da comunhão dos santos, isto é, da unidade participativa que existe entre os cristãos que vivem na terra, os mortos e os santos que estão na glória. O costume espalhou-se por toda a Europa e foi adotado pela Igreja universal.

Pelo fim do século XV, surgiu na Espanha o costume de celebrar no dia de Finados três missas, como no dia de Natal, levando em conta que a morte é o verdadeiro natal do cristão. Espanha e Portugal levaram o costume a toda a América Latina e a outros pontos do mundo onde aportavam os ibéricos. Em 1915, o papa Bento XV estendeu as três missas à Igreja universal. Neste ano A, privilegiamos os textos da primeira missa.

**Morte: memória
da ressurreição**

Recordamos hoje de modo especial os nossos mortos. Uma lembrança de carinho. Cada um de nós, sobretudo depois de certa idade, tem no coração um lugar muito especial para a lembrança daqueles que conviveram conosco e partiram antes de nós. A Igreja apoia essa lembrança e abre espaço grande na liturgia, até mesmo dominical, para que, ao mesmo tempo em que rezamos pelos mortos, lembremo-nos da ressurreição deles e nossa, ou seja, do destino eterno que tem a criatura humana.

Às vezes se lê nas crônicas, que comentam os mortos, que a única maneira de os mortos sobreviverem é viverem na lembrança dos que ficam. Os cristãos sabem que há outra maneira, bem mais verdadeira e plena, de os mortos sobreviverem: eles vivem em Deus (*Rm* 6,11). Nunca a Igreja pôs em dúvida a sobrevivência dos mortos. Sempre nos ensinou a rezar no Credo: "Creio na comunhão dos santos". Que significa isso? Quer dizer que nós, que peregrinamos na terra, estamos em comum união com os que terminaram esta vida, seja os que alcançaram a glorificação, seja os que ainda precisam de purificação. O Concílio Vaticano II disse: "A união dos que estão na terra com os irmãos que descansam na paz de Cristo de maneira nenhuma se interrompe, pelo contrário, conforme a fé perene da Igreja, vê-se fortalecida pela comunicação dos bens espirituais" (*Lumen Gentium*, 49).

No mesmo documento, afirma o Concílio: "Reconhecendo cabalmente esta comunhão de todo o Corpo Místico de Jesus Cristo, a Igreja terrestre, desde os primórdios da religião cristã, venerou com grande piedade a memória dos defuntos" (*Lumen Gentium*, 50). A Igreja sempre ensinou que a criatura humana não é feita para a morte, mas para a vida. E Jesus foi claro, quando disse: "Deus não é um deus de mortos, mas de vivos" (*Mt* 22,32). Quero dizer: a morte biológica não é o fim do homem. Antes de ressuscitar Lázaro, Jesus diz a Marta: "Quem crer em mim, ainda que esteja morto, viverá" (*Jo* 11,25).

Na morte nasce a "nova criatura"

Ao lembrarmos nossos mortos, não apenas nos recordamos deles, mas refazemos dentro de nós a fé na vida eterna, a fé na comum união que existe entre nós, os mortos, os santos e Deus: somos todos a família de Deus. Uma família viva de um Deus que vive. Dizendo isso, não quero diminuir a dor que sentimos diante da morte biológica. Cristo chorou diante de Lázaro morto (Jo 11,35). Cristo chorou lágrimas de sangue diante da própria morte, no Jardim das Oliveiras (Lc 22,44). A morte não é o fim de tudo. Não é o fracasso da vida. O Novo Testamento usa duas imagens para explicar a morte. A primeira é a imagem do *parto*. A vida humana e o cosmo inteiro são vistos por Jesus Cristo e por São Paulo como um 'estado de espera' e é comparado a uma mulher em trabalho de parto (Jo 16,21 e Rm 8,22). O dia da morte é o dia em que termina a gestação da "nova criatura" (Gl 6,15). O dia da morte é o dia do nascimento do "homem novo" (Ef 4,24), destinado a viver para sempre, como da crisálida nasce a borboleta. Aproximar a morte da figura do parto significa aproximar a morte não a um ocaso, mas a uma aurora. À morte cristã podemos aplicar as palavras que Lucas aplica a Jesus: "sol nascente, que nos vem visitar para iluminar as trevas e nos abrir o caminho da paz" (Lc 1,78-79).

São João, na sua primeira carta, afirma: "Nesta vida nós já somos filhos de Deus, mas, quando morrermos, seremos semelhantes a Deus, porque o veremos como ele é" (1Jo 3,2).

Na morte germinam as sementes da divindade

A segunda imagem é a do *batismo*. Há "um batismo com o qual eu devo ser batizado", dizia Jesus, aludindo à sua morte (Lc 12,50). Batismo e morte são dois termos intercambiáveis no linguajar de São Paulo. Na Carta aos Colossenses, Paulo usa a expressão "sepultados no batismo" (Cl 2,12). Na Carta aos Romanos, usa essa outra: "Batizados na morte" (Rm 6,3). Hoje em dia, a comparação perdeu a sua parte visual, porque, no Batismo, o padre derrama água na cabeça do batizando. Mas nos primeiros tempos, no dia do Batismo, as pessoas eram conduzidas à beira do rio ou da piscina, despidas de suas vestes, mergulhadas até a cabeça na água e depois revestidas de vestes brancas. Desse ritual, Paulo foi buscar a comparação: a morte é parecida ao Batismo. Somos despidos da veste corruptível, que é o corpo, submersos na terra, de onde ressuscitaremos com uma veste nova, que é o corpo glorioso da ressurreição (*Rm* 8,21). Na primeira Carta aos Coríntios, fala claramente do corpo corruptível que se reveste da incorruptibilidade, do corpo mortal que se reveste da imortalidade (*1Cor* 15,53-54).

A Igreja pouco sabe *como* e *quando* isso acontecerá. Ela sabe pelo Cristo, ensina que isso de fato vai acontecer e sabe *por que* acontece (por que Cristo ressuscitou e por que Deus não é um Deus de mortos, mas de vivos). A Igreja também sabe *para que* nós viveremos: para estarmos para sempre com Deus, com quem nos sentiremos na máxima convivência e felicidade, porque já agora trazemos em nós sementes de imortalidade, sementes de divindade (*?Pd* 1,4). É na morte biológica que essas sementes germinam, desabrocham e nos tornam para sempre familiares de Deus. Por isso, ao compreender todo o sentido da morte biológica, São Francisco de Assis a esperava com cânticos e louvores a Deus por ela: "Louvado sejas, meu Senhor, por nossa Irmã, a Morte corporal!"

Também Santo Inácio de Antioquia, mártir jogado às feras em Roma, escrevia em uma carta ao povo: "É bom para mim morrer e mergulhar no Cristo Jesus. É melhor do que reinar até às extremidades da terra. É a ele que procuro, ele que morreu por nós. É a ele que quero, ele que ressuscitou por nós. Meu nascimento aproxima-se. Deixai-me receber a pura luz. Quando tiver chegado lá, serei homem". Em outras palavras, pela morte alcançamos a plenitude da humanidade.

FESTA DE DEDICAÇÃO DA BASÍLICA DO LATRÃO

1ª leitura: Ez 47,1-2.8-9.12
Salmo: Sl 45
2ª leitura: 1Cor 3,9c-11.16-17
Evangelho: Jo 2,13-22

Somos o templo do Deus vivo (2Cor 6,16)

CONSAGRAÇÃO DA BASÍLICA DO LATRÃO: CELEBRAÇÃO DE TODAS AS IGREJAS

Quando a Igreja começou a construir os templos, a celebração da primeira missa dentro dele era considerada como a bênção do lugar. Mais tarde veio o costume de colocar sob o altar, em urna preciosa, as relíquias de algum mártir, sobretudo de mártires locais. Essa deposição das relíquias se chamava 'Consagração da igreja'. Aos poucos foi entrando uma cerimônia nova: a unção do altar-mor e das quatro paredes. Em meados do século X, a Igreja de Roma elaborou um rito para consagrar uma igreja, liturgia que se conservou até recentemente, quando foi bastante simplificada. Até os anos 70, mesmo as igrejas só bentas, e não consagradas, tinham no centro do altar-mor uma pedra consagrada, com relíquias de mártires, chamada 'pedra d'ara'. Era sobre essa pedra que se estendia o corporal para a celebração da missa. Hoje, não há mais obrigatoriedade da pedra d'ara. As catedrais e as matrizes ou capelas que a quiserem podem pedir ao bispo a consagração, que é feita só por ele.

A consagração da catedral do Papa é lembrada hoje em todas as Igrejas católicas, porque é a cabeça e mãe de todas as igrejas. E é mãe também pelo fato de ter sido a primeira igreja a ser construída depois que o imperador romano Constantino, no ano 313, concedeu inteira liberdade de culto público aos cristãos. Constantino foi imperador de 306 a 337 e se converteu ao catolicismo depois de ter tido uma visão de uma grande cruz e a frase: "Sob este sinal vencerás", às vésperas de uma difícil batalha. Vencendo a batalha em 312, além de converter-se e dar liberdade de culto aos cristãos, doou ao papa Melquíades os terrenos e as casas que herdara, por meio da mulher, da rica família de cônsules Plauzi Leterani, sobre o Monte Célio, uma das colinas de Roma. O Papa tratou de adaptar a casa dos Leterani para moradia e começou imediatamente a construção da primeira igreja pública de Roma. Morto dois anos depois, sucedeu-lhe o papa São Silvestre I, que consagrou a catedral em 324 e a dedicou ao Santíssimo Salvador.

Cabeça e Mãe de todas as Igrejas

Mais tarde, a catedral recebeu dois copatronos: João Batista e João evangelista, e, a partir do século XI, passou-se a comemorar sua consagração no dia 9 de novembro. No frontispício da igreja está escrito em latim, em grandes letras: "Sacrossanta Igreja do Latrão, Cabeça e Mãe de todas as Igrejas de Roma e do mundo". Por ser cabeça e mãe de todas as igrejas, sua consagração passou a ser celebrada anualmente também nas outras catedrais e igrejas paroquiais. A palavra 'Latrão', portanto, vem do latim *Lateranum*, deriva do nome familiar dos primitivos proprietários, a família dos Leterani.

Embora o povo chame a primeira igreja de Roma de 'Basílica de São João do Latrão', ela foi e é consagrada ao Santíssimo Salvador. Por isso, na reforma litúrgica do Concílio Vaticano II, a celebração da consagração da Basílica foi considerada 'festa do Senhor', por isso, quando cai em domingo, ocupa o lugar da liturgia dominical. O Latrão foi residência dos papas até o exílio de Avinhão, França, em 1305. Voltando o papado a Roma (1377), os papas foram morar no Vaticano.

Igreja: espaço consagrado a Deus e à comunidade

A celebração de hoje é, sim, uma expressão de unidade e carinho para com a Igreja-mãe de todas as igrejas. Mas é também ocasião para lembrar a igreja onde nos reunimos todos os domingos, talvez a mesma igreja de nosso batismo e nossa crisma, da primeira confissão e tantas outras, da primeira e muitas outras comunhões, talvez a mesma igreja onde casamos e, provavelmente, a Igreja em que os amigos e familiares mandarão celebrar as missas de sufrágio depois de nossa morte. Os cristãos sempre tiveram muito cuidado e capricho na construção de suas igrejas. Muitas delas são hoje verdadeiros monumentos de arte. Da melhor arte, porque para Deus, senhor e dono de tudo, nosso coração sempre quer dar o melhor e mais bonito. Mesmo as Igrejas mais simples, certamente, expressam o que de melhor a comunidade pôde oferecer ao Senhor no momento da construção.

Depois, a arte, como a música, ajuda muito a criatura humana a entrar em espírito de piedade, oração e adoração, razão principal de ser de uma igreja. Também porque a criatura humana é muito sensível ao que vê. As pinturas, os mosaicos, os vitrais, as estátuas, além de expressarem nosso sentimento religioso, educam-nos na fé, tornando-se verdadeira catequese sobre os mistérios da fé, da história da salvação, do destino humano.

A Igreja é também lugar de reunião. A palavra 'igreja' vem do latim 'ecclesia' que, por sua vez, vem do grego e quer dizer a assembleia do povo. A comunidade se reúne para louvar o Senhor e agradecer-lhe os benefícios da filiação divina. E se reúne também para testemunhar a chamada comunhão dos santos, isto é, todos os cristãos vivos, junto a seus mortos e aos santos do céu formamos a comunidade cristã.

Santo o recinto, santa a comunidade

Se consideramos lugar santo o recinto da igreja, santa é também a comunidade que se reúne para 'com Cristo, em Cristo e por Cristo' dar à Santíssima Trindade toda a honra e toda a glória. São Paulo costumava chamar aos cristãos simplesmente 'os santos'. Assim saúda os romanos cristãos no início de sua Carta: "A todos os amados de Deus, chamados santos, que estais em Roma" (Rm 1,7). Aos de Corinto saúda assim: "À igreja de Deus em Corinto, aos santificados em

Cristo Jesus, chamados a ser santos" (1Cor 1,2). A festa de hoje deveria lembrar-nos essa verdade consoladora: somos o povo santo de Deus (1Pd 2,9), destinado a produzir frutos de santidade. A bela igreja que nos acolhe toma sentido quando a comunidade acolhida tem a consciência de ser a "verdadeira casa espiritual de Deus, feita de pedras vivas", como nos diz São Pedro na segunda leitura (1Pd 2,5), "verdadeiros adoradores que adoram o Pai em espírito e verdade" (Jo 4,23), como uma comunidade de santos, que "não se conforma com os esquemas deste mundo, mas, renovada pelo Espírito, procura fazer a vontade de Deus, boa, agradável e perfeita" (Rm 12,2), tornando-se assim, dentro da liturgia celebrada, "uma hóstia viva, santa e agradável a Deus" (Rm 12,1). Santo é o recinto da igreja. Santa é a comunidade reunida. Santo é cada um dos membros da comunidade. A vocação do cristão é a santidade. Escrevia São Paulo aos Tessalonicenses: "A vontade de Deus a vosso respeito é esta: a vossa santificação" (1Ts 4,3). São Paulo perguntava aos Coríntios: "Não sabeis que sois o templo de Deus e o Espírito Santo habita em vós?" e advertia os cristãos para manterem a santidade de suas pessoas, porque "o templo de Deus é santo, e vós sois o templo de Deus" (1Cor 3,16-17). Bem mais do que celebrar a igreja de pedras, tijolos e madeira, plantada no chão, celebramos hoje a nossa comunidade cristã reunida em nome de Jesus.

OUTRAS FESTAS
E SOLENIDADES

SOLENIDADE DE SÃO JOSÉ, ESPOSO DA VIRGEM MARIA

1° leitura: 2Sm 7,4-5a.12-14a.16
Salmo: Sl 88
2ª leitura: Rm 4,13.16-18.22
Evangelho: Mt 1,16.18-21.24a

O homem bom tem o favor do Senhor (Pr 12,2)

ESPOSO DE MARIA, PLENITUDE DAS QUALIDADES HUMANAS

A veneração pública de São José começou só no fim do século VIII e começo do IX. No século XI, os cruzados lhe construíram uma basílica em Nazaré. A festa só apareceu com o papa Xisto IV († 1484), que a fixou no dia 19 de março, sem que se saibam as razões. Alguém lembrou que naquele dia os pagãos romanos celebravam a deusa Minerva, protetora dos artistas e artesãos. Em 1621, o papa Gregório XV transformou a festa em dia de preceito. Hoje, alguns países ainda mantêm o dia santo.

Em 1870, o papa Pio IX proclamou São José Padroeiro da Igreja Universal e justificou assim sua decisão: "As razões pelas quais o bem-aventurado José deve ser considerado especial Patrono da Igreja, e a Igreja, por sua vez, deve esperar muitíssimo de sua proteção e do seu patrocínio, provêm principalmente do fato de ele ser esposo de Maria e pai legal de Jesus (...). José foi a seu tempo legítimo e natural guardião, chefe e defensor da divina Família (...). É conveniente e sumamente digno para o bem-aventurado José, portanto, que, de modo análogo àquele com que outrora costumava socorrer santamente, em todo e qualquer acontecimento, a Família de Nazaré, também agora cubra e defenda com o seu celeste patrocínio a Igreja de Cristo".

Em 1889, o papa Leão XIII escreveu uma Carta Encíclica sobre São José. Em 1955, o papa Pio XII deu a São José uma segunda festa, no dia 1º de maio, declarando-o especial padroeiro e modelo do operário cristão. O papa João XXIII, em 1962, incluiu-o no Cânon romano da missa, mandando que seu nome fosse citado logo depois do de Maria, antes do nome dos Apóstolos. O papa Francisco, em 2013, mandou incluir o nome de São José nas demais Orações Eucarísticas.

O testemunho de um homem justo

O prefácio da missa de hoje resume de modo maravilhoso as razões por que veneramos São José e o celebramos como Padroeiro da Igreja: "Sendo ele um homem justo, vós o destes por esposo à Virgem Mãe e, servo fiel e prudente, fizeste-lo chefe da vossa família, para que guardasse como pai o vosso Filho único, concebido do Espírito Santo, Jesus Cristo, Senhor nosso".

Já São João Crisóstomo († 407), explicando o Evangelho que lemos hoje na missa, prevenia a não pensar que o adjetivo 'justo', que a Escritura aplica a José, tenha apenas o sentido de alguém que não rouba, não é avaro e não deve a ninguém. É justo, para a Escritura, quem possui o conjunto de todas as virtudes. Hoje, preferimos chamar uma pessoa assim de 'santa'.

É ainda Crisóstomo quem vê nesse adjetivo aplicado a José um testemunho da concepção virginal de Maria. É como se o evangelista quisesse dizer: se não quereis acreditar o que conto, crede então no esposo de Maria. O evangelista escreveu: *José, seu esposo, que era justo...* O adjetivo *justo* nessa circunstância significa um homem que possui todas as virtudes. Portanto, se possui todas as virtudes, se ele confirma que o filho não é dele, mas obra divina, devemos dar-lhe crédito. Se não crermos em sua palavra, chamamo-lo de mentiroso, e a qualidade de justo já não existiria.

O *sim* da palavra e o *sim* do silêncio

São Bernardo († 1153), em um belíssimo sermão sobre Nossa Senhora, detém-se a pensar em José, homem justo, que pensa abandonar secretamente sua mulher. A reflexão de Bernardo realça ainda mais a qualidade de justo do esposo de Maria. Aconteceu com José, ensina São Bernardo, o mesmo que aconteceu depois com Pedro, quando disse: "Senhor, afasta-te de mim, que sou homem pecador" (*Lc* 5,8); ou o que aconteceu com o Centurião, que pedia a Jesus não entrar em sua casa, porque "Não sou digno que entres sob meu teto" (*Mt* 8,8).

Continua São Bernardo: "Assim também José, julgando-se indigno e pecador, pensava não poder levar vida comum com uma mulher em quem, com profundo temor, reconhecia uma admirável dignidade. Ele sabia e tremia diante do certíssimo sinal da presença divina em seu seio; e porque não conseguia penetrar o mistério, queria abandoná-la. Pedro teve medo da grandeza do poder, o Centurião espantou-se com a majestade da presença. Como homem, também José teve medo da novidade de tão grande milagre e da profundidade do mistério". Assim, a tentativa de fuga de José, longe de significar covardia, reforça sua qualidade de homem justo.

José é chamado de servo. Mais que a nenhum outro homem lhe cabe o elogio de Jesus: "Servo bom e fiel" (*Mt* 25,21), por ter administrado bem os talentos recebidos. O Evangelho de hoje nos conta o mistério da encarnação. Quando o Arcanjo Gabriel anunciou a Maria que ela fora escolhida para ser a Mãe do Redentor, ela respondeu: "Eis aqui a serva do Senhor, faça-se!" (*Lc* 1,38). José não disse palavra. Acatou o mistério em silêncio. Porém sua atitude imediata tem o mesmíssimo significado das palavras de Maria: "José fez como lhe havia ordenado o anjo" (*Mt* 1,24). Podemos com facilidade aproximar a atitude de José e as palavras de Maria à oração e disposição de Jesus diante do mistério da morte, no Jardim das Oliveiras: "Pai, faça-se a tua vontade" (*Mt* 26,42).

Fidelidade e Prudência:
qualidades de um grande homem

José é chamado de fiel e prudente. Os dois adjetivos foram usados por Jesus para descrever o discípulo que espera operante e vigilante o retorno do Senhor (*Mt* 24,45). O adjetivo 'fiel' Jesus aplica, especificamente, ao discípulo que multiplica os talentos recebidos de Deus e que pertencem a Deus e a Deus devem ser devolvidos multiplicados (*Mt* 25,23). O adjetivo 'prudente' Jesus aplicou às moças que se tinham prevenido com óleo, caso o noivo tardasse (*Mt* 25,2-9). A Igreja aplica os dois adjetivos a José, que esperou o Senhor na primeira vinda, assumiu sua paternidade e todo o mistério que o envolvia, desde a concepção ao nascimento, da fuga para o Egito ao menino adolescente entre os doutores no templo, do ensino das orações e leis mosaicas ao aprendizado de carpinteiro; fidelidade e prudência marcadas pelo silêncio e pela discrição.

Quando Jesus completou 30 anos, todos o conheciam como "o filho de José" (*Jo* 6,42). Os evangelistas não registram nenhuma palavra de José. Os evangelhos apócrifos (textos não aceitos pela igreja como inspirados, embora alguns tenham sido escritos ao mesmo tempo que os 4 declarados inspirados e todos sejam extremamente respeitosos) são mais abundantes em falar de José e de fatos acontecidos na família de Nazaré.

A festa de São José, portanto, faz-nos presentes, além do mistério da Encarnação do Senhor, as qualidades de um grande homem, de quem Deus se agradou e a quem encarregou de especial missão. As qualidades que atribuímos a José são as mesmas que Jesus propôs a quem quisesse ser seu verdadeiro discípulo e entrar na plenitude do Reino.

SOLENIDADE DA ANUNCIAÇÃO DO SENHOR

1ª leitura: Is 7,10-14;8,10
Salmo: Sl 39
2ª leitura: Hb 10,4-10
Evangelho: Lc 1,26-38

É vencedor do mundo quem crê que Jesus é o Filho de Deus (1Jo 5,5)

JESUS: BENDITO FRUTO DO VENTRE DE MARIA

Se esta festa cair na Semana Santa, é transferida para a segunda-feira depois da oitava da Páscoa. No início, havia uma única festa, em que se celebrava a Encarnação de Jesus. Quando se fixou o Natal para dia 25 de dezembro, ocupando o lugar da festa pagã do Deus-Sol, recuaram-se nove meses e se passou a festejar, no dia 25 de março, a raiz do mistério natalino: a Anunciação do Senhor, feita por um arcanjo de nome Gabriel, a uma jovem hebreia, de nome Maria. Alguns numerologistas veem também o dia 25 de março como a data da crucificação de Jesus e da criação do mundo. Certamente é uma fantasia religiosa, mas a morte/ressurreição de Jesus significou a recriação do mundo. E a encarnação de Jesus na história humana, embora fato posterior, é maior que o surgimento de todas as criaturas.

Com a encarnação de Jesus tem início também a Igreja. Por isso São Paulo VI não duvidou de proclamar a Mãe de Jesus também Mãe da Igreja. A maternidade divina de Maria é um privilégio único. Mas a essa graça se somou a correspondência de Maria. Tanto que a festa de hoje poderia chamar-se de 'a festa do Sim', que não durou apenas os momentos decisivos do aceitar ou não aceitar o mistério de Deus, mas se prolongou ao longo da vida de Jesus. Ou, como disse Paulo VI: "Podemos contemplar com olhar de admiração Maria, firme na fé, pronta a obedecer, simples na humildade, exultante quando magnifica o Senhor, ardente na caridade, forte e perseverante no cumprimento da missão a ponto de se oferecer a si mesma, unida com todos os sentimentos de seu coração ao Filho que morreu na cruz" (*Exortação Apostólica Signum Magnum*, n. 27).

Vida nova para Jesus, nova vida para a criatura

Sim, com a Anunciação do Anjo e a aceitação de Maria, o Filho de Deus começa uma vida nova, a vida humana. O papa São Leão Magno († 461) o diz com muita elegância: "O Filho de Deus, descendo de seu trono, sem deixar a glória do Pai, entra hoje nas misérias deste mundo; entra em uma condição nova, invisível em si, torna-se visível em nossa natureza; infinito, deixa-se circunscrever; existente antes de todos os tempos, começa a viver no tempo; dono e senhor do universo, esconde a sua infinita majestade e toma a forma de servo; impassível e imortal enquanto Deus, não se envergonha de tornar-se passível e sujeito à morte".

Também Maria começa uma condição nova, a de Mãe de Deus e a de mãe da humanidade recriada. Ela, já saudada antes da concepção de Jesus como "cheia de graça" (*Lc* 1,28), é enriquecida com o autor da graça, que se aninha em seu seio materno e a faz para sempre bendita entre todas as mulheres (*Lc* 1,42). Ao se tornar Mãe de Deus, torna-se a mãe de todos os viventes, ocupando o lugar desmerecido por Eva. Também a criatura humana começa uma existência nova, "segundo Deus em justiça e verdadeira santidade" (*Ef* 4,24). Ao assumir a humanidade no seio de Maria, o Filho de Deus ocultou, mas não se desfez de sua divindade. Assim, também a nossa humanidade, assimilada à humanidade de Jesus, recebeu, de alguma forma, a condição divina.

Deus veio habitar entre nós para que nós pudéssemos morar com Ele

A encarnação do Filho de Deus no seio de Maria é um mistério, isto é, um fato maior que a compreensão humana. E um fato, como vimos, que recondicionou a situação e o destino da humanidade. A piedade popular recorda todos os dias esse mistério por meio da oração conhecida com o nome latino 'Ângelus', repetida no início, no meio e no fim do dia, ou seja, no começo, durante e no fim do trabalho diário, para dizer que a Encarnação de Jesus diz respeito à vida inteira das criaturas e tudo quanto fizermos, a partir da Anunciação, deve ser feito "em nome do Senhor Jesus e em agradecimento a Deus por ele" (Cl 3,17). Em muitíssimos lugares, a oração é lembrada pelo toque dos sinos às seis da manhã, ao meio-dia e às 18 horas. E não é um toque qualquer. Primeiro se dão, por três vezes, três batidas, para lembrar a Santíssima Trindade: o Pai, que enviou o Filho, e o Filho, que se encarnou por obra e graça do Espírito Santo. Em Roma, aos domingos e dias santos, o Papa costuma rezar o Ângelus da janela de seus aposentos com o povo reunido na Praça São Pedro. Um momento muito expressivo que repõe aos fiéis o milagre da Encarnação, origem do novo Povo de Deus, a Igreja.

O Ângelus se compõe da explicitação em três frases do dogma da Encarnação, e, em cada frase, uma Ave-Maria. Primeira frase: o Anjo do Senhor anunciou a Maria, e ela concebeu do Espírito Santo. *Ave-Maria*. Segunda: eis aqui a serva do Senhor, faça-se em mim segundo a tua palavra. *Ave-Maria*. Terceira: e o Verbo de Deus se fez carne e veio habitar entre nós. *Ave-Maria*. Uma oração curta, que consegue englobar toda a verdade do mistério: a iniciativa de Deus, que encontra a disponibilidade de Maria, a origem divina de Jesus (Espírito Santo) e a encarnação humana (Maria), tornando-se o Emanuel, isto é, o Deus conosco.

A Anunciação liga céus e terra

Também o Rosário enfoca, em seu primeiro dos 15 mistérios, o milagre da Encarnação de Jesus. A Ave-Maria, repetida três vezes na oração do Ângelus e 10 vezes em cada mistério do terço, continua sendo a oração mais singela e profunda em torno da Anunciação e suas benéficas consequências. A Oração da Ave-Maria junta as palavras do arcanjo (Lc 1,28) e as da feliz Isabel, mãe de João Batista (Lc 1,42). Uma oração que vem, portanto, do céu, encontra eco imediato na primeira pessoa a saber da novidade. Uma oração em que o céu e a terra unem carnalmente mãe e filho e proclamam ambos benditos. A partir do século XV se juntou a segunda parte, 'Santa Maria', para expressar que não só na carne estavam unidos mãe e filho, mas também na missão de salvar os pecadores e vencer a morte.

A humildade de Maria, ao dizer seu 'sim', chamando-se "serva do Senhor" (*Lc* 1,38), pronta a cumprir a vontade do Pai, mostram-na os fiéis que se reconhecem pecadores, necessitados da ajuda divina ao longo da vida e particularmente na morte. É uma fórmula de saudação, de proclamação, de afirmação, de pedido. E assim como Jesus, ao se encarnar, 'desceu' dos céus, ligando Criador e criatura, nós, criaturas manchadas e fracas, por ele, que "tudo pode" (*Lc* 1,37), religamos a terra ao céu. Isso é mais que sonho. É mais que utopia. É mais que esperança. É certeza de fé. São Paulo afirmou essa verdade com muitas palavras e muitos modos e explodiu em cânticos de alegria e agradecimento, em suas cartas, quando se lembrou da misericórdia divina: "Vivei arraigados e fundados em Cristo, apoiados na fé e cheios de gratidão... Nele está a plenitude da divindade em forma corporal. Nele encontrareis tudo o que quereis... Por ele Deus vos vivificou, perdoando todos os pecados e a dívida dos pecados" (*Cl* 2,6-14). Se grande é o mistério da encarnação do Filho de Deus, grande é também o milagre da salvação, trazido por ele. "Deus, rico de misericórdia, deu-nos vida por Cristo" (*Ef* 2,4-5).

ÍNDICE DE LEITURAS BÍBLICAS

ANTIGO TESTAMENTO

Gênesis
2,7-9;3,1-7 65
3,9-15.20 285
12,1-4a 69

Êxodo
12,1-8.11-14 91
17,3-7 73
19,2-6a 173
22,20-26 249
34,4b-6.8-9 271

Levítico
19,1-2.17-18 157

Números
6,22-27 46
21,4b-9 309

Deuteronômio
8,2-3.14b-16a 275

11,18.26-28.32 165

1Samuel
16,1b.6-7.10-13a 77

2Samuel
7,4-5a.12-14a.16 331

1Reis
3,5.7-12 197
19,9a.11-13a 205

2Reis
4,8-11.14-16a 181

Provérbios
31,10-13.19-20.30-31 261

Sabedoria
6,12-16 257
12,13.16-19 193

Eclesiástico (Sirácida)
3,3-7.14-17a 43
15,16-21 153
27,33-28,9 225

Isaías
2,1-5 17
5,1-7 237
7,10-14 28
9,1-6 35
10-14;8,10 335
11,1-10 21
22,19-23 213
25,6-10a 241
35,1-6a.10 24
42,1-4.6-7 54
45,1.4-6 245
49,1-6 293
49,3.5-6 137
49,14-15 161
50,4-7 85
52,7-10 39
55,1-3 201
55,6-9 229
55,10-11 189
56,1.6-7 209
58,7-10 149
60,1-6 50

Jeremias
20,7-9 217
20,10-13 177

Ezequiel
18,25-28 233
33,7-9 221
34,11-12.15-17 265
37,12-14 81

Daniel
7,9-10.13-14 301

Oseias
6,3-6 169

Sofonias
2,3;3,12-13 145

Zacarias
9,9-10 185

Malaquias
1,14b-2,1-2.8-10 253
3,1-4 289

NOVO TESTAMENTO

Mateus
1,16.18-21.24a 331
1,18-24 28
2,1-12 50
2,13-15.19-23 43

3,1-12 21
3,13-17 54
4,1-11 65
4,12-23 141
5,1-12a 145

5,13-16	149
5,17-37	153
5,38-48	157
6,24-34	161
7,21-27	165
9,9-13	169
9,36-10,8	173
10,26-33	177
10,37-42	181
11,2-11	24
11,25-30	185, 279
13,1-23	189
13,24-43	193
13,44-52	197
14,13-21	201
14,22-33	205
15,21-28	209
16,13-19	297
16,13-20	213
16,21-27	217
17,1-9	69, 301
18,15-20	221
18,21-35	225
20,1-16a	229
21,1-11	85
21,28-32	233
21,33-43	237
22,1-14	241
22,15-21	245
22,34-40	249
23,1-12	253
24,37-44	17
25,1-13	257
25,14-30	261
25,31-46	265
26,14-27,66	85
28,16-20	127

Lucas

1,26-38	285, 335
1,39-56	305
1,57-66.80	293
2,1-14	35
2,16-21	46
2,22-40	289
24,13-35	111

João

1,1-18	39
1,29-34	137
2,13-22	325
3,13-17	309
3,16-18	271
4,5-42	73
6,51-58	275
9,1-41	77
10,1-10	115
11,1-45	81
13,1-15	91
14,1-12	119
14,15-21	123
20,1-9	103
20,19-23	131
20,19-31	107

Atos dos Apóstolos

1,1-11	127
2,1-11	131
2,14.22-33	111
2,14a.36-41	115
2,42-47	107
6,1-7	119
8,5-8.14-17	123
10,34-38	54
10,34a.37-43	103

12,1-11 297
13,22-26 293

Romanos
1,1-7 28
3,21-25a.28 165
4,13.16-18.22 331
4,18-25 169
5,1-2.5-8 73
5,6-11 173
5,12-15 177
5,17-19 65
6,3-4.8-11 181
8,8-11 81
8,9.11-13 185
8,18-23 189
8,26-27 193
8,28-30 197
8,35.37-39 201
9,1-5 205
11,13-15.29-32 209
11,33-36 213
12,1-2 217
13,8-10 221
13,11-14a 17
14,7-9 225
15,4-9 21

1Coríntios
1,1-3 137
1,10-13.17 141
1,26-31 145
2,1-5 149
2,6-10 153
3,9c-11.16-17 325
3,16-23 157
4,1-5 161
10,16-17 275
11,23-26 91
12,3b-7.12-13 131

15,20-27a 305
15,20-26.28 265

2Coríntios
13,11-13 271

Gálatas
4,4-7 46

Efésios
1,3-6.11-12 285
1,17-23 127
3,2-3a.5-6 50
5,8-14 77

Filipenses
1,20c-24.27a 229
2,1-11 233
2,6-11 .... 85, 309
4,6-9 237
4,12-14.19-20 241

Colossenses
3,1-4 103
3,12-21 43

1Tessalonicenses
1,1-5b 245
1,5c-10 249
2,7-9.13 253
4,13-18 257
5,1-6 261

2Timóteo
1,8b-10 69
4,6-8.17-18 297

Tito
2,11-14 35

Hebreus
1,1-6 39
2,14-18 289
10,4-10 335

Tiago
5,7-10 24

1Pedro
1,3-9 107
1,17-21 111
2,4-9 119

2,20b-25 115
3,15-18 123

2Pedro
1,16-19 301

1João
3,1-3 317

Apocalipse
7,2-4.9-14 314
11,19a;12,1.3-6a.10ab 305

ÍNDICE

ABREVIATURAS E SIGLAS DA BÍBLIA 5
APRESENTAÇÃO 7
INTRODUÇÃO 11

TEMPO DO ADVENTO 15
   1º Domingo do Advento 17
   2º Domingo do Advento 21
   3º Domingo do Advento 24
   4º Domingo do Advento 28

TEMPO DO NATAL 33
   Solenidade do Natal do Senhor – Missa da noite 35
   Solenidade do Natal do Senhor – Missa do dia 39
   Festa da Sagrada Família 43
   Solenidade de Santa Maria, Mãe de Deus 46
   Solenidade da Epifania do Senhor 50
   Festa do Batismo do Senhor 54

TEMPO DA QUARESMA 59
   Quarta-feira de Cinzas 61
   1º Domingo da Quaresma 65
   2º Domingo da Quaresma 69
   3º Domingo da Quaresma 73
   4º Domingo da Quaresma 77
   5º Domingo da Quaresma 81
   Domingo de Ramos e da Paixão do Senhor 85

TRÍDUO PASCAL E TEMPO PASCAL 89
Quinta-feira Santa, Ceia do Senhor 91
Sexta-feira Santa, Paixão do Senhor 95
Sábado Santo, Vigília Pascal 99
Solenidade da Páscoa do Senhor 103
2º Domingo da Páscoa 107
3º Domingo da Páscoa 111
4º Domingo da Páscoa 115
5º Domingo da Páscoa 119
6º Domingo da Páscoa 123
Solenidade da Ascensão do Senhor 127
Solenidade de Pentecostes 131

TEMPO COMUM 135
2º Domingo do Tempo Comum 137
3º Domingo do Tempo Comum 141
4º Domingo do Tempo Comum 145
5º Domingo do Tempo Comum 149
6º Domingo do Tempo Comum 153
7º Domingo do Tempo Comum 157
8º Domingo do Tempo Comum 161
9º Domingo do Tempo Comum 165
10º Domingo do Tempo Comum 169
11º Domingo do Tempo Comum 173
12º Domingo do Tempo Comum 177
13º Domingo do Tempo Comum 181
14º Domingo do Tempo Comum 185
15º Domingo do Tempo Comum 189
16º Domingo do Tempo Comum 193
17º Domingo do Tempo Comum 197
18º Domingo do Tempo Comum 201
19º Domingo do Tempo Comum 205
20º Domingo do Tempo Comum 209
21º Domingo do Tempo Comum 213
22º Domingo do Tempo Comum 217
23º Domingo do Tempo Comum 221
24º Domingo do Tempo Comum 225
25º Domingo do Tempo Comum 229
26º Domingo do Tempo Comum 233
27º Domingo do Tempo Comum 237

28º Domingo do Tempo Comum 241
29º Domingo do Tempo Comum 245
30º Domingo do Tempo Comum 249
31º Domingo do Tempo Comum 253
32º Domingo do Tempo Comum 257
33º Domingo do Tempo Comum 261
Solenidade de Nosso Senhor Jesus Cristo,
Rei do Universo 265

**SOLENIDADES DO SENHOR QUE
OCORREM NO TEMPO COMUM** 269
Solenidade da Santíssima Trindade 271
Solenidade do Santíssimo Corpo e Sangue de Cristo.... 275
Solenidade do Sagrado Coração de Jesus 279

**DIAS DE PRECEITO – SOLENIDADES E
FESTAS QUE PODEM OCORRER NO DOMINGO** 283
Solenidade da Imaculada Conceição de
Nossa Senhora (8 de dezembro) 285
Festa da apresentação do Senhor (2 de fevereiro) 289
Solenidade da Natividade de
São João Batista (24 de junho) 293
Solenidade de São Pedro e
São Paulo, Apóstolos (29 de junho) 297
Festa da transfiguração do Senhor (6 de agosto) 301
Solenidade da Assunção de
Nossa Senhora (15 de agosto) 305
Festa da exaltação da Santa Cruz (14 de setembro) 309
Festa de Nossa Senhora da
Conceição Aparecida (12 de outubro) 313
Solenidade de todos os santos (1 de novembro) 317
Comemoração de todos os
Fiéis Defuntos (2 de novembro) 321
Festa de dedicação da
Basílica do Latrão (9 de novembro) 325

OUTRAS FESTAS E SOLENIDADES 329
Solenidade de São José, esposo da
Virgem Maria (19 de março) 331
Solenidade da Anunciação do Senhor 335

A marca FSC® é a garantia de que a madeira utilizada na fabricação do papel deste livro provém de florestas que foram gerenciadas de maneira ambientalmente correta, socialmente justa e economicamente viável.

FSC
www.fsc.org
MISTO
Papel produzido a partir de fontes responsáveis
FSC® C132240

Este livro foi composto com as famílias tipográficas Aparajita, Segoe e SimonciniGaramond e impresso em papel Offset 63g/m² pela **Gráfica Santuário**.